大连理工大学管理论丛

管理案例系统：从采编到使用

林海芬　刘相彤　苏敬勤　著

本书由大连理工大学经济管理学院资助。

本书为国家自然科学基金面上项目“组织稳定与创新的悖论性关系及其平衡机理研究”（项目编号：71872026）、国家社会科学基金重点项目“高质量发展情境下中国企业的高端化战略变革理论研究”（项目编号：21AZD119）、“兴辽英才计划”青年拔尖人才项目“悖论视角组织稳定与创新的关系研究”（项目编号：XLYC1907125）、2020年度辽宁省社会科学规划基金重点项目“中国情境下企业战略高端化变革机理研究”（项目编号：L20CGL014）成果。

科学出版社

北京

内 容 简 介

案例学以社会实践为基础，集案例知识的创造、传播与应用于一体，在国内的发展方兴未艾。本书以案例学的重要组成部分——管理案例系统为切入点，详细论述“案例采编”与“案例使用”两大模块的具体内涵，基于黑龙江飞鹤乳业有限公司等中国本土企业实践打破两者之间的壁垒，建立了有效链接与循环，以期增强管理案例系统的关联性，促进案例学的构建工作。同时，本书创新性地将案例行动学习法引入其中，依托多年实践经验，提出一系列可操作的案例调研、案例开发与案例应用流程与细节。

本书主要面向从事或有志于从事案例学相关研究或案例教学的专家学者，书中展示的中国企业优秀管理实践也适用于企业管理者借鉴和参考。

图书在版编目（CIP）数据

管理案例系统：从采编到使用 / 林海芬，刘相彤，苏敬勤著. —北京：科学出版社，2022.7

（大连理工大学管理论丛）

ISBN 978-7-03-072718-3

Ⅰ. ①管… Ⅱ. ①林… ②刘… ③苏… Ⅲ. ①企业管理–管理信息系统–研究 Ⅳ. ①F272.7

中国版本图书馆 CIP 数据核字（2022）第 119275 号

责任编辑：王丹妮 / 责任校对：贾娜娜
责任印制：张 伟 / 封面设计：无极书装

科学出版社 出版
北京东黄城根北街 16 号
邮政编码：100717
http://www.sciencep.com
北京建宏印刷有限公司 印刷
科学出版社发行 各地新华书店经销
*
2022 年 7 月第 一 版 开本：720×1000 1/16
2023 年 6 月第三次印刷 印张：16 3/4
字数：336 000

定价：168.00 元

（如有印装质量问题，我社负责调换）

丛书编委会

总　　序

编写一批能够反映大连理工大学经济管理学科科学研究成果的专著，是近些年一直在推动的事情。这是因为大连理工大学作为国内最早开展现代管理教育的高校，早在1980年就在国内率先开展了引进西方现代管理教育的工作，被学界誉为“中国现代管理教育的摇篮，中国MBA教育的发祥地，中国管理案例教学法的先锋”。

大连理工大学管理教育不仅在人才培养方面取得了丰硕的成果，在科学研究方面同样也取得了令同行瞩目的成绩。在教育部第二轮学科评估中，大连理工大学的管理科学与工程一级学科获得全国第三名的成绩；在教育部第三轮学科评估中，大连理工大学的工商管理一级学科获得全国第八名的成绩；在教育部第四轮学科评估中，大连理工大学工商管理学科和管理科学与工程学科分别获得A-的成绩，是中国国内拥有两个A级管理学科的6所商学院之一。

2020年经济管理学院获得的科研经费已达到4345万元，2015年至2020年期间获得的国家级重点重大项目达到27项，同时发表在国家自然科学基金委员会管理科学部认定核心期刊的论文达到1000篇以上，国际SCI、SSCI论文发表超800篇。近年来，虽然学院的科研成果产出量在国内高校中处于领先地位，但是在学科领域内具有广泛性影响力的学术专著仍然不多。

在许多的管理学家看来，论文才是科学研究成果最直接、最有显示度的体现，而且论文时效性更强、含金量也更高，因此出现了不重视专著也不重视获奖的现象。无疑，论文是科学研究成果的重要载体，甚至是最主要的载体，但是，管理作为自然科学与社会科学的交叉成果，其成果载体存在的方式一定会呈现出多元化的特点，其自然科学部分更多地会以论文等成果形态出现，而社会科学部分则既可以以论文的形态呈现，也可以以专著、获奖、咨政建议等形态出现，并且同样会呈现出生机和活力。

2010年，大连理工大学决定组建管理与经济学部，将原管理学院、经济系合并，重组后的管理与经济学部以学科群的方式组建下属单位，设立了管理科学与工程学院、工商管理学院、经济学院以及MBA/EMBA教育中心。2019年，大连理工大学管理与经济学部更名为大连理工大学经济管理学院。目前，学院拥有10个研究所、5个教育教学实验中心和9个行政办公室，建设有两个国家级工程研究中心和实验室，六个省部级工程研究中心和实验室，以及国内最大的管理案例共享平台。

经济管理学院秉承“笃行厚学”的理念，以“扎根实践培养卓越管理人才、凝练商学新知、推动社会进步”为使命，努力建设成扎根中国的世界一流商学院，并为中国的经济管理教育做出新的、更大的贡献。因此，全面体现学院研究成果的重要载体形式——专著的出版就变得更加必要和紧迫。本套论丛就是在这个背景下产生的。

本套论丛的出版主要考虑了以下几个因素：第一是先进性。要将经济管理学院教师的最新科学研究成果反映在专著中，目的是更好地传播教师最新的科学研究成果，为推进经济管理学科的学术繁荣做贡献。第二是广泛性。经济管理学院下设的 10 个研究所分布在与国际主流接轨的各个领域，所以专著的选题具有广泛性。第三是选题的自由探索性。我们认为，经济管理学科在中国得到了迅速的发展，各种具有中国情境的理论与现实问题众多，可以研究和解决的现实问题也非常多，在这个方面，重要的是发扬科学家进行自由探索的精神，自己寻找选题，自己开展科学研究并进而形成科学研究的成果，这样一种机制会使得广大教师遵循科学探索精神，撰写出一批对于推动中国经济社会发展起到积极促进作用的专著。第四是将其纳入学术成果考评之中。我们认为，既然学术专著是科研成果的展示，本身就具有很强的学术性，属于科学研究成果，那么就有必要将其纳入科学研究成果的考评之中，而这本身也必然会调动广大教师的积极性。

本套论丛的出版得到了科学出版社的大力支持和帮助。马跃社长作为论丛的负责人，在选题的确定和出版发行等方面给予了极大的支持，帮助经济管理学院解决出版过程中遇到的困难和问题。同时特别感谢经济管理学院的同行在论丛出版过程中表现出的极大热情，没有大家的支持，这套论丛的出版不可能如此顺利。

大连理工大学经济管理学院

2021 年 12 月

前　言

近年来，随着案例教学在我国高校商学院商科教育中被广泛认可和采纳，国内兴起了一股案例采编与教学实践的风潮。尤其自 2007 年在全国工商管理专业学位研究生教育指导委员会的支持下于大连理工大学成立中国管理案例共享中心以来，国内案例事业的发展逐渐兴起并走向高潮。中国管理案例共享中心以“统一规范、分散建设、共同参与、资源共享”为宗旨，截至目前，案例库拥有版权案例已超过 6000 篇，每年一届的“全国百篇优秀管理案例”评选和“全国管理案例精英赛”已成为案例领域的标榜。与此同时，由中欧国际工商学院主办的中国工商管理国际案例库、清华大学经济管理学院主办的中国工商管理案例中心等众多案例库亦呈现迅猛发展态势，形成“百花齐放，百家争鸣”的大好局面。大批商学院教师随之加入管理案例采编和案例教学的队伍。与此同时，国内案例研究也逐渐规范化和成熟化，被认为是探究中国情境管理理论的最佳手段。

随着案例采编、案例教学、案例研究等各专业领域的不断成熟与发展，有关案例学的构建被提上了日程。苏敬勤等（2021）将案例学界定为“以社会实践为基础，从案例中挖掘新素材、发现新问题、提出新观点、构建新理论、传播新知识为诉求的集案例知识的创造、传播与应用为一体的新型社会科学交叉学科”，并呼吁教师、商学院与案例组织管理机构等主体针对基于案例的知识创造、传播与案例资源利用环节存在的关键问题进行联合攻关，充分发挥三大核心功能在案例学构建中的基石和引领作用，进而构建完整的案例学体系，为我国哲学社会科学的繁荣与发展，以及国际扩散与传播做出应有的贡献。

为此，多年来，笔者积极参与案例实践工作，推进案例学的构建。扎根中国企业管理实践，深度调研了黑龙江飞鹤乳业有限公司（以下简称飞鹤）、波司登国际控股有限公司（以下简称波司登）、雅迪科技集团有限公司（以下简称雅迪）、浙江托普云农科技股份有限公司（以下简称托普云农）等近百家优秀中国企业。通过调研，笔者深入了解了有关我国企业独特管理实践与管理情境的信息，如中国奶制品污染事件加速国产奶粉行业洗牌而飞鹤为何能凭借“更适合中国宝宝体质”的定位逆风翻盘；波司登从最初的风靡一时到逐渐淡出大众视野而后又如何实现强势回归；面对卷土重来的价格血战和竞争者相继的模仿行为雅迪又是如何突围的；等等。在此基础上，撰写完成 80 余篇管理案例，包括 18 篇全国百篇优秀管理案例，40 余篇入选中国管理案例共享中心案例库，19 篇入选全球第二大管理案例库加拿大毅伟案例库（Ivey Publishing），1 篇入选全球第一大管理案例库哈佛商学院案例库（Harvard Business Publishing）。这些教学案例均进入了笔者承担的“战略管理”“管理学基础”等课程之中，部分被用于案例分析比赛。为提升教学效果与质量，笔者尝试在传统案例教学方法的基础上，实践以案例教学和行动学习相结合的全新案例行动学习法。2016 年，作为指导教师带领大连理工大学工商管理硕士（master of business administration，MBA）学生队参加全国管理案例精英赛，获东北区域赛和全国总决赛冠军。同时，基于企业深度调研，围绕组织创新、组织惯例和高端化战略变革等方向开展一系列中国情境下的管理理论研究，发表学术论文 200 余篇，出版专著 10 余本，成果获得第八届高等学校科学研究优秀成果奖青年奖等奖项。

在不断深入企业调研，撰写案例，开展案例教学，指导学生开展案例分析，以及采用案例研究方法探究中国企业管理理论的过程中，实现了“案例采编—案例教学—案例研究”三个环节的有效链接与循环，解决了部分教师面临的所撰写的案例难以用于课堂、只擅长于案例教学而不会案例研究或者只擅长案例研究却苦于案例教学的难题。因此，基于多年案例采编和实践经验，决定编写本书，希望能够为案例学构建贡献一份力量。考虑到案例研究环节本身蕴含着非常丰富的内容，本书未将其纳入其中，而是重点关注案例采编与案例使用两个环节，以及两者之间如何有效链接的问题。

内容安排上，全书贯穿“案例采编”与“案例使用”两大模块，分为两篇展开。第一篇“案例采编”，主要描述一个管理案例从确定案例企业、拟定主题，到企业调研最后形成描述型案例或决策型案例的全过程。第二篇“案例使用”，承接第一篇的内容，以案例采编形成的教学案例为载体，对案例教学与案例分析比赛两种应用最为广泛的案例分析形式展开详细的论述。

本书的特点主要体现在四个方面：其一，系统性。本书不仅关注案例采编或案例应用的相关内容，而且尝试通过案例贯穿的方式将两者打通，构建有效链接与循环，如详细描述了笔者如何进入飞鹤开展调研，然后撰写飞鹤战略变革的案例，并将该案例用于“战略管理”课堂进行案例教学，举办全国公开课，以及如何在案例分析比赛中使用该案例的整个过程，以尝试改变当前部分教师“为写案例而写案例”的现状，让案例发挥出其应有的学生培养功能。其二，经验性。本书所总结的案例调研、案例开发、案例教学和案例分析比赛等规律和相关结论，均是笔者及所在团队长期实践案例采编与使用的结果。其三，可操作性。不管是案例采编还是案例应用，其实践性均非常强，而笔者撰写本书的目的正是希望总结多年实践经验，形成一系列可操作性的案例调研、案例开发和案例应用流程与细节，为案例初学者或案例采编和应用中遇到困难的学者提供指导。其四，创新性。本书第二篇案例应用中涉及的案例教学并非从哈佛商学院引进的传统案例教学方法，而是笔者所在研究团队多年创新性开发出的案例行动学习法。该方法以全面提升学生分析、决策和解决复杂商业问题的能力为目的，将案例教学和行动学习两种先进的教学方法融为一体，是能够克服传统案例教学方法不注重培养学生解决问题能力的一种新的教学方法。

由于时间有限，加上案例采编和应用存在显著的情境性和动态性等特点，本书难免存在不足之处。一方面，未能将案例研究模块纳入本书构建的案例系统。实际上，案例研究与案例教学之间的链接和循环是很多学者面临的一大难题。另一方面，本书可能存在以偏概全的问题，不管是案例企业调研、案例开发还是案例教学和案例分析比赛都涉及情境问题，如案例企业调研环节，由于笔者所关注的领域大多是战略和组织创新层面，因此在调研的时候更强调与组织核心管理者的访谈，但不同学者关注的领域存在差异，有人更关注组织行为或员工问题，调研和访谈的过程则存在显著差异。这些也是笔者后续努力完善的方向。

本书的具体撰写由大连理工大学经济管理学院的林海芬、刘相彤、苏敬勤、胡芬完成，其中林海芬主要负责全书构思与布局，以及管理案例系统内容；刘相彤负责案例采编相关内容，以及全书统稿和修改工作；苏敬勤是本书涉及的案例教学中案例行动学习法的提出者和实践者，主要负责案例行动学习部分内容；胡芬主要负责有关案例分析部分内容。博士生和硕士生曲廷琛、胡严方、海淼、孙宇、轩向丽、左晓斌等参与了资料整理与撰写工作。

需要说明的是，本书涉及的许多案例采编和案例使用工作均是依托大连理工大学经济管理学院、中国管理案例共享中心、竞争战略教研坊等平台实现的，部分内容也是对所在学院和中国管理案例共享中心所举办的活动或课程，如全国管理案例精英赛、“卓越杯”大连理工大学案例分析大赛，以及本科生“案例分析”“MBA 新生案例分析课程”等相关内容的总结提炼，在此感谢大连理工大学经济管理学院和中国管理案例共享中心的支持。

特别感谢大连理工大学黄海昕、浙江工商大学程兆谦、西南科技大学张心悦、安徽财经大学杜晶晶等老师在案例行动学习实践过程中做出的贡献，为本书的撰写提供了重要素材支撑。写作过程中，上海君智企业管理有限公司（以下简称君智战略咨询）、飞鹤、四川省峨眉山竹叶青茶业有限公司（以下简称竹叶青）、波司登、大连林家铺子食品股份有限公司（以下简称林家铺子）、北京小仙炖生物科技有限公司（以下简称小仙炖）等企业提供了大量的案例实践信息；在出版过程中，外审专家，以及科学出版社的李莉老师、邓娴老师、李秉乾老师进行了认真的审阅，提出了宝贵的意见和建议，在此一并感谢！

林海芬

2022 年 1 月

目　　录

第二篇 案 例 使 用

第一篇　案例采编

改革开放以来，我国企业逐渐发展壮大，涌现出大量优秀、独特的管理实践，极大地促进了国内商学院案例教学和研究的发展。当前，围绕案例采编、案例使用和案例研究已形成一个较为完整的案例系统。本书关注该案例系统中的采编和使用两个重要环节，即在深入了解和调研企业鲜活实践的基础之上，围绕特定管理情境或问题、遵从管理案例规范进行案例撰写，并将案例用于商学院管理类相关课程的教学和实践中，引导学生将理论知识融于管理实践，以达到提升学生实践能力的目的。因此，全书贯穿“案例采编”与“案例使用”两大主题。第一篇“案例采编”，主要描述采编者如何通过案例调研和案例撰写完成一篇规范、高质量的管理案例的全过程。具体包括第 1 章管理案例系统基本概念及构成，为全书奠定理论基础；第 2 章案例企业深度调研，结合笔者多年的案例采编经验，介绍案例企业的不同来源渠道、调研准备、实地调研、数据整理补充和使用等相关内容；第 3 章描述型案例开发与第 4 章决策型案例开发，在描述案例开发整体逻辑和撰写流程的基础之上，结合两类案例的不同特点，详细阐述撰写方法。第二篇“案例使用”则描述如何应用所采编的案例进行课堂教学和案例分析比赛。

第 1 章　管理案例系统基本概念及构成

管理案例系统的形成与发展代表着管理案例领域从兴起走向成熟。本章在介绍管理案例及管理案例系统发展过程的基础上，围绕案例采编、案例使用和案例研究构建管理案例系统，指出本书重点关注案例采编与案例使用，以及两者之间的有效链接问题，并由此构建本书的整体内容框架。

1.1　管理案例与管理案例系统

1.1.1　管理案例及类型

1. 管理案例概述

管理案例是对特定管理问题或管理情境的客观描述，也是开展案例教学和案例分析的基础，标志着商学院教师真正了解并融入企业实践。那么，案例是什么？案例即已有的可作典型事例的案件，既指实践活动中发生的带有普遍性与代表性的典型事例，也反映一个问题、一件工作、一个事件发生与发展的过程。更进一步，管理案例又是什么？对此，国内外诸多学者开展了一系列相关研究，国外学者 Gragg（1940）认为案例是对管理人员面临的商业问题的记录，融入了相关管理或决策情境的描写。Cellucci 等（2012）指出案例是现实生活中的鲜活故事。Hinkle 和 Dean（2017）认为案例通常是含有问题情境的、真实发生的、具有一定代表性的典型性事件，是对一个实际情境的描述，在这个情境中，包含一个或者多个疑难问题，也可能包含解决这些问题的方法。Igou 和 Coe（2016）从课程角度出发认为案例从不同的角度折射出新课程的某一理念或理念的某一方面。国内学者苏敬勤和孙源远（2010）指出案例是实践中发生的带有普遍性、代表性的典型事例，它反映一个问题、一件工作，一个事件发生、发展和演变的过程，案例使用者通过对这些典型事例的分析，提出解决问题的办法和思路。欧阳桃花（2004）和周春柳等（2017）将在工商管理研究或教学中所运用的研究案例或教学案例统称为管理案例。

不同学者从多种角度对管理案例的定义进行了阐述，但无论从何种角度展开，管理案例的核心内涵是一致的。管理案例本质上是对真实发生的管理情境的描述，这种情境通常涉及一项决策或一个问题。为了保证案例故事的可读性，还应当在确保真实性的基础上对其进行艺术性加工。通常情况下，管理案例从案例正文提及的决策者的视角出发进行编写，目的在于帮助案例使用者设身处地地站在决策者的位置上观察和考虑问题。何志毅（2002）认为，教学案例需要具备三方面特点：第一，明确的教学目的和理论知识点；第二，真实、丰富的企业数据，以及与案例中角色和情境相关联的行业背景；第三，案例使用者需要经过深入讨论才能获得答案的思考题。成思危（2001）认为，案例教学中运用的教学案例，不是对成功经验的介绍或失败教训的总结，而是通过模拟展示一个实际的管理情境，让案例使用者身临其境地进行分析与决策。也有学者总结了教学案例的设计原则，如黄明和郭大伟（2006）认为编写教学案例应注意遵循真实性、典型性、规范性、超前性与实用性五个基本原则。管理案例至少体现以下四个特点。

其一，管理案例必须是企业实践的真实体现。管理案例承载着反映企业客观事实的使命，目的在于将企业实践融入商科人才培养体系中，因此必须体现并追求客观事件的真实性，在故事情节上不得虚构，名称与数据出于保密需要可加以掩饰，为匹配案例撰写所选理论可对与主要故事情节无关或弱相关的素材进行删减或合并，但基本事实必须来自管理实践。总之，案例撰写的客观真实性原则追求对事实的白描记录，不得带有撰写者的主观分析与评论。因此，纯虚构的故事并不属于案例。哈佛商学院案例库和毅伟案例库甚至要求作者标注所有数据的来源，目的就在于确保案例的客观真实性。

其二，管理案例必须具有较强的可读性。管理案例的目的在于帮助案例使用者通过案例分析，理解或掌握特定的管理学知识，借助理论与实际相结合的思考探究，掌握分析问题与解决问题的方法，因此管理案例并非对企业零零散散实践或现象的罗列或堆积，而是聚焦某个主题，表现为以该主题为核心的一个完整的管理故事，具有较强的可读性，能够引起教师和学生的兴趣。为了确保案例故事的可读性，采编者可以对案例故事进行一些艺术性加工，强化故事情节和逻辑，更好地引导学生身临其境。比如可以通过描述管理情境，模拟不同人物的对话，穿插进行背景叙述，将真实的企业活动以故事的形式展现给学生。

其三，管理案例必须承载管理理论知识。管理案例并非普通的阅读材料，而是承担传播知识，以及培养学生分析和解决实际问题能力的重任，因此管理案例是实际管理问题和管理理论知识的载体。不管是案例教学还是案例分析比赛，都需要典型且适于讨论的管理问题作为线索和支持，这些管理问题没有唯一最优解，需要学生在讨论中提出各自的解决思路与方案。因此，作者在采编管理案例的过程中需要将理论知识融合在案例中，使其符合案例使用的要求。

其四，管理案例必须体现规范性。管理案例的推广和使用必然要求案例撰写与案例结构组成具有一定的规范性。一般来说，案例包括案例正文和案例使用说明两部分。案例正文是案例的主体部分，是对案例涉及主体事件及情境的描述，主要由标题、摘要、引言、背景介绍、主题内容、结尾、附件和注释等部分构成。案例使用说明也称为“教师使用手册”，目的在于为使用该案例教学的教师提供清晰且有价值的指导，主要由教学目的、思考题、分析思路、理论知识、问题分析、关键知识点、课堂设计等部分构成。当前，各大案例库均已形成案例评选或入库的基本规范要求。

因此，管理案例是以达成培养学生提出问题、分析问题和解决问题的能力为目的，在系统深入了解和调研企业管理实践或现象的基础之上，围绕某一特定管理主题或管理问题、遵从案例撰写规范形成的文字描述或视频。

2. 管理案例的类型

一般来说，管理案例包括教学案例和商业案例。教学案例是案例教学中使用到的案例形式，主要基于案例的工具属性，体现理论学习的功效；商业案例则是作为原始资料的形式存在，主要基于案例的内容属性，承担大众传播的功能（何志毅，2008）。本书中的管理案例主要指教学案例，案例使用也指对教学案例的使用。教学案例包括描述型案例和决策型案例，两者的差别主要体现在对案例情节描述的完整度方面，决策型案例在故事决策前收尾，描述型案例则描述包括案例决策在内的全过程。

1）描述型案例

描述型案例侧重介绍事件发生的全过程，对事件背景、事件发展、核心问题及最终决策和结果进行全方位的描述，其目的在于提高案例使用者对经营环境、经营问题、经营冲突、管理策略及建议的评价能力。需要案例使用者运用所学知识或理论对案例涉及的管理事件或过程进行评价，学习决策过程，总结企业实践经验。在教学中，描述型案例代表一种回溯分析的思路，即从案例结果往前回溯至决策及实践环节，对评估案例决策的有效性做出评价，并分析该决策背后的依据或逻辑，剖析企业如此做的原因。

在行文结构方面，描述型案例与决策型案例存在差异。描述型案例一般基于事件发展的因果逻辑展开叙述，涉及的要素主要包括事件发生的背景、原因、过程介绍，以及为了应对这一事件案例企业做出的决策。具体来看：第一，事件发生的背景，本质上是为了引出事件发生的起因，主要包括案例企业所处节点下宏观层面的经济环境、中观层面的产业与业务环境、微观层面的企业内部环境与发展现状。有时还需要补充行业的过往信息以帮助案例使用者理解事件的背景情况。第二，事件发生的原因，通过背景的铺垫，案例使用者可以直接引出导致事件发生的关键性原因。第三，对事件发展过程层层深入的描述，构成了整个案例故事的高潮部分，包括对事件中主要冲突点的介绍，描述矛盾是如何被逐步激化的，企业管理者的应对措施有哪些，等等。通过对案例事件的深入描述，展示整个事件发生的全过程，一方面，模拟真实完整的管理情境，为其设身处地感受管理实践提供文字场景；另一方面，为提高其案例分析能力提供素材支撑。

2）决策型案例

决策型案例基于对管理情境的描写，让使用者站在决策者的角度对案例中的情境进行批判性思考，并且为有效解决案例企业所面临的问题提出方案。决策型案例要求学生在阅读案例的基础上，做出决策以解决案例企业面临的危机或影响公司长远发展的问题，强调对所做决策的分析。这一类型的案例往往是开放性结尾，不会给出实际的解决方案，需要案例使用者通过对案例的学习、分析和讨论，提出解决方案。这种方式对于培养学生的管理能力十分有益，体现了案例教学的基本要求。此外，决策型案例对于企业实际情况叙述的非完整性、解决问题途径的多元性、环境影响因素的模糊性、未来发展的不确定性等使其更接近于企业的实际，可以有效增强学生独立判断企业问题或机遇的能力，进而提高其决策能力。因此决策型案例相对更为常见，已经成为管理案例的主流（郭文臣等，2014）。

决策型案例常见的行文结构为起始于对案例主人公面临问题或困境的情境描述，在抛出问题或困境之后，笔锋一转，详细描述与之相关的内外部环境，意在为案例使用者创造一个真实的决策环境，使其可以身临其境地站在决策者角度进行思考与决策。接下来就是对案例决策点的描述，这是案例正文的重中之重，案例撰写者可以运用多种技巧以展示各个矛盾的冲突点，重点说明公司面临的危机与问题、公司相关人员对问题的态度与反映，着重突出公司所做决策的必要性。对决策型案例而言，故事的发展可以戛然而止，突然结束，给案例使用者留下悬念；也可以简单总结，提出相关问题让读者思考解决方案（沈波，2003）。

1.1.2 管理案例系统的形成

管理案例已成为商学院教学和实践的重要组成部分，具体涉及管理案例的采编、管理案例的使用及案例研究等多个方面。其中，管理案例的使用除了案例教学，还涉及案例分析及相关案例分析比赛。案例采编、案例使用和案例研究在相对独立发展的过程中又相互促进，形成了一个较为完整的案例系统。

案例系统的发展源于案例教学的兴起。案例教学起源于美国哈佛大学。1870年，哈佛大学法学院首次将案例引入法学教育。19 世纪 90 年代，哈佛医学院引入案例教学方法。案例教学法在法律和医学教育领域的成功激发了学者对其在商业教育领域实现良好应用的信心。1908 年在哈佛商学院正式成立时，案例教学法首次被引入商业教育领域。随后经过百余年的积累和发展，案例教学已成为哈佛商学院独具特色的教学方式，商学院的教学组织和管理几乎都是围绕着案例教学展开的。哈佛商学院提倡在所有课程使用案例教学，所有课堂时间中案例教学所占时间比例高达 90%，传授基础知识的理论讲授仅占不足 10%的比例，有些课程甚至没有理论讲授环节，而是采用全案例教学模式。举例而言，在哈佛商学院，一门 30 学时的课程一般只有 2 个学时用于理论讲授，其余 28 个学时全部用于案例教学。哈佛商学院 MBA 学生两年的学习过程中要学习 400～600 个案例。此外，哈佛大学肯尼迪政治管理学院中也有 60%的课程采用案例教学，其公共管理硕士（master of public administration，MPA）学生需要在两年中学习 100～140 个案例。案例教学成为哈佛大学培养企业和政府领袖的重要武器，由此引发了全球商学院的关注（徐东华等，2017）。从 20 世纪 80 年代开始，国内商学院纷纷派出教师到哈佛商学院接受案例教学培训，逐渐将案例教学方法引入到国内的商科课堂中。近年来，国内商学院的大部分课程也采用了案例教学法，甚至有些课程采用了全案例教学模式。

案例教学的重要载体则是管理案例本身，形成管理案例的过程即为案例采编。哈佛商学院超过 80%的教师除了采用案例教学方法，还参与案例采编工作。国内商学院除了引进和学习哈佛商学院的案例教学模式，也开始开展案例采编工作。20 世纪 90 年代，国家相关教育部门和机构，以及各商学院便萌发出发展中国本土案例的想法，并在此基础上展开了积极探索与实践。尤其是 2007 年，在全国工商管理专业学位研究生教育指导委员会的支持下在大连理工大学成立了中国管理案例共享中心，以“统一规范、分散建设、共同参与、资源共享”为宗旨，迈出构建国内案例系统的重要一步。其中的一项重要内容便是构建案例库，制订案例规范，组织全国各商学院教师共同参与案例采编。截至目前，中国管理案例共享中心案例库已拥有版权案例超过 6000 篇，每年一届的“全国百篇优秀管理案例”评选更是成为国内案例领域的盛事。与此同时，中国工商管理国际案例库、中国专业学位案例中心、中国工商管理案例中心等众多案例中心和案例库逐渐涌现，并呈现迅猛发展态势。基于中国本土管理实践的案例数量呈现爆发式增长。

除了案例教学和采编的兴起，案例研究也逐渐成为管理理论研究的重要方法。尤其 20 世纪 80 年代以来，案例研究法逐渐受到管理领域研究者的青睐（Gummesson，2000）。Eisenhardt（1989）认为，与其他研究方法相比，案例研究具有三个方面的主要优势。首先，有助于构建新理论。在案例研究过程中，研究者可能会以更开放的心态看待研究中获得的大量材料与数据，以及案例材料与现有文献的矛盾等，从而更有可能产生新理论。其次，案例研究过程也是对理论进行反复检验的过程。案例研究过程往往采用归纳、演绎等质性方法，通过此过程得出的理论已经经过层层逻辑推理，结论可靠性也更强。最后，案例研究结论更具现实有效性。案例研究的结论源自企业实践或经验证据，更能客观地反映现实。尤其当某个领域的研究尚处于初始阶段时，研究者对所研究问题知之甚少或试图从一个全新角度切入，此时案例研究的作用尤为突出（Eisenhardt，

1989）。随着国际管理学领域对案例研究法的推崇，国内管理领域的研究者亦开始逐渐采用案例研究法，试图通过深入剖析中国企业管理的新实践总结提炼出具有中国特色的、适用于中国情境的管理理论和方法论。《管理世界》《南开管理评论》《管理评论》等国内管理领域重要期刊纷纷设置案例专栏，同时每年由中国管理案例共享中心主办的中国管理案例学术年会、由中国人民大学和《管理世界》杂志社举办的中国企业管理案例与质性研究论坛等会议均有力推动了国内案例研究的发展。

近年来，管理案例的另一种使用方式，即案例分析比赛在国内外兴起。不同于案例教学，案例分析比赛中学生的主导性更加突出，因此更能够培养学生解决管理实践问题的能力。回顾案例分析比赛的发展历程，世界范围内最悠久的案例竞赛属 1981 年由两个 MBA 学生首次创立的 John Molson 全球 MBA 案例竞赛（John Molson MBA Case Competition，JMMBA-ICC），该赛事于 1992 年实现了全球化。此外，1997 年，由南加州大学主办的马歇尔国际案例大赛开启了首届赛事，后来发展成为国际上历史最久的跨学科赛事之一。1999 年，华盛顿大学福斯特商学院主办的首届全球商业案例竞赛（global business case competition，GBCC），也是最早一批国际化的案例竞赛，将来自世界各地的本科生聚集在一起共同进行商业案例研究。随着案例教学在全球商学院的广泛流行，案例分析比赛作为商科学生的“实战演练场”被不断接受并受到追捧，国际上越来越多的组织开始发起各种类型的案例竞赛，如麦吉尔大学主办的麦吉尔国际管理案例大赛等。经过多年的沉淀与更新，这些比赛形成了各自的特色，并拥有一套成熟且互相差异化的竞赛规则。近年来国内各类案例分析比赛层出不穷，尤其是由中国管理案例共享中心主办的全国管理案例精英赛，不仅成为国内影响力最大、参与队伍最多的一项全国性案例活动，还制订了一套完整的案例分析比赛规则，成为领域标杆。此外，在区域、学校及学院各层面均出现了一系列案例分析比赛课程或活动，如大连理工大学截至 2022 年初已举办了 11 届全校范围内的“卓越杯”案例分析大赛，大连理工大学经济管理学院为本科生设置了“案例分析”课程，为 MBA 学生设置了“MBA 新生案例分析”等课程，案例分析比赛逐渐成为商学院培养学生的重要手段。

综上，自案例教学出现伊始，案例教学、案例采编、案例研究、案例分析比赛等案例相关活动均随着时间演变与实践进行得到了不同程度的发展，这说明管理案例并非只有教学或研究，而是形成了一个系统。目前，国内各大学商学院也纷纷成立案例中心，组织开展案例采编、教学、分析比赛和研究工作，并参与各类全国性案例活动。整体上，国内围绕案例采编、使用和研究已逐渐形成了一个较为完整的案例系统。

1.2　管理案例系统的构成

随着案例教学、案例采编、案例研究和案例分析比赛等的不断流行和推广，管理案例逐渐引起了广大商学院教师的关注，越来越多的商学院教师随之加入管理案例使用与采编的队伍之中，共同参与案例系统的构建。从教师的角度而言，案例系统由案例采编（包括案例调研和案例撰写）、案例使用（包括案例教学和案例分析比赛）和案例研究三个部分构成，如图 1.1 所示。

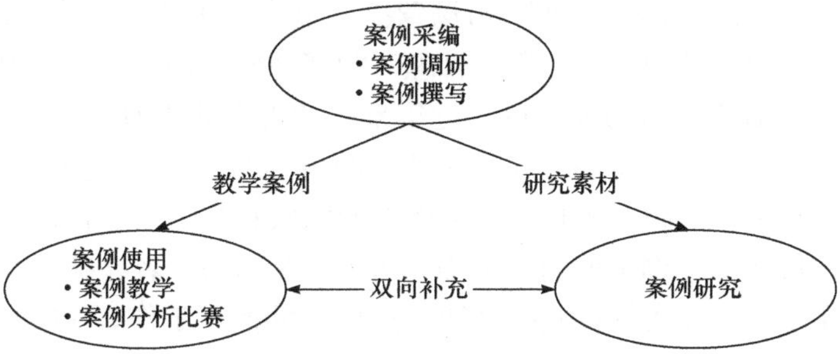

图 1.1　“案例采编—案例使用—案例研究”系统图

1.2.1　案例采编

在管理案例系统中，案例采编是案例使用与案例研究的基础。案例采编即深入企业开展调研、获取详细管理数据并由此撰写案例的过程，包括“采”和“编”两部分，即“案例调研”和“案例撰写”两个具体环节。其中“采”是深入企业开展调研并获取实践数据构成案例素材库的过程，而“编”则是在数据获取的基础上经过设计、编写和修改形成一篇规范的管理案例的过程。优秀的管理案例不仅依赖于优秀的企业管理实践，还取决于采编者接触调研企业的渠道，以及采编者对企业实践素材的捕捉和加工能力。因此，案例的采编是一项系统工程。尽管国内越来越多的学者意识到管理案例对教学与研究的重要意义，开始投入管理案例的采编工作，但在实际操作中依然面临着诸多难点，比如如何寻找合适的案例企业、如何有效获取案例企业的调研许可、如何有效获取企业案例素材、如何选取合适的案例主题、如何有效加工案例素材形成规范的案例文本等。总之，有效开展案例采编是案例系统的基础环节，也是至关重要的环节。

根据管理案例的主要特点，案例采编过程至少要明确三个问题：案例主题的选取、案例企业的来源与选取、案例采编流程。

1. 案例主题的选取

案例主题往往随着时间的变迁动态调整。虽然“战略管理”“人力资源管理”“市场营销和组织管理”等主题一直都是案例的热点领域，但不同时期，关注的重点也会有所差别，如战略管理领域逐渐从传统的竞争战略和发展战略的基本理论向平台化战略、生态化战略、数字化战略等主题转移。总体上，能够响应热点的案例相对更受欢迎，国内案例库也会不定期推出案例库中的热点案例，如组织韧性、商业模式创新等。吕一博等（2017）针对第一届至第七届全国百篇优秀管理案例的投稿及入选案例进行关键词提取、共词网络分析后发现，工商管理案例的撰写已经形成了以“战略管理”“市场营销”“组织管理”等为中心的重点领域，并逐渐向周边扩散，其中“人力资源管理”“互联网”“创业”等与中心点的联系较为紧密，并逐渐成为新的关注点。近年来，随着企业界有关“企业社会责任”“数字化”“智能化”等实践的兴起，相关主题也逐渐成为案例热点。

需要注意的是，案例主题必须与案例企业实践相得益彰，盲目追求企业的类型与大小或盲目选择案例主题的行为均不可取。案例采编者在整个案例采编过程中发挥主导作用，引导案例企业配合调研与后续的撰写工作。一般来说，确定案例主题有两种方式：一是采编者在开展案例企业调研前，根据案例企业提供的材料，以及互联网搜索到的公开数据初步确定几个案例主题，这些案例主题可能与热门主题相互动，也可能另辟蹊径，独具特色。在初步选定主题后，跟企业联系人确认该主题是否能够很好地反映企业实践，或者哪个主题能够最好地反映企业实践。例如，林海芬和海淼在对以黑马之姿崛起的“鲜炖燕窝品牌——小仙炖”进行调研前，就深入钻研了企业提供的介绍资料与互联网上的数据信息，得出“小仙炖发展背后最关键的是消费升级”这一结论，以此提出“战略调整”与“商业模式或配送模式创新”两个案例主题，并得到了企业的认可。在随后的正式调研中将案例主题确定为“战略创新”，撰写案例《山从平地起：小仙炖的战略创新之路》（林海芬和海淼，2021），该案例获评第十二届全国百篇优秀管理案例。

二是让企业方给出案例主题。比如笔者在调研中国中化集团有限公司（以下简称中化集团）之前，企业方主要联系人给出了企业当前在实践中较为突出的三个管理实践：战略转型、团队学习和组织结构优化。结合笔者的知识背景，初步确定案例主题为战略转型。初步锁定案例主题便可制订调研提纲。当然，很多时候，调研过程获取的信息与初步选取的主题并不匹配，因此调研后还可根据实际调研情况调整案例主题，或者进一步细化案例主题。

一般来说，案例主题的选取可以不像案例研究主题那样体现持续性。采用案例研究的教师往往有自己相对固定的研究方向，而研究方向决定了案例研究的主题。教学案例主要用于管理学核心课程的教学，要体现相对成熟的知识和理论。

由于一个教师可能承担多门课程或掌握多个知识点，因此教学案例的选题往往可以根据企业实践的不同而做出多样化选择。尽管如此，亦不可完全根据企业实践来确定主题，过于狭小的视角或过于独特的实践可能影响案例的使用效率。当前企业实践丰富多彩且千变万化，教师可依据个人教学背景适当锁定案例主题，主动搜寻可调研的案例企业，甚至与其所专注的研究方向进行有效结合。

2. 案例企业的来源与选取

选择一个合适的对象企业是管理案例成功的开端。案例采编者在选择案例对象时受到各方面因素的影响，如案例主题、案例来源、案例资料等。对于采编者而言，遇到一个合适的案例企业可遇不可求，这不仅要求案例企业的全力配合，也要求案例采编者的撰写灵感，两者同时存在才有可能产出一篇优秀的案例。大部分情况下，主要由案例采编者发挥主观能动性作用，主动搜寻和联系案例企业，通过实地观察、访谈调研后聚焦合适的案例主题撰写案例。也存在案例企业主动找到案例相关机构或采编者的情况，如像海尔集团公司（以下简称海尔）、海信集团有限公司（以下简称海信）等优秀企业，企业组织相对开放，会主动邀请案例采编者进入企业开展调研、撰写案例，希望将企业最鲜活的实践传递给商学院，同时增强自身在学术界与学生群体中的影响力。相对来说，前者的情况更为普遍。因此，采编者需要主动积累企业关系，同时提升其案例采编和撰写的能力。

有关案例企业的分布情况，吕一博等（2017）以第一届至第七届全国百篇优秀管理案例的投稿及入选案例为研究样本，分析表明：从管理案例对象企业的选取上来看，虽然大型企业的案例数量依旧最多，但是中小型企业逐渐成为工商管理案例撰写的关注重点，这跟中国企业整体的发展现状相符合。民营企业也获得了更多的关注，但国有企业的案例数量呈现下降趋势；从企业所处的行业分布来看，制造业和服务业是管理案例关注的重点行业，分别为 297 篇和 145 篇，两者之和占据全国百篇优秀管理案例总数的 63.86%。其中，制造业主要包括食品工业、机械和机电工业、电子工业、家电行业、纺织工业、化学工业、矿冶业、钢铁工业等；服务业主要包括通信服务业、科研咨询服务业等。近些年，案例企业的分布又有所变化，前文提到的“数字化”“平台化”等新主题相关企业，以及新涌现出来的一批互联网企业受到了案例采编者的追捧。

一篇优秀的管理案例是案例采编者与案例企业的互相成就。案例采编者要合理利用手头资源，主动与企业负责人取得联系。案例采编的能力在一次次的采编过程中得到锻炼，案例主题的灵感也将在案例素材积累的基础上迸发而出。为了搜寻合适的案例企业，案例采编者可以充分利用其社会资源，如企业嘉宾、MBA/EMBA（executive master of business administration，高级管理人员工商管理硕士）学生、毕业后就业的学生、企业界亲戚朋友等个人关系，所在学校或学院的企业资源，或者以第三方机构为桥梁与企业建立联系。本书的第二章将详细介绍具体的案例企业获取渠道。

3. 案例采编流程

案例采编工作是一项系统性工作，涉及多主体、多环节，且需要遵循一定的规则和程序。国内众多学者从不同视角对案例采编的流程展开了讨论，虽然在具体步骤上存在差异，但是案例采编的基本流程是相通的。傅永刚和王淑娟（2008）按照时间顺序，认为案例编写的流程包括确定主题与拟订编写计划、实地调研收集资料、素材加工并构思写作、编写使用说明、企业确认和评审入库五大步骤。首先，确定案例主题。其次，根据主题拟订编写计划，计划要尽可能详尽地涵盖案例采编的全过程。在实地调研后对数据资料进行汇总加工，去粗取精，剪裁得体后构思写作，形成案例故事后进行案例使用说明与案例正文的撰写。最后，案例正文和使用说明编写完成后，主动获得案例企业的授权与许可，按照要求对案例进行评审，将达到标准的案例收录入库。朱方伟等（2014）以知识线为视角，认为案例采编工作是在既定教学目标的指导下，以理论知识和故事情节的双向匹配实现特定案例采编目标的过程，最终编写出符合教学目标要求的案例正文和案例使用说明。

总体上，案例采编包括案例调研和案例撰写两个阶段。

1）案例调研阶段

案例调研阶段包括调研准备、正式调研、案例选题研讨会、数据整理及跟踪补充调研等具体环节。

（1）调研准备。在正式开展企业调研前，首先需要确定好案例企业，对接企业相关负责人，做好调研安排；其次，组建案例采编团队，并对采编团队进行培训；最后，根据企业提供的基础资料及团队获取的企业公开资料制订案例调研提纲。案例企业的来源具有多样性，本书归纳得到三种案例企业来源，即“个人关系”“学校/学院平台”“第三方机构”。在确定好案例企业后，与案例企业保持良好的沟通，获取企业的调研许可，保证后续的实地调研顺利进行。与此同时，需要组建案例采编团队，对团队进行思想统一、调研注意事项、调研要点等相关培训。除此之外，在调研准备环节，还需要制订好案例调研提纲，本书以过往经验为例，为读者提供了两种撰写案例调研提纲的视角。在这些准备工作完成后，进入正式调研环节。

（2）正式调研。正式调研环节是指对案例企业资料进行系统采集的过程，比较常用的方法有访谈法和观察法，本书将详细介绍这两种方法的分类与具体用法，提炼出调研方法使用中的要点。正式调研往往直接进入企业，与企业相关管理者或员工进行面对面交流，该过程除了有助于通过对话获得深入了解企业和案例撰写所需信息的契机外，还能够促使采编者对企业的发展和状况形成整体印象，为后续案例的撰写做好准备。正式调研阶段可能会出现各种意外，如受访者不愿详谈、企业实际情况跟调研提纲不一致等，因此要求采编者做出灵活的处理。

（3）案例选题研讨会。在完成现场访谈后应第一时间梳理资料并初步锁定案例主题，因此举行一次案例选题研讨会非常必要。由于采编团队刚刚完成调研，头脑暂时保留大量的企业信息，因此在信息模糊化之前有必要进行信息的全盘梳理，提取核心案例事件，从而初步确定案例撰写的主题。一般情况下，由于调研团队成员的知识背景存在差异性，不同成员可能提出不同的主题。也就是说，尽管大家听的故事是一样的，但经过个体加工，获取的主题却是不同的。因此，一个案例企业可以写一篇案例，也可以写出多篇案例，如采编团队在完成对波司登的调研后，提出了 6 个不同的案例主题。在初步确定案例主题之后，成员便可以围绕主题对现有信息进行一轮整合，从而判断已获取的数据是否足够支撑一篇完整的案例，为后续的案例撰写和补充调研做好准备。

（4）数据整理及跟踪补充调研。经过案例主题研讨会初步明确案例主题后需要进一步结合企业素材明确该主题是否具备足够的资料或素材，因此需要对调研获取的数据进行全面梳理，包括录音资料整理、观察笔记整理、二手资料整理等。由此进一步梳理案例的思路，并提出补充调研需求。

本书第 2 章将详细介绍案例调研过程及相关内容。

2）案例撰写阶段

案例撰写阶段是在案例企业调研的基础上，撰写案例正文和案例使用说明的过程。这一阶段是整个案例采编工作的核心环节。案例开发是一项较为复杂的工作，一篇完整的教学案例包括案例正文与案例使用说明两部分。其中，案例正文不仅是对管理情境或事件的客观描述，而且是相关管理知识或理论的载体，需要将该案例所要传授的知识或理论在案例故事中条理清晰、主线分明地展示出来；案例使用说明作为教师解读和教授案例的重要工具，旨在明确该案例的教学目的和教学知识点，引导教师深入理解该案例并有效地加以使用。部分采编者在获取数据后，即刻开始案例正文的撰写，将所获得的数据加工成一个案例故事，全盘展示，最后撰写使用说明。此时，采编者往往会因为无法找到与正文匹配的知识点或理论而陷入案例撰写的困境中。因此，案例撰写并非从正文到使用说明，而是两者交互进行。在正式调研后，案例采编者首先对案例进行聚焦，明确案例使用课程、理论知识点、案例教学目标，并初步构建案例思考题和分析思路，然后才进入案例正文和使用说明的具体撰写阶段。且在后续的撰写过程中，需要反复思考案例正文与使用说明的交互和匹配。

本书第 3 章和第 4 章将分别详细介绍案例正文和案例使用说明撰写相关内容。

1.2.2 案例使用

完成案例采编后，有必要对案例进行有效使用，这也是案例的直接价值体现。案例使用主要包括课堂案例教学和案例分析比赛两种形式，目的在于搭建商学院教师和学生与企业管理实践的桥梁，为社会和企业培养能够真正分析和解决管理实践问题的人才，从而解决传统理论授课模式下可能出现的理论与实践相脱节的关键问题。商科教育的核心特点是传授学生理论体系的同时培养学生将理论用于管理实践的能力。传统以教师主导的授课模式无疑更强调知识的传递，缺少对知识情境的解读及对知识的应用。情境式案例教学因能够有效解决传统教学模式中存在的问题而受到商学院教师的广泛青睐，成为一种重要的教学模式。尽管案例教学已有百余年历史，其模式也愈加灵活和多样化，但是案例教学的发展本身也是一个与企业实践和教师能力动态匹配的过程，依然存在许多问题值得探索。此外，相对于案例教学，案例分析比赛更强调学生的主导性，以及对解决案例企业实践问题能力的培养。因此，其形式和模式也不同于案例教学，一般主要用于课堂之外，呈现出不同规模、不同主题的多样化案例分析比赛及赛制设计。

1. 课堂案例教学

工商管理典型的情境教学模式包括案例教学、行动学习、角色扮演、模拟教学等。应用最为普及的案例教学法早期由哈佛商学院推进，是区别于传统讲授式教学的一种集启发式、开放式和互动式于一体的教学形式，注重培养案例使用者通过案例分析理解并应用相关知识点，从而提升发现问题、分析与解决问题的能力。案例教学法的主要目的是提高学生对理论知识的理解及应用能力，培养学生的评论性、分析性、推理性思维、概括能力、辩论能力，以及说服力等多方面的能力和自信心。案例教学法能够使学生积累经验、共享经验，促进学生扩大社会认知面，激发学生解决一些社会问题的积极性。此外，案例教学也有利于培养和发展学生的自学能力和自主性思维习惯（苏敬勤和高昕，2020）。

近年来被广泛关注的行动学习法是由英国管理大师雷格·瑞文斯（Reg Revans）教授首创，旨在基于事实的管理难题，通过团队合作学习进行质疑与反思获得解决方案，并不断地在实践中进行动态修正的教学模式。行动学习法，又称“干中学”，是一种以任务或问题为学习媒介，在解决问题的同时促使人员发展和组织变革的工具。参与者、问题及团队是构成行动学习的三大要素，而解决问题和发展个人及团队能力则是行动学习的双重目标。行动学习法的理念最初可表述为著名的行动学习方程“L（learn，学习）= P（programmed knowledge，结构化知识）+ Q（questions，洞见性问题）”，随后这一方程被赋予了新的定义并增加了相应要素，即“AL（action learning，行动学习）= P（programmed knowledge，结构化知识）+ Q（questions，洞见性问题）+ R（reflection，深刻反思）+ I（implementation，执行应用）”。目前，行动学习在企业界应用较多，如中化集团成立了专门的行动学习中心，聘请专业行动学习师，定期组织企业成员开展关于企业内部管理问题的案例行动学习，同时还邀请商学院教师参与调研企业实践，共同开展行动学习，目的在于解决企业面临的管理问题。

相比较而言，案例教学法和行动学习法各有利弊。例如，案例教学法倾向于将主流知识点带入案例情境进行仿真问题分析，以提高学生借助理论工具解构现实问题的能力，虽然在教学流程上相对易于掌控且更具普适性，但无法兼顾案例情境的动态性与决策的实操性。行动学习法则倾向于“干中学”，培养学生以团队的力量就企业实践中的重要问题展开探索，通过深度情境嵌入下的质疑、反思、行动而不断提升解决实践问题的能力。当前，行动学习法更多应用于大型企业与培训机构，其在商学院的全面普及和推广仍然存在诸多障碍，如难以获得企业准入、学生数量大、教学资源限制等。

鉴于案例教学法和行动学习法各有利弊，苏敬勤和高昕（2020）及苏敬勤和贾依帛（2020）立足于两种方法在推广与应用上的优势互补，提出一种新的整合式情境教学方法，即“案例行动学习法”，并将案例行动学习法定义为，以高水平的决策型案例为载体，以对案例提供的事实的深入分析为前提，以参与者提出具有可操作性的解决方案为结果，以全面提升学生分析、决策和解决复杂商业问题的能力为目的，将案例教学和行动学习两种先进的教学方法融为一体的一种新的教学方法。在此基础上，开展了一系列案例行动学习实践，包括基于波司登、雅迪、深圳中兴飞贷金融科技有限公司（以下简称飞贷）、竹叶青等企业调研和所撰写的教学案例，开展了相关的案例行动学习课堂，并提出一套教学规范。目前，该方法已经得到众多商学院教师的认可，并被应用到不同的课堂之中。

考虑到传统案例教学方法已有其他学者撰写相关书籍，本书的第二篇有关案例教学的内容主要指案例行动学习，从课前准备、课堂实施和课后评价三个环节详细展开论述。

2. 案例分析比赛

案例分析比赛是除案例教学以外管理案例最常被使用的一种方式。案例分析比赛最早出现于 20 世纪 80 年代，最初集中在高校内部某些院系、专业或学生社团，后来逐渐发展成为校级比赛和全国性比赛，有些还进一步发展成为国际比赛。案例分析比赛活动近年来之所以获得如此迅速的发展，原因是它在培养学生综合素质和实践能力方面发挥的重要作用。具体来说，案例分析比赛有助于培养学生密切关注现实、立志于服务社会的思想品质；有助于培养学生理论联系实际，分析与解决问题的能力；有助于培养学生的综合素质与创新能力；有助于培养学生的表达沟通能力与团队协作精神（于洪卫，2012）。

随着案例分析比赛的兴起，院系层面、学校层面、区域层面，以及全国和全球层面涌现出多样化比赛，各类学生参与热情高涨，教师则以指导者的身份参与其中。案例分析比赛也逐渐成为国内外众多高校培养应用型人才和考查学生综合素质与实践能力的重要形式（详见本书第九章相关内容）。

1.2.3 案例研究

案例研究则是该系统中涉及“研究”的环节，也是相对更为困难的部分。案例研究作为质性研究的一种方法，其目的大多在于挖掘、构建或完善管理理论。由于一般的实证研究方法不能满足基于特定情境下的管理理论的探索与构建需求，案例研究通过详细地描述企业管理实践或现象并分析其背后的规律性，从中揭示问题的本质或精髓，因而成为管理理论研究的重要研究方法（欧阳桃花，2004）。定量研究尽管能够将研究问题具体化和细化，但是很难做到对复杂的问题进行系统、全面且深刻地把握，而案例研究通过深入企业创新实践，或与创新实践者进行全面和深入的接触，有利于将复杂、抽象的问题具体化，便于研究开展。因此，案例研究被视为中国情境管理理论研究的重要方法。与一般教学案例不同，案例研究存在独特的范式。随着国内越来越多学者采用案例研究方法，该方法也逐渐成熟和规范化。

杨朦晰等（2019）通过文献计量方法对 CSSCI 期刊中相关文献进行分析后发现，1999～2002 年管理案例研究论文的发表数量为年均 10 篇左右，2003～2007 年管理案例研究论文的年均发表量为 30～40 篇，2008～2013 年年均发表量逐步攀升，达到 100 余篇，2014 年较 2013 年翻倍，2015～2022 年基本保持 250 篇以上的发表状态。随着我国经济的发展，未来将涌现出更多独具特色的新兴企业和“独角兽”企业，这将为管理案例研究提供源源不断的研究样本，管理案例研究也将进入主题细化期，成果更加丰富，完成从量变到质变的发展，即扎根本土，形成中国特色的系列管理思想。

1.3 本书主要内容及框架

根据参与程度和内容差异，大体可以将国内目前参与案例系统的商学院教师分为四种类型：第一类是投身案例采编工作的教师，通过多渠道获得企业准入，完成案例撰写，然后投稿到国内外案例库，甚至凭借其卓越的案例写作水平获评全国百篇优秀管理案例、中国工商管理国际最佳案例奖等荣誉。第二类是关注案例使用的教师，包括采用案例教学方法开展课堂教学，指导学生参加全国管理案例精英赛等案例分析比赛等。他们不一定自己完成案例采编工作，而是可能使用已有的案例。第三类是热衷案例研究的教师，立足中国管理情境和管理实践，采用规范的案例研究方法开展管理理论研究。他们也会深入企业开展调研，但并不撰写教学案例，也鲜少进行案例使用。第四类则是贯穿多个模块的教师，如在实现案例采编的基础上将案例用于其课堂中，甚至形成案例采编到案例使用及案例研究一体化。

实际上，如果只关注其中的某个环节，是对案例资料的一种浪费，也不利于形成健康的案例生态系统。例如，只关注案例采编的教师，如果不开展案例教学则很难发现其所撰写的案例存在哪些不足；只使用案例而不参与采编的教师，则对案例企业的情境缺少身临其境的感受，从而影响案例的使用效率。因此，本书主张，有效的案例生态系统建设涉及两个方面：一是不断发展案例采编、案例使用和案例研究三项核心内容相对差异性的规则和模式，提炼各自的有效途径，提升采编、使用或研究的效率；二是强化三个环节之间的有效链接，打通三者之间的界面，形成互通互惠的案例系统。

由于案例研究自身存在一套完整的范式或规则，且考虑到篇幅的限制，本书只关注案例系统中的前两个环节，即案例采编和案例使用，即分别围绕如何开展案例采编和如何有效使用案例开展案例教学和案例分析的基础上，探究两者之间的链接机制，打破当前案例采编与案例使用相互脱节的问题。

因此，全书分“案例采编”与“案例使用”两篇展开。第一篇“案例采编”，主要描述采编者如何通过案例调研和案例撰写完成一篇规范、高质量的管理案例的全过程。具体包括第 1 章“管理案例系统基本概念及构成”，为全书奠定理论基础；第 2 章“案例企业深度调研”，结合笔者多年的案例采编经验，介绍案例企业的不同来源渠道，调研准备，调研过程，案例数据整理、补充与使用等相关内容；第 3 章“描述型案例开发”与第 4 章“决策型案例开发”，在描述案例开发整体逻辑和流程的基础上，结合两类案例的不同特点，详细阐述撰写方法。第二篇“案例使用”，则描述如何应用所采编的案例进行案例行动学习和案例分析比赛。包括第 5～8 章分别介绍案例教学基本理论，以及案例行动学习的课前准备、课堂实践和课后评估三个核心环节；第 9 章和第 10 章关注案例分析比赛，第 9 章重点描述了案例分析比赛的基本概念、国内外发展和案例分析比赛的过程，第 10 章介绍了案例分析比赛中最为关键的案例分析环节，包括其过程和实例。

全书的整体逻辑架构如图 1.2 所示。

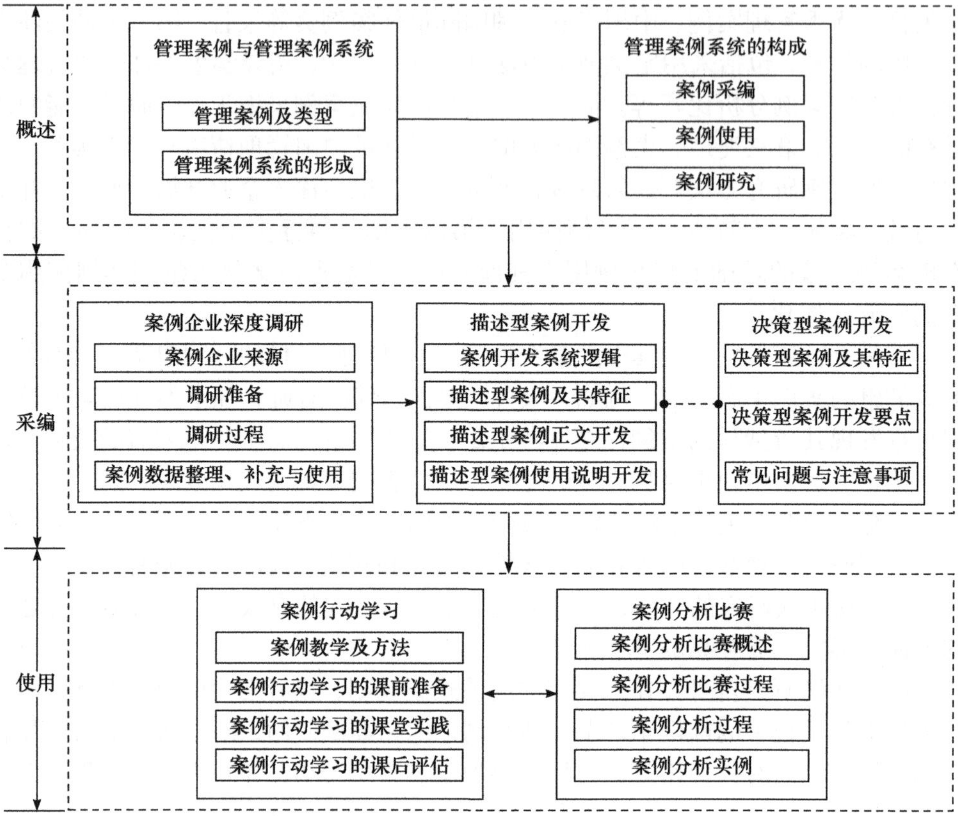

图 1.2　本书总体内容框架

第 2 章　案例企业深度调研

管理案例取材于企业管理实践，是对企业管理事件、管理情境的真实描述，即便有时会对必要的人物、时间、地点、敏感数据等进行模糊化处理，但情节上基本真实。为有效获取真实数据，管理案例采编更倾向于一手数据。因此，对案例企业的深度调研必不可少，这也是为了编写案例收集所需基础资料与信息的必要手段。为了提高调研的效率，案例采编者在有效获取案例企业来源的基础上，需要做好充足的准备，提升调研过程效率，并有效完成数据获取和整理，为后续案例撰写奠定基础。本章将详细介绍案例企业来源、调研准备、调研过程，以及案例数据整理、补充与使用等内容，具体内容结构如图 2.1 所示。

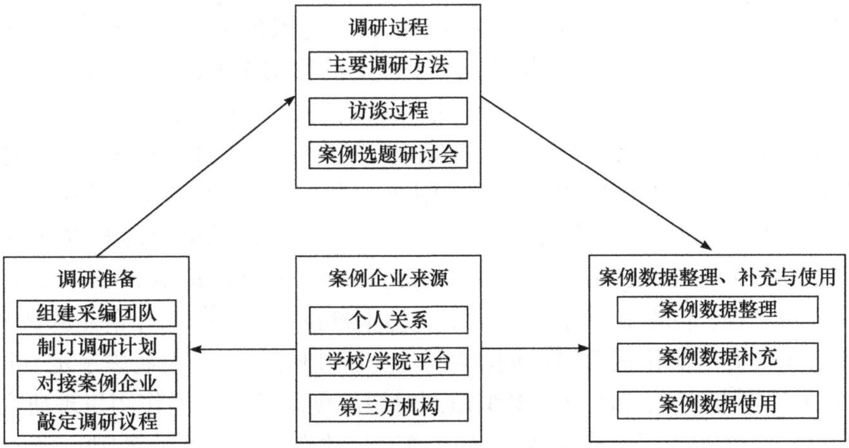

图 2.1　本章内容结构图

2.1　案例企业来源

上文提及，案例企业来源主要有个人关系、学校/学院平台及第三方机构三种渠道。多渠道案例获取能够为采编者提供更多进入优秀企业开展调研的机会。下面，笔者将展开具体论述。

2.1.1　个人关系

个人关系主要指案例采编者的社会关系，包括但不限于 MBA/EMBA 学生、毕业后就业的学生、工作岗位上的好友、志趣相投的同仁、拥有资源的亲友等。

前文提到，案例采编者往往是无时无刻不在搜寻案例企业和案例故事。比如和 MBA 学生、企业嘉宾等聊天。对于资质较浅的案例采编者而言，案例企业资源有限，较难通过这一渠道挖掘到合适的案例企业，但是这一渠道的成本相对较低，受外界影响更小，是案例采编者必须加以利用的。为此，案例采编者可以多拓展社交圈子、积极参与学术活动、广泛结交新朋友、积累和维护重要社会关系。这类渠道相对灵活，而且采编者可以随时联系对方，为调研和采编提供便利。而且通过长期的来往和交流，也能够对企业进行跟踪式、系统性深度调研，对企业形成全方位、动态性了解。不仅能够持续获取案例撰写素材，形成一系列管理案例，而且还能够为采编者开展案例研究提供重要的素材来源。因此，作为肩负教学和研究双重任务的高校教师，与企业建立有效的链接、形成相对稳定的关系是持续开展教学和研究工作的基本保障。

比如林海芬等曾利用好友及毕业学生、在职研究生等关系，深入湖北易木同层排水科技股份有限公司（今湖北易木节能科技有限公司，以下简称易木科技）、托普云农、雷士照明电子商务有限公司（以下简称雷士电商）、苏宁物流集团有限公司（以下简称苏宁物流）、天地华宇集团有限公司（以下简称天地华宇）等十余家企业展开调研，顺利撰写中英文案例《“定日达”开启天地华宇新天地》（林海芬等，2016）、《易木科技的商业模式创新：从“产品”到“客户”的转移》（林海芬等，2017）、《从“青铜”到“王者”——雷士电商的敏捷性段位升级》（林海芬等，2019b）、*Suning logistics：Transformation of retail logistics*[①]（Lin and Li，2020）等数十篇。同时，基于天地华宇、易木科技、苏宁物流等企业的调研，撰写并发表了《惯例演化视角组织创新的实施机理研究——以天地华宇定日达创新为例》（林海芬和王涛，2017）、《组织惯例对组织创新的悖论性作用机理研究》（林海芬和尚任，2020）、《复杂物流系统内稳定与动态的悖论关系案例研究》（林海芬等，2021）等学术论文。

2.1.2 学校/学院平台

除个人关系外，学校/学院平台也是重要的案例企业获取渠道。越来越多的学院或学校意识到产学研合作的重要性，开始通过校友资源、产学研合作等关系建立战略联盟或合作关系。尤其是各高校的商学院，更强调和企业的合作与交流。这些与学校或学院层面建立合作关系的企业往往更愿意为案例采编者提供调研机会，以促进双方合作的深入。同时，相对于通过个人关系获取的企业资料，通过

① 毅伟案例，译为《苏宁物流：零售物流转型》。

学校或学院平台获得的企业资料相对更为优质，企业的影响力也相对更大。更重要的是，采编者可以不顾及个人交情，“公事公办”，这也有利于提升案例采编效率，确保案例素材的客观真实性。

通过学校/学院平台获取的企业资源往往体现出一定的区域性，体现高校服务地方经济和企业的特点。例如，东北地区的高校主要与东北区域或学校所在城市的企业建立合作关系。鉴于此，依赖这类渠道的案例采编者可以更关注区域性企业的发展和实践。当然，对于长三角和珠三角等地而言，区域企业在一定程度上也代表全国性甚至全球优秀企业。此时，相对而言，企业的局限性则较小。在后疫情时代下，区域性企业或本地企业在地理位置上具有较大优势，一方面有利于避开新冠肺炎疫情的干扰，开展有效的实地调研；另一方面，还可以进行持续跟踪式调研。加上合作企业对当地高校的认可度更高，在采编过程中往往更加配合，以此方便采编者更加顺利地开展工作。

笔者每年会利用学院建立的案例企业基地组织 4～5 次的小规模企业调研活动。受新冠肺炎疫情影响，以本地企业居多。学校所在城市大连主要有大型国有企业和中小型民营企业两种类型的企业，前者与企业联系人商议调研时间和计划，后者则可以直接跟企业相关负责人甚至董事长或首席执行官（chief executive officer，CEO）联系。确定时间和计划后，便组织采编团队前去调研，做好每次的复盘归纳和选题讨论工作，以备材料的后续使用。笔者曾调研的大连企业包括从事罐头产品生产的林家铺子、主营进出口贸易的西姆集团有限公司（以下简称西姆）、经营纺织工业的大连信和皮装有限公司（以下简称大连信和）等，由此撰写中英文案例《新冠疫情危机下大连信和的战略转型之路》（林海芬等，2020d）、*Leasun:Digital transformation of a traditional canned food company*[①]（Lin and Liu，2021）、*Dalian Xinhe leather clothing:Strategic transformation in response to COVID-19*[②]（Lin et al.，2021a）等数十篇。

2.1.3　第三方机构

近年来，我们主要通过第三种渠道即第三方机构与优秀企业建立连接关系，并进入企业开展调研。第三方机构是指处在管理实践的第一线或与企业之间存在紧密联系的机构，它们往往拥有更加强大的资源网络，能够带来最新的一手案例故事和数据资料，赋予管理案例采编与撰写无尽活力。

其中包括 2018 年与君智战略咨询建立合作关系，合作建立竞争战略教研坊。在竞争战略教研坊的支持下，截至 2021 年 10 月，笔者累计撰写中文案例 12 篇，

---

① 毅伟案例，译为《林家铺子：一个传统罐头企业的数字化转型》。

② 毅伟案例，译为《大连信和：应对新冠疫情的战略转型》。

其中 8 篇被中国管理案例共享中心案例库收入，4 篇英文案例被毅伟案例库收录，具体成果如表 2.1 所示。

表 2.1　依托竞争战略教研坊取得的案例成果

类别	内容
中文案例	《山从平地起：小仙炖的战略创新之路》，中国管理案例共享中心，http://cmcc.dlaky.cn/Cases/Detail/5677，2021 年 11 月 16 日 《竹叶青："中国高端绿茶领导者"的战略认知和战略定位决策》，中国管理案例共享中心，http://cmcc. dlaky.cn/Cases/Detail/5200，2021 年 2 月 7 日 《战略重整，看飞鹤如何逆势破局》，中国管理案例共享中心，http://cmcc.dlaky.cn/Cases/Detail/4840，2020 年 11 月 2 日 《从市场驱动到研发拉动：中国飞鹤的战略变革之路》，中国管理案例共享中心，http://cmcc.dlaky.cn/Cases/Detail/4759，2020 年 10 月 15 日 《飞贷的华丽转身：移动信贷整体技术领导者》，中国管理案例共享中心，http://cmcc.dlaky.cn/Cases/Detail/4134，2019 年 11 月 5 日 《渠道为王，终端制胜——雅迪的渠道升级》，中国管理案例共享中心，http://cmcc.dlaky.cn/Cases/Detail/4099，2019 年 10 月 29 日 《战略牵引、"羽"众不同：波司登如何乘势而上？》，中国管理案例共享中心，http://cmcc.dlaky.cn/Cases/Detail/4090，2019 年 10 月 28 日 《渠道之网如何织出波司登新装》，中国管理案例共享中心，http://cmcc.dlaky.cn/Cases/Detail/3857，2019 年 9 月 6 日
英文案例	Xiaoxiandun E-Commerce CO., LTD: Strategic innovation（《小仙炖：战略创新》）. Ivey Publishing, https://www.iveypublishing.ca/s/product/xiaoxiandun-ecommerce-co-ltd-strategic-innovation/01t5c00000D4soSAAR，2021 年 9 月 28 日 Feihe: Strategic adjustment under the epidemic crisis（《飞鹤：疫情冲击下的战略调整》）. Ivey Publishing, https://www.iveypublishing.ca/s/product/feihe-strategic-adjustment-under-a-pandemic-crisis/01t5c00000CwqflAAB，2021 年 6 月 23 日 Zhuyeqing Tea Co.: Reassessing strategic direction（《竹叶青：重新评估战略定位》）. Ivey Publishing, https://www.iveypublishing.ca/s/product/zhuyeqing-tea-co-reassessing-strategic-direction/01t5c00000CwqYfAAJ，2021 年 4 月 1 日 Bosideng: How to revitalize the brand?（《波司登：品牌如何强势回归》）Ivey Publishing, https://www.iveypublishing.ca/s/product/bosideng-how-to-revitalize-the-brand/01t5c00000CwqpCAAR，2020 年 7 月 21 日

竞争战略教研坊于 2018 年 12 月 19 日在上海举行的中国企业竞争力论坛上正式启动。君智战略咨询是一家致力于协助企业赢得竞争的中国战略咨询公司，总部位于上海陆家嘴环球金融中心，拥有 100 余名战略顾问。君智战略咨询打破传统咨询角色定位，作为"事业伙伴"与客户共创成果，实现增长方式转变、获利能力提升、市场地位共创。君智战略咨询以客户成果为荣，为客户提供能落地的方案，引领企业其他关键领域，实现双方共识的市场地位目标。君智战略咨询独创战略服务系统，成功助力包含飞鹤、波司登、雅迪、良品铺子股份有限公司、竹叶青等行业龙头在内的数十家企业实现增长，协助其中 5 家企业营收突破百亿。因此，君智战略咨询能够利用其强大的客户资源为竞争战略教研坊牵线搭桥，提

供大量进入优秀企业调研的机会。

竞争战略教研坊通过组织各商学院教师，深入案例企业开展调研、研讨，挖掘中国企业最佳商业实践背后的理论，采编可供国内众多商学院使用的案例，撰写研究报告与专著，建立企业案例基地等，加强商学院与企业之间的交流与合作。竞争战略教研坊采用“全过程”案例实现模型，具体实现路径如图 2.2 所示。亦即，企业调研、案例编写、案例教学和案例研究四个核心环节。

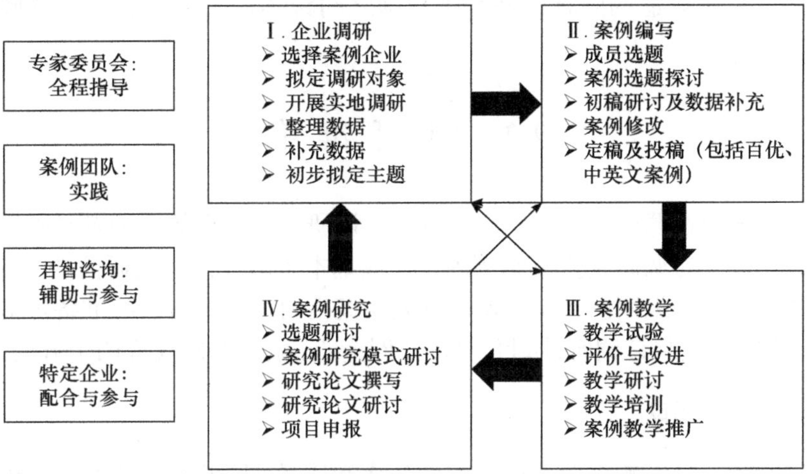

图 2.2　竞争战略教研坊“全过程”案例实现路径

资料来源：竞争战略教研坊内部资料

竞争战略教研坊自启动后共进行三轮大规模的企业调研活动。第一轮：2019 年 1 月 13～24 日，竞争战略教研坊案例团队分别走进飞贷、波司登、雅迪和君智战略咨询，进行了为期十余天的企业调研。第二轮：2020 年 1 月 2～8 日，竞争战略教研坊组织来自大连理工大学、中国科学院大学、上海交通大学等 18 所高校的 25 名教授及青年教师走进了飞鹤和竹叶青，进行了为期 7 天的企业调研。第三轮受新冠肺炎疫情影响，分批次和区域开展调研，于 2020 年 8 月 13～14 日组织来自大连理工大学、中国科学院大学、中国人民大学等 15 所高校的 23 名教授及青年教师调研了小仙炖；于 2020 年 8 月 17～18 日组织来自上海交通大学、复旦大学、同济大学等 16 所高校的 25 名教授及青年教师调研了君智战略咨询。竞争战略教研坊不定期进行成员招募，为有意向扎根案例教学和案例研究的青年教师提供了平台与资源。

目前为止，通过竞争战略教研坊依托第三方资源已完成案例 60 余篇，其中 2019 年共计撰写案例 20 篇，包括全国百篇优秀管理案例 6 篇，收录中国管理案例共享中心案例库 11 篇，收录毅伟案例库 4 篇；2020 年共完成案例 24 篇，包括全国百篇优秀管理案例 6 篇，收录中国管理案例共享中心案例库 17 篇，收录毅伟案例库 3 篇；2021 年共完成案例 22 篇，包括全国百篇优秀管理案例 6 篇，收录毅伟案例库 2 篇，哈佛商学院案例库 1 篇，多篇案例处于中国管理案例共享中心案例评审过程中。

除了竞争战略教研坊，笔者还依托企业创新与产业政策专业委员会、浙江工商大学管理学院、西北工业大学管理学院等第三方机构或平台进入优秀企业开展调研。第三方机构或平台具有其独特的优势，可以有效解决案例采编者缺少案例企业来源渠道的问题，并增进教师之间跨学校、跨地域和跨领域的合作交流。

2.2　调研准备

为了提升企业调研的效率，在进行正式调研之前，案例采编者必须做好充足的准备，不仅要对调研企业及案例内容形成基本了解，做好调研前的对接工作，也要组建合适的采编团队，制订调研计划。概括而言，调研前的准备环节主要包括组建采编团队、制订调研计划和对接案例企业、敲定调研议程四个方面的内容。

2.2.1　组建采编团队

采编团队直接影响企业调研过程的效率和质量，因此在正式调研前组建一支优秀的采编团队并对其进行系统的培训显得尤为重要。根据团队成员来源不同，案例采编团队可以划分为两类：一类是由案例采编者所在课题组成员共同组建的团队，多为导师带领课题组成员对某一企业进行调研的情况，调研规模相对较小；另一类是来源于多个课题组的案例采编者合作组建的团队，来自不同学校、地区的案例采编者因“兴趣”或“第三方机构组织”汇聚一起，对某一企业或多个企业进行全方位的调研。

上述两种采编团队的形式可根据案例企业来源渠道、企业类型、地点等多重因素灵活选择。以笔者曾参与过的调研举例，笔者曾带领自己的研究团队深入易木科技、托普云农、雷士电商、苏宁物流、林家铺子、西姆、大连信和等多家企业展开调研，针对收集的调研资料，团队内部撰写了大量的中英文案例，并根据合适的主题对多家案例主体做研究。但如果通过第二种和第三种渠道进入企业，采编团队往往不限于研究团队内部，可能涉及跨团队、跨学院或跨学校组建采编队伍。例如，2021 年 6 月笔者曾与浙江工商大学管理学院的多位教师共同对杭州美仪自动化技术股份有限公司和杭州老板电器股份有限公司开展调研。通过全国公开招募方式组建的采编队伍其多样化则会更为明显。

相比较而言，第一类调研团队其成员的整体能力或团队影响力可能不如后者，但团队管理及前期培训相对容易，也更容易在调研过程中达成一致的意见。团队成员在以往的合作交流中已相互了解，且由导师作为团队相对权威的领导者，团队成员的服从性更强。在调研前准备阶段，团队方便开展讨论，内部沟通效率较高，使所有成员均明确调研的目的和主题。同时对于调研的注意事项、企业避讳的主题，以及调研过程的衣着举止等均容易进行培训。调研过程中，尤其在访谈阶段，往往以经验丰富者如导师作为主提问，其他成员补充，能够确保调研的有序开展。当然，这也要求案例采编者不仅需要具备一定的专业基础知识，同时要善于与企业沟通合作，以获取有效的调研资料，更要了解案例教学的特征，有能力撰写出能够满足教学目标的优秀案例。

第二类调研团队，由于其成员可能来自不同研究团队或来自不同学院和学校，且多为教授，调研整体水平会更高，影响力更大，尤其是第三方机构组织的较大规模的案例采编团队，因其具有遴选性质，所以会具有更高的案例采编能力、教学水平和案例研究水平。从企业的角度来说，这更有利于企业管理实践向商学院传递。对于团队而言，不同背景的成员聚集在一起能够更好地挖掘企业的实践，能够相互补充、相互学习并对案例采编过程提出更多建议。如前文提及的竞争战略教研坊在团队招募环节便会对参与成员进行遴选。以下为竞争战略教研坊团队2018 年成员招募启事的节选内容，通过报名条件可以看出，采编团队更加重视案例撰写与研究的能力。

竞争战略教研坊团队成员招募启事

各位案例同仁：

您好！

竞争战略教研坊旨在搭建以挖掘中国企业最佳商业实践案例为目的的产学研共创平台。竞争战略教研坊已组建了由来自大连理工大学、北京大学、清华大学、上海交通大学等知名高校的 12 位专家教授，以及君智战略咨询董事长谢伟山、总裁徐廉政、执行总裁姚荣君为委员的专家委员会，指导竞争战略教研坊的战略制定和发展方向，全程专业性指导案例的采编、撰写和研究。现竞争战略教研坊拟向全国各商学院招募热衷案例教研且具有一定案例采编和撰写经验的教师，在专家委员会的指导下共同深入中国一流企业开展深度调研，通过全程真实研讨，撰写中国企业最佳商业实践案例并挖掘实践背后的理论。案例调研过程和取得的案例成果将给予一定补贴和奖励。欢迎符合条件的青年教师报名。

一、报名条件（任选其一）

（1）全国百篇优秀管理案例第一作者；

（2）哈佛案例或毅伟案例第一作者或通信作者；

（3）在国家自然科学基金委员会认定的 A 类期刊或 SSCI/SCI 期刊上发表案例研究论文的第一作者或通信作者；

（4）其他能够证明本人具有丰富案例采编和撰写经验的成果。

二、报名要求

（1）原则上年龄在 45 岁以下；

（2）2019 年有充足的时间参与企业调研和案例撰写工作，计划 2019 年完成 5 家企业的调研和案例采编，不要求每次都参加；

（3）入选者必须本人亲自参与企业调研、案例讨论和撰写等工作，不得由他人代替；

（4）企业调研和案例撰写过程服从竞争战略教研坊的统一调配。

三、名额

西部地区 3 人，长三角地区 5 人，珠三角地区 5 人，华北地区 4 人，其他地区 3 人，共 20 人。

四、报名方式

（略）

资料来源：http://CMCC.dlaky.cn/Home/Detail/221

对于多样化采编团队而言，调研前的培训工作及对案例企业实践一致性认知的达成难度均很大。此时，需要一个得力的协调和组织者，包括在准备阶段及时向各成员传递企业的信息和意见、及时收集各成员的观点和诉求、在调研过程中协调各成员对企业实践的差异化认知、关注各成员的问题、在撰写阶段统筹和协调案例主题的选取和案例撰写过程及结果等。尤其在准备阶段，需要确保在正式调研之前成员之间已相互了解并达成某种默契，且相互认同调研计划及初步选取的案例主题。

2.2.2　制订调研计划

调研计划关系到整个调研过程的效率，是调研过程的重要指导，也代表采编者对企业的诉求。因此，在深度调研之前有必要制订好调研计划并与企业达成共识。调研计划一般包括调研目的、初步调研安排（包括调研时间、对象、主题、方式等）、调研人员、调研提纲、联系人等方面的内容。笔者结合下文给出的竞争战略教研坊调研飞鹤（调研计划示例-1）和波司登（调研计划示例-2）的调研计划进行介绍。

（1）调研目的。尽管在前期沟通的过程中，已经向企业传递了调研和采编案例的目的，但是调研计划中需要再次相对正式且更为具体地表示出来。有关飞鹤的调研计划强调“本次调研意在了解以飞鹤为代表的中国本土品牌崛起过程，通过对飞鹤的发展历程、行业环境、全产业链布局、战略定位与具体配称等的深入了解，探究民族品牌如何在‘内忧外患’的夹击之下重新腾飞，为中国企业如何逆袭外资品牌竞争封锁提供参考借鉴，为全国商学院和 MBA 学员提供可供课堂使用的案例，并基于中国企业实践开展理论研究”。具体目的包括获取企业实践素材，开展针对技术创新、商业模式创新、市场定位、战略转型升级等管理问题的研究；采集和编写管理案例，用于 MBA 培养及相关课程的案例教学；提炼中国管理理论，总结中国企业最佳商业实践。

（2）初步调研安排。采编者在协商团队成员时间、调研对象、访谈内容、访谈形式等方面需求的基础上，前期与企业初步确定调研时间段，然后提出相关需求。因此，这里的初步调研安排主要代表采编团队的诉求，最终如何安排需要与企业确认。企业的日程一般较为紧张，案例采编团队需要尽可能地去适应案例企业的时间，集中调研，尽可能少地影响企业员工的工作，能够提高企业对调研的配合。访谈时长应根据访谈难度与被访谈者的状态进行调整，一般一个被访者的时间以 2 个小时为宜。地点多选在企业内部，一方面，熟悉的环境能够促进受访者尽可能放松地发表观点；另一方面，对企业环境、员工状态、文化氛围等的观察也是调研中的一环，调研者能够更全面地了解企业，有利于发现和收集通过其他途径难以获得的案例信息。企业调研的形式丰富多样，通常采用实地观察与现场访谈相结合的方式，对于无法到达现场的关键负责人可以选择线上访谈的形式，尤其是近几年新冠肺炎疫情反复，线下调研时常受阻，线上调研的方式可以很好地应对特殊情况。在飞鹤的调研计划中，竞争战略教研坊与企业确定“2020 年 1 月 2～5 日”这个时间段后，提出具体安排，比如 1 月 2 日案例采编人员报到，1 月 3 日拟访谈公司创始人和高管，访谈形式为逐个深度访谈，访谈内容涉及企业运行现状与背景、业务特点、公司发展与转型、未来发展规划等，1 月 4 日拟访谈部门负责人或其他相关人员，包括战略部门、运营部门、产品部门、技术部门、品牌部门等负责人，访谈形式为调研团队拆分成多个专家小组，分别对业务负责人进行深度访谈，访谈内容主要涉及各部门职责、具体业务实操、团队故事等，1 月 5 日上午拟举办飞鹤案例研讨会。

（3）调研人员，即参与调研的团队成员。一般来说，企业需要明确调研团队的构成，包括成员数量和具体成员信息。因此，有必要列出所有的调研成员并展示相关信息，这也是消除被访者戒备心理、产生信任的重要途径。除了姓名、年龄、职称、单位、职务等基本信息，还应包括研究领域、研究方向等更能体现专业的信息，甚至可以列出一些成果。尤其是采编团队的领队人，一般也是调研过程中的主要提问人，很大程度上代表了采编团队的水平，应给出个人详细介绍。由于竞争战略教研坊成员较多，一般包括 20 名以上来自不同高校的教师，因此调研计划示例中没有展示具体的成员信息，而是以一个单独的文件与调研计划一起递交给企业。

（4）调研提纲。前面提到，在正式调研前，采编团队根据企业提供的基本资料及可以搜集到的二手数据初步选取研究主题，或者在企业方提出的优秀管理实践或事件中进行选择，再围绕该主题提出调研提纲。调研提纲一般包括两类问题：第一类问题是基本性问题，目的是了解该企业的发展历程和当前状态；第二类问题是针对性问题，聚焦案例主题，如战略转型、技术创新等，目的是挖掘企业在特定领域的具体行为和事件，也是案例的主体内容。相比较而言，在调研的过程中，被访者往往更愿意分享基本性问题，因此会占据较多时间。但实际上，这类信息并不是案例撰写的主要数据来源，而且往往在公开数据中就能够查询到。因此，在调研前期应尽可能地了解调研企业，减少基本性问题的提问时间，给针对性问题提问留更多时间。有时候，由于企业在调研前提供的信息太少，或者公开数据较少，无法聚焦主题，因此需要做出全方位的计划。这种访谈方式强调在访谈过程中捕捉关键事件，对采编者实时捕捉关键信息的能力要求较高。竞争战略教研坊的几次调研尽管已初步锁定战略转型领域，但具体战略转型的信息非常少，采编团队希望能够对案例企业进行一次全方位的调研，因此在提纲中问题聚焦性较弱，但这并不代表采编者毫无准备，而是根据过往经验在脑海中勾勒出提问的主干线，围绕着主干线展开，在实际调研时随机应变，合理发散。需要注意的是，计划中的调研提纲只是一个初步的提纲，让企业了解采编者可能会问哪些问题，或者以什么样的方式进行提问。等后期确定议程后，也就是明确访谈对象后，还需要根据访谈对象的特点做出详细的调研提纲。

（5）联系人。调研计划中应展示联系人信息，以方便企业方与采编团队保持联系。若企业在审核和落实调研计划的过程中存在疑问，可以随时与采编团队进行沟通。

调研计划示例-1

飞鹤调研计划

本次调研意在了解以飞鹤为代表的中国本土品牌崛起过程，通过对飞鹤的发展历程、行业环境、全产业链布局、战略定位与具体配称等的深入了解，探究民族品牌如何在“内忧外患”的夹击之下重新腾飞，为中国企业如何逆袭外资品牌竞争封锁提供参考借鉴，为全国商学院和 MBA 学员提供可供课堂使用的案例，并基于中国企业实践开展理论研究。

一、拟调研行程安排（2020 年 1 月 2～5 日）

2 日：案例采编人员报到

人数：15～20 人调研团队

3 日：访谈公司创始人和高管

（1）受访人员：创始人团队、具有决策权的高层（无人数要求）；

（2）访谈形式：逐个深度访谈；

（3）访谈内容：企业运行现状与背景、业务特点、公司发展与转型、未来发展规划等。

4 日：访谈部门负责人或其他相关人员

（1）受访人员：战略部门、运营部门、产品部门、技术部门、品牌部门等负责人；

（2）访谈形式：调研团队拆分成多个专家小组，分别对业务负责人进行深度访谈；

（3）访谈内容：各部门职责、具体业务实操、团队故事等。

5 日上午：飞鹤案例研讨会

（1）参会人员：竞争战略教研坊调研团队；

（2）研讨形式：竞争战略教研坊内部研讨会（欢迎企业派代表参加）。

5 日下午：离开

二、调研目的

（1）获取企业实践素材，开展针对技术创新、商业模式创新、市场定位、战略转型升级等管理问题的研究；

（2）采集和编写管理案例，用于 MBA 培养及相关课程的案例教学；

（3）提炼中国管理理论，总结中国企业最佳商业实践。

三、调研人员

竞争战略教研坊团队成员

四、主要内容

（一）运行现状与背景

（1）请您介绍公司当前的经营状况和主要经营模式；

（2）请您介绍公司所处的行业背景：中国奶制品污染事件前后中国奶粉行业的发展情况有何不同？“奶粉配方注册制”等政策的出台对行业发展有何影响？行业市场分布情况如何？

（3）请您介绍飞鹤的创立背景：为何拒绝加入完达山却二次创业？创业团队成员的构成？如何解决资金、人才等资源缺乏的困境？

（4）飞鹤的发展主要经历了哪些阶段？其中的关键事件或转折点有哪些？

（5）请您介绍飞鹤的销售端情况：目前的市场份额、主要销售渠道、目标客户群体及特点；

（6）请您介绍飞鹤的生产端情况：目前的产能情况、国内外主要生产基地布局情况、主要的供应商及合作方式等。

（二）业务特点

（1）飞鹤的产品有哪些系列？分别面向哪类细分市场？不同系列产品间有何差异？销售占比分别是多少？

（2）与外资品牌和中国本土竞争对手相比，飞鹤奶粉的特点是什么？主要优势在哪里？

（3）飞鹤为何早期便布局全产业链？当时怎样平衡对于市场、研发和产业链布局之间的资源投入？

（4）飞鹤进行了哪些研发活动？取得了哪些研发成果？研发人员占比和研发投入情况？

（5）飞鹤进行了哪些生产环节改进与工艺技术创新？如何确保产品质量？

（6）飞鹤奶粉从配方研发到批量生产需要经历哪些环节与流程？

（三）公司发展与转型

（1）飞鹤的上游牧场体系建设完成后为何将其剥离？出于怎样的战略调整考虑？后续通过什么手段维持奶源品质与合作关系？

（2）飞鹤在面临被外资品牌高价收购时，高管团队如何达成共识？

（3）中国奶制品污染事件后，飞鹤一度在国产品牌中突围而出，为何又陷入增长乏力？

（4）面对外资品牌的强势进入，飞鹤如何维持自身的市场份额？实施了哪些手段？效果如何？

（5）面对消费者对国产奶粉的信任危机，飞鹤如何寻找到“更适合中国宝宝体质”的新定位？新定位是否解决了公司发展的困境？

（6）飞鹤在战略转型的过程中，如何向消费者传递“更适合”的信息，进行了哪些传播、渠道、研发、服务等手段的配称？竞争战略转型成功的关键是什么？

（7）在飞鹤提出新的定位后，多个国产品牌甚至进口品牌都相应跟进“中国宝宝”概念，如何看待与应对这种战略跟进与模仿？

（8）飞鹤的战略转型决策受到哪些因素影响？决策的依据是什么？转型过程中是否遇到了战略落地的困难，是怎样克服的？

（四）未来发展

（1）飞鹤未来的发展目标是什么？

（2）飞鹤在未来国际化过程中是否依旧面向“中国宝宝”客户群体？是否有针对国外市场需求进行新产品研发的计划与布局？

以上是初步的调研计划，调研过程中，调研团队还将在此基础上，提出新的具体问题。另请调研企业提供有关的内部文件、资料。

五、联系人

（略）

资料来源：竞争战略教研坊内部资料

调研计划示例-2

波司登调研计划

本调研意在了解以波司登为代表的中国老牌企业品牌崛起过程，通过对波司登的发展现状及外部环境、品牌重获青睐的战略决策及典型战略落地战役的深入了解，探究激烈竞争下民族品牌如何重新腾飞，为全国的企业提供参考借鉴，为全国商学院和 MBA 学员提供可供课堂使用的案例，并基于中国企业实践开展理论研究。

一、拟调研行程安排（2019 年 1 月 19～22 日）

19 日：案例采编人员报到

人数：15～20 人调研团队

20 日：访谈公司创始人和高管

（1）受访人员：创始人团队、具有决策权的高层（无人数要求）；

（2）访谈形式：逐个深度访谈；

（3）访谈内容：企业运行现状与背景、业务特点、公司发展与转型、未来发展规划等。

21 日上午：访谈部门负责人或其他相关人员

（1）受访人员：战略部门、营销部门、产品部门、技术部门、综合业务部门等负责人；

（2）访谈形式：调研团队拆分成多个专家小组，分别对业务负责人进行深度访谈；

（3）访谈内容：具体业务实操、企业数据解读、团队背后的故事等。

21 日下午和 22 日上午：波司登案例研讨会

（1）参会人员：竞争战略教研坊调研团队；

（2）研讨形式：竞争战略教研坊内部研讨会（欢迎企业派代表参加）。

22 日下午：离开

二、调研目的

（1）获取企业实践素材，开展针对技术创新、商业模式创新、市场定位、战略转型升级等管理问题的研究；

（2）采集和编写管理案例，用于 MBA 培养及相关课程的案例教学；

（3）提炼中国管理理论，总结中国企业最佳商业实践。

三、大连理工大学调研人员

竞争战略教研坊团队成员（略）

四、主要内容

（一）运行现状与背景

（1）请您介绍公司当前的运行状况和主要经营模式；

（2）请您介绍公司所处的行业背景、市场分布情况、主要竞争对手、波司登品牌的市场地位、波司登的主要市场；

（3）请您介绍波司登的主要销售渠道、核心客户群体及特点；

（4）请您介绍波司登创立的背景：波司登是如何创立的？创业团队成员由哪些成员构成？在 20 世纪 70 年代为什么选择进入羽绒服行业？

（5）波司登的发展主要经历了哪些阶段？

（6）羽绒服行业发展经历了怎样的过程？

（二）业务特点

（1）当前波司登的产品有哪些？分别占比多少？“波司登”“雪中飞”“康博”三个品牌各有什么特点？各自如何进行市场定位？

（2）与竞争对手相比，波司登羽绒服的特点是什么？优势在哪里？价格差异多大？

（3）波司登在品牌、营销、生产和工艺技术等方面拥有哪些优势？其优势从何而来？

（4）线上和线下的营收占比情况如何？线上线下如何保持统一联动、共同发展？

（三）公司发展与转型

（1）请详细介绍企业发展经历了哪些阶段？发生了哪些重要转型？企业如何实现转型？转型效果如何？

（2）公司在近年来的发展遇到了哪些困难？哪些因素导致企业发展受困？（和第一部分的问题有重合）

（3）当前的竞争战略是什么？是否解决了公司面临的困境？您认为此次竞争战略转型成功的关键是什么？

（4）为满足竞争战略调整需要，公司在传播、产品、渠道、运营等方面做了哪些创新？

（5）战略升级过程中，公司如何配资资金和人员等资源？

（6）转型后，公司如何应对品牌竞争？

（7）公司如何权衡已有的中端市场需求和新的高端市场需求？

（8）请详细介绍在战略转型过程中，发生的最重要的几个事件。当时是哪些因素影响决策？决策依据是什么？这个过程中，主要做了哪些工作？

（9）在波司登转型升级的同时，其竞争对手都采取了哪些措施？

（四）未来发展

（1）波司登的技术创新目标是什么？

（2）波司登未来的市场目标是什么？

（3）公司未来的发展战略方向是什么？目标是什么？

以上是初步的调研计划，调研过程中，调研团队还将在此基础上，提出新的具体问题。另请调研企业提供有关的内部文件、资料。

五、联系人

（略）

资料来源：竞争战略教研坊内部资料

2.2.3　对接案例企业

上文已对案例企业的来源进行了介绍，本部分将描述案例采编者如何与案例企业开展有效对接。不管对于企业还是采编者而言，调研效率均是至关重要的。采编者希望通过有限的与企业管理者或员工交流的时间获取足够的有效数据，而企业方安排一次较大规模的调研也需要协调多方资源。因此，为了让实地调研的效率更高，前期的有效对接显得尤为重要。一方面，通过初步沟通双方明确目标，达成一致，并建立信任；另一方面，双方通过交互信息，为调研做好准备。

1. 与案例企业建立信任关系

采集案例企业相关管理信息是一项高难度系统工程，需要采编者与案例企业开展深度合作与交互。即使在美国，当哈佛商学院于 20 世纪 20 年代初首次倡导案例教学，并着手搭建自己的案例库时，也曾多次碰壁。美国企业界对此也是疑虑甚多，不愿开门合作。即使现在能被哈佛商学院采编已经成为一份殊荣，大多数企业仍然只乐于提供其成功事迹，而对失败教训或存在的问题闭口不谈。国内亦如此，经常存在企业对案例编写不支持或戒备明显的情况。对案例采编者而言，找到一家合适的案例企业并获得同意并非易事，案例企业能提供调研的时间和机会也是十分有限的。因此，采编者需充分把握机会，在有限的时间内高效地收集数据，做到有的放矢。能否从企业获得足够的信息，除了调研技巧，更多取决于采编者的有效提问和被访者的有效解答。但这种高度契合的交流建立在双方相互了解和信任的基础上。当通过第二种和第三种渠道获取案例企业时，显然采编者对该企业的相关人员并不熟悉。即便是通过个人关系获取企业调研机会，也只熟悉企业中的一个或少数人员，而不是所有的被访者。因此，均需在正式调研前通过有效沟通获得调研许可并达成目标共识。

调研许可是指案例企业允许采编者进入企业开展调研活动的一种承诺。通常情况下，第一种渠道即个人关系获取案例企业资源的方式下，调研许可多以中高层管理者口头承诺的形式出现；第二种或第三种相对正式的方式下，企业可能会要求采编者以单位的名义出具正式调研函，企业通过相关部门的审核及核心管理者的确认，最终决定是否允许采编者进入企业。这个过程并非可有可无，而是很大程度上决定了后续企业方配合调研的程度。企业调研许可一方面是采编者开展后续调研工作的基本前提，也是调研信息真实有效的切实保障；另一方面许可的获取过程也是与企业构建合作关系的良好机会。尤其当企业正式回应调研函，也就意味着企业对调研的初步认可，后续则会配出相关人员对接调研安排，也会在调研过程中做好辅助工作。

在采编过程中，可能会出现企业已同意接受调研，但后期双方却不欢而散的情况。例如，由于有些企业并不了解商学院采编案例的目的，他们往往对信息传递保持戒备心理；有些采编者前期没有对企业充分了解，调研中总问一些企业方不愿意提及的问题。出现上述问题的原因往往在于调研前双方并没有就调研目的达成共识。其一，采编者在采编需求尚不清晰的情况下便急于获取许可，认为拥有许可便意味着可以得到所需资料而忽略了企业方并不愿意或不能公开某些商业信息的需求。其二，企业方未能充分理解调研工作的具体内容，在不清楚自身责任的情况下给出口头承诺，因而缺少约束力，当企业方发现难以满足采编者的需求时便轻易反悔。这种问题常发生于通过个人关系（经人介绍）或学校/学院平台两种渠道获得的案例企业之中。由于与案例企业缺少紧密的关系，如果企业方在初步接触后发现与起初设想不符便会出现抵触心理，从而拒绝后续的配合。第三方机构与企业和案例采编者的关系更为稳定，可以很好地避免这类问题的产生，即便问题出现也能通过沟通加以解决。

为此，调研前需要做好以下几个方面的准备：

首先，采编者向企业方传达采编案例的意图与目的。像海尔、海信和华为技术有限公司这类向高校和商学院开放管理实践与理念的企业为数不多，更多企业并不了解商学院的运作，也不清楚采编案例的目的。因此，有必要在调研之前向企业联系人传递案例采编的目的，可写入调研函或者以文档的方式做出说明。可大体介绍案例在商学院教学研究中的重要性，并对对方的优秀管理实践表示有兴趣。比如笔者在对西姆调研前，向相关联系人表明调研的目的："我们团队长期致力于中国情境下企业战略变革与创新层面的研究，团队成员涵盖教授、博士、硕士共计十余名。西姆作为中国最早的‘走出去’企业之一。不仅在国际工程技术总承包、中国石墨电极等方面做出了巨大成就，近些年更是依靠自身强大力量带领更多的中小企业‘走出国门’。从一个名不见传的小企业短短 20 年发展成一个有能力带动产业发展的大集团，这里面一定有很多可以学习借鉴的经验。我们团队希望能够以一个局外人的身份更加客观地去总结西姆的发展，剖析西姆背后更深层的发展逻辑。如果调研顺利的话，我们希望此次的调研资料可以有两项成果产出。一是教学案例，能够将西姆的故事引入课堂，让更多的学生与教师来讨论学习；二是案例研究论文，利用研究方法，深入挖掘西姆成功的内在理论逻辑，来推动我们学术界的进步。不过请贵公司放心，我们向外发表的所有成果在投稿前会先给贵公司审阅，确保公司数据与信息的安全性。”当然，在正式调研开场之前，还有必要重申调研目的，以降低对方的戒备心理。

其次，采编者应对企业方表示尊重，对企业敏感信息予以保护，并做出保密承诺。对于一些敏感话题，案例企业往往不愿向企业外部的人员提及，如企业过往的决策失误或负面新闻或企业尚未成功的实践等。这些信息对案例采编者而言是十分容易抓取且具有研究意义的热点，但是公开这些信息会损害企业形象。比如笔者在调研某企业时，被告知拒绝回答“企业前不久进行的一次失败战略变革”的相关问题，同时不允许案例采编者在后续案例撰写过程中提及此次变革。另外，一些案例企业担心采编者会将企业的技术诀窍、成本数据、发展动态等情况泄露出去，造成该企业在竞争中的被动或不利局面。针对这种情况，案例采编者需要向企业明确表示将会充分尊重企业的要求，未经企业允许不打听、不披露，严格保密。并且承诺在案例定稿前送企业审核，若得不到企业的同意便不会发表，并且对特定名称、敏感数据等采用掩饰性处理措施，以保证企业的信息安全。若多次沟通无果，案例企业不愿配合，案例采编者则应考虑放弃，另择新点，秉承宁缺毋滥的态度开展案例采编工作。

最后，采编者应向企业方传递案例采编可能给企业带来的正向影响。对于一些跟高校或商学院往来不多的企业而言，其往往会担心，到底调研和案例采编对于企业有没有积极影响，会不会只是一次企业单方面的付出。此时，为了将合作建立在双方互利的基础之上，采编者可以向企业展示以往成功的案例样本，说明案例采编工作对于案例企业的意义所在。另外，案例采编者作为外部人员，在对企业进行深入调研时可以更好地帮助企业梳理自身存在的问题，也可以在调研前期与企业交流行业方面的看法及热点话题，从而强化企业进行合作的意愿和积极性，为后续的采编调研工作建立良好的基础。

2. 获取案例企业基本资料

在取得企业的调研许可后，可以向企业索要一些基本资料。每个企业都有自身的独特之处或核心竞争力所在。一般而言，企业会针对这些内容形成专门的文字介绍或图片素材，这是企业最希望展示给外界的信息，也是采编者在调研过程中最容易获取的信息。一方面，整理这类资料并不会消耗案例企业太多的精力，在正式调研之前也不会给企业带来过多的麻烦；另一方面，采编者对于这类信息的青睐传达着对企业的肯定，企业会倾向于向外界展示自己的成就。从笔者的经验来看，这个阶段企业提供的资料通常是发展史册、文化宣传手册及主营产品介绍等，这些信息能够帮助采编者快速掌握企业的发展概况。资料越翔实，采编者越能够在正式调研前形成对企业的全面认识，为拟定调研提纲奠定基础。因此采编者需要积极收集有关该企业的公开数据，如互联网中的新闻报道与信息、书籍资料等，与企业提供的资料相互补充，尽可能全面地了解案例企业。

更重要的是，在了解企业的基础上，初步锁定案例主题。前面提到，采编者初步锁定案例主题有两种方式，采编者根据基本资料提取主题然后与企业对接，或是企业方提出建议的主题供采编者选取。该过程实际上也可避免后续调研中企业对调研问题不关心或忌讳的问题，尤其是后者，更能够激起企业传递优秀管理实践的兴趣。此外，所获取的基本信息也是制订调研计划和提纲的重要依据。需要注意的是，在案例调研的准备阶段，案例需求和计划安排通常是富有弹性的，相应的具体内容可能随着调研工作的展开而机动调整。因此，案例采编者要灵活应对，保持与企业负责人持续的沟通以了解对方的需求，在沟通确认后开展下一步工作。

2.2.4　敲定调研议程

一般来说，企业审核完采编者提交的调研计划后，根据调研计划提出的时间、对象和主题等要求确定调研议程，并与采编团队敲定最后的议程安排。议程安排是对调研时间和对象的具体安排，直接决定整个调研过程的顺序。以竞争战略教研坊组织的调研活动为例，一般针对一家企业的实地调研需要集中在 2～3 天内完成，由于竞争战略教研坊主要关注企业战略问题，而战略属于企业相对高层面的问题，需要对核心管理者如 CEO 与董事长，以及各核心部门的管理者进行访谈，有时候也涉及中基层管理者和一线员工，如针对竹叶青的调研除了董事长和核心部门负责人，还应包括竹叶青门店的一线工作人员。下述调研议程示例-1 和示例-2 展示了竞争战略教研坊分别调研飞鹤和波司登时的具体议程安排。确定该议程是采编团队与企业进行反复沟通和确认的结果，确保重要的被访者均能够且愿意接受访谈。具体调研过程，也可能临时关注到有趣的企业实践或问题，补充对某些特定管理者或员工的访谈。

调研议程示例-1

飞鹤调研议程安排

时间：2020 年 1 月 3～5 日
竞争战略教研坊负责人：（略）
君智战略咨询方负责人：（略）
飞鹤方负责人：（略）

日期	时间	事项	被访谈人（以下为建议顺序，可调整）		访谈人
1 月 3 日	9：00～9：40	企业参观+奶粉体验	—		竞争战略教研坊全体成员
	9：40～10：00	嘉宾致辞	飞鹤董事长 冷总 竞争战略教研坊首席专家 君智战略咨询合伙人 谢总		
	10：00～12：00	企业董事长访谈	被访谈人 A	飞鹤董事长 冷总	
	12：00～14：00	午餐	—		
	14：00～16：00	企业高管访谈	被访谈人 B	飞鹤集团总裁 蔡总	
	16：00～18：00	企业高管访谈	被访谈人 C	飞鹤副总裁 魏总	
1 月 4 日	10：00～12：00	企业高管访谈	被访谈人 D	飞鹤研发总监 蒋总	
	12：00～14：00	午餐	—		
	14：00～16：00	企业高管访谈	被访谈人 E	待推荐（战略、市场、品牌方向）	
	16：00～16：10	茶歇	—		
	16：10～18：10	企业高管访谈	被访谈人 F	待推荐（战略、市场、品牌方向）	
1 月 5 日	9：00～12：00	竞争战略教研坊飞鹤案例内部研讨会	竞争战略教研坊内部会议，企业方可选择参加		
	12：00～12：30	午餐	—		
	12：30	前往机场			

资料来源：竞争战略教研坊内部资料

调研议程示例-2

波司登调研议程安排

时间：2019 年 1 月 20～22 日
竞争战略教研坊负责人：（略）
君智战略咨询方负责人：（略）
波司登负责人：（略）

日期	时间	事项	被访谈人（以下为建议顺序，可调整）		访谈人
1 月 20 日	9：30～10：00	参观+合影	—		竞争战略教研坊全体成员
	10：00～12：00	企业董事长访谈	被访谈人 A	波司登董事局主席高总	
	12：00～14：00	午餐	—		
	14：00～16：00	企业 CEO 访谈	被访谈人 B	品牌部门吕总	
	16：00～16：10	茶歇	—		
	16：10～18：00	企业高管访谈	被访谈人 C	线下零售部门郑总	
1 月 21 日	8：30～10：30	企业高管访谈	被访谈人 D	产品部门梅总	
	10：30～10：40	茶歇	—		
	10：40～12：40	企业高管访谈	被访谈人 E	财务部门朱总	
	12：40～14：00	午餐	—		
	14：00～17：00	企业高管访谈	被访谈人 F	待推荐（一线员工）	
1 月 22 日	9：00～12：00	竞争战略教研坊飞鹤案例内部研讨会	竞争战略教研坊内部会议，企业方可选择参加		
	12：00～12：30	午餐	—		
	12：30	前往机场			

资料来源：竞争战略教研坊内部资料

2.3 调 研 过 程

实地调研是整个调研访谈工作中的实战阶段，承接前面的准备工作，为后续案例开发提供数据支撑。在这一过程中，案例采编者需要以调研提纲为基础尽可能多地挖掘案例故事，收集关键信息，但并不是按照调研提纲机械式提问，而是一个富有灵活性与技巧性的过程。在实地调研中，一般采用的方法包括访谈法和观察法。访谈法和观察法都是有目的地、有计划地去收集所需资料的调查研究的方式。不同的是，访谈法是通过直接面对面或间接（通过视频、电话等线上）的方式与受访者交流来了解情况，而观察法则是运用调研者自己的感觉器官或者借助科学的辅助工具与手段来考察环境中的现象。在调研过程中往往多种研究方法相互结合、补充，以提高调研的深度和精度及调研成果的质量。

2.3.1　主要调研方法

访谈法和观察法是调研过程中最常见的两种方法。

1. *访谈法*

访谈法建立在解释学和建构主义的基础之上。建立在对"理解"的普遍性追求基础之上的访谈法要求研究者在研究过程中将访谈法看作一种"言语事件"，主动对其进行分析、归纳和研究，诠释和建构言语事件的意义，从而揭示深层次的含义，而不是停留在问题的表面（张伟，2013）。

访谈包括直接访谈与间接访谈。直接访谈不借助任何工具，进行面对面的交谈；间接访谈则借助电话等媒介，进行非面对面的交谈。直接访谈的优势在于研究者可以看到对方的表情和动作，对受访者的情绪波动、精神状态，特别是能对受访者的言语行为与非言语行为之间的关系有更为完整和准确的把握。间接访谈常常应用于访谈内容较少且简单的调查研究。近几年受新冠肺炎疫情影响，线下直接访谈计划常常受阻，尤其是跨地区调研活动要考虑多方防疫政策更难开展，线上调研逐渐成为一大趋势。

从采编者对访谈结构的控制程度而言，访谈可分为封闭型、开放型与半开放型，亦称作结构型、无结构型和半结构型。实际调研中半结构型访谈应用较为普遍。半结构型访谈使访谈者对访谈结构具有一定的控制作用，访谈者根据事先制订的调研提纲提出相应的问题，访谈内容也会根据实际情况进行灵活调整，同时给予受访者一定的自由度，促使其积极参与。在访谈的过程中，一般由 1～2 名访谈者进行主提问，其他成员做好旁听与记录工作，在主访谈者结束后其他成员进行补充提问。

依据受访者的人数划分，访谈包括单一访谈和集体访谈。单一访谈通常只有 1 名受访者；集体访谈则可以由 1～3 名访谈者和 6～10 名参与者组成。在案例采编中，深度访谈更倾向于单一访谈，但采编者也可以将两种方法结合起来，以提高调研资料的丰富性和可靠性。

实际访谈中采编者需要把握访谈的节奏，一方面让受访者感受到足够的尊重；另一方面保证访谈过程中的愉悦气氛，轻松活跃的气氛更能够激发受访者的分享欲。正如前文所说的，相互信任是有效调研尤其是高效访谈的基础。这里提供一些关键技巧帮助采编者轻松应对访谈环节。

（1）当受访者在交流时存在明显心理戒备时，采编者可以向其明确阐述访谈背景，解释此行的目的及受访者将获得的益处，尝试用幽默的语气与受访者建立相互信任关系。例如，“×总，您刚才提供的信息是以一种全新的视角为我们介绍了这个行业，相信这为我们后续的案例采编提供了一个非常特别的思路。但是我在××这个问题上理解得还不是很透彻，想听听您对这个问题的见解”。访谈中层或更低层面的管理者与员工时，要避免受访者的上级领导或关系人物在场，因为领导在场会给受访者带来一定的心理压力，输出信息也更加片面，如果遇到这种情况，可以以“提高调研效率”为由分开同步调研。

（2）当受访者滔滔不绝时，采编者要及时提醒时间有限，将话题重新引向访谈主题。采编者必须时刻谨记访谈主旨，一旦发现受访者话题跑偏，应及时、礼貌地打断受访者，再次重申自己的提问，或转变问题的表述方式，确保受访者准确理解问题的含义。例如，“谢谢×总对上一个问题的解答，看得出贵公司在××上做出了很大的努力，取得的成就也非常大，希望有机会我们能够针对这个问题再来和您探讨。由于时间原因，我们先回到公司层面的××问题”。访谈者同时要注意访谈问题的开放性程度，避免问题过于开放。

（3）当受访者表现出低分享欲时，采编者要尽可能地调动受访者的情绪，可以从共同话题和共同经验切入，尽可能地避免封闭式的问题，利用开放式问题引导受访者的思路。例如，“您刚谈到您曾在××行业待了 10 年后，跳槽到现在这个行业，这两个行业在我的认知里差别很大，我身边的亲朋好友也有很多从事××行业的人，大家对这个行业整体评价较好，无论是薪资待遇还是发展前景，该行业都是非常不错的，那么在您看来，这两个行业有什么差别？对您自身成长和发展的影响大吗？”

（4）当受访者的态度充满敌意时，访谈者需要反思所提的问题和提问方式，以及问题是否涉及企业机密等，若是则尽可能地避开此类问题，从一些简单的问题开始，如请对方介绍企业的发展历程及成就。“谢谢您上述的介绍，我们以局外人的身份来看这个行业和贵公司会有很多理想化的思考，所以在提问的过程中可能会涉及某些贵公司不方便提供的信息您不方便回答，这是没问题的。那咱们再聊一下贵公司自创立至今在××方面最大的成就是什么。”关注受访者较为关注的点，从受访者较为关注的点入手与调研提纲呼应，推进调研的顺利开展。

2. 观察法

调研过程中的观察法一般分为参与式观察和非参与式观察。两者以是否参与被观察者的活动为标准进行划分。参与式观察也称局内观察，指观察者参与到被观察者的实际环境中，通过与被观察者的共同活动从内部进行观察。根据参与程度的不同，参与式观察可以分为完全参与观察和不完全参与观察。参与式观察指采编者参与到企业的实际管理或运行活动中，如在企业长期兼职或以成员的身份加入企业活动中。例如，笔者在采编易木科技的案例时，采编团队有个学生成员在该企业进行了为期半年的实习，实际参与了该企业的各种活动，并在该过程中进行记录，为案例撰写提供了丰富的素材。

非参与式观察指观察者完全以局外人或旁观者的身份进行观察。这种方式主要以参观记录为主，一般难以搜集到较为完整且具有深度的资料，但在短时间内能够对企业产生更深刻的印象。因此，调研计划中一般都会安排半天或 2 个小时的时间用于对企业的某些生产活动或场景进行观察。例如，笔者在调研波司登的时候，参观了波司登在上海南京路上的旗舰店，直接感受波司登产品和店面与变革前的差异，同时还参观了波司登的生产车间，在此过程中进行拍照和记录，作为后续案例撰写的重要补充素材。在调研竹叶青期间，专门去竹叶青在峨眉山的生产基地观察整个生产过程的每一个环节，对竹叶青的高端绿茶是如何制作出来的印象深刻，还观察了竹叶青的某个店面，甚至以顾客的身份感知店面员工的服务。在对林家铺子进行调研时，会利用调研间隙，观察企业内部的装潢、产品的包装、陈列及员工的工作状态等。观察过程中也可以对相关人员进行提问，有助于增进对案例企业的认识。

在观察的过程中应做好记录工作，在对方允许的情况下可以录音、拍照、拍摄视频并做好针对所见所闻所思的记录，以保证信息的准确性，且避免走马观花。为了便于过后整理又避免错过重要信息，可以使用一些统一的符号或缩写形式来替代。

访谈法和观察法是企业调研中经常组合使用的两种方法，两者组合应用可以更加全面地捕捉案例企业的真实情况，获取更为翔实的数据资料。

2.3.2　访谈过程

访谈过程是调研过程的核心部分，一般涉及访谈准备阶段、开放性试问阶段、聚焦提问阶段和补充提问阶段。一般形式是由 1～2 个经验丰富的采编者主提问，其他成员补充。

1. 访谈准备阶段

准备阶段，采编团队的领队人对团队成员及访谈目的做出介绍，如访谈过程需要录音，请提前获得企业方的同意（注意检查录音设备的性能，包括电量是否充足、储存容量是否足够，也可安排多名学生同时录音）。例如，“我是来自××

大学的××，我们本次参与调研的有××，我们本次的目的更多的是通过对领先企业的深入了解，能够对中国的管理、创新、战略从学术界的角度找到更好的解决办法，因为之前的很多东西是国际上的，不一定适合国内，国内正致力该件事情，我们希望能够把两者结合在一起”。

2. 开放性试问阶段

开放性试问阶段的目的是锁定主题。尤其在前期尚未锁定调研主题的情况下，开放性试问显得至关重要。即便双方已经明确了调研主题，也需要通过开放性试问增加相互了解与信息，验证所选主题的合理性。此时，可以相对轻松地让被访者谈谈企业的发展历程、关键事件、管理者的个人经历，以及当前的发展状况等，对企业形成一个整体认知。如果前期已经确定了案例的主题，而且企业已经提供了充足的基本信息或者存在足够多的公开数据，那么这一阶段的提问时间可以相对缩短，为后续相对聚焦和深入的访谈留更多时间。如果前期采编者并没有聚焦主题，那么这一阶段就是寻找主题的过程，需要在访谈中快速思考和聚焦。这一阶段以简短的提示开始访谈，采编者可以重复研究目的并邀请受访谈者分享其经验。例如，“参与本次调研的人都是来自国内高校的教师，做这件事情的目的主要是学习贵公司的经验，我们希望通过本次调研，对中国企业的管理做更进一步的深入了解。有一些非常有名的人估计您也接待过，他们可能做的是偏中宏观的，我们希望能够从具体的微观角度入手，探索机理方面的知识。我们的问题可能稍微细致一点，如果不方便您也可以拒绝。公司成立已经有 20 多年的历史，现在已经是行业的领头企业，您能不能谈谈当年是一个什么样的机遇让您选择成立这个企业的？”

这一阶段的访谈可以让受访谈者尽可能自由地表达他们的想法，但要注意以下几点。

第一，开放式提问是激起被访者兴趣和激情的重要阶段，因此要提供给受访者尽可能大的叙事空间，鼓励他们多讲，了解并尊重被访者习惯表达方式和语言风格，以此避免一些不必要的误解和在叙述上的制约。

第二，运用适当的引导和欢迎话术。在倾听被访者讲述的过程中，如果想邀请他们更加具体地阐述刚才提到的一个话题或者一段经历，或者进行一些解释，或举一些例子时，可以适当地提问和引导。例如，“您刚提到的××对贵公司变革的成功意义重大，可以举个例子介绍一下在那种情况下贵公司的××是如何起到作用的吗？”采用开放性而非封闭式的提问方式，当信息充足且需要明确具体细节时，访谈者可以展开询问具体的问题。有时候被访者谈及感兴趣的话题或者他们愿意分享的话题，如艰苦的创业过程或公司发展过程的某些事件时，会控制不住时间，这时候也可以适当地引导，让其回到采编者关心的问题上。

第三，对已经提及的内容做出总结。表达我们正在倾听，建立信任。过渡话题可以采用如下方式：通过一个简单的总结自然地转变话题。例如，“从您的讲述可以看出××战略对公司新品发布起到了一个非常好的铺垫作用，这点是非常值得庆贺的。那么针对××问题，我想再深入问一下，您如何看待××”。需要注意的是，过于冗长的总结可能会引发受访者的厌烦情绪。

第四，访谈的主要目的是探索与发现，而非解决问题。案例企业可能也想听听专业领域的学者对他们公司的看法，但是解答企业信息并不是调研企业的目的，可以在调研结束后对案例企业关注的问题进行探讨。例如，“您刚谈到的××问题，我们平时做研究的时候也会非常关注，这个问题的发展前景非常好，等本次调研结束以后希望有机会和您进行更深入的探讨”。如果时间允许可以与对方深入探讨，也可以通过添加联系方式与对方在线上开展后续探讨。

这一阶段结束后，访谈者应对企业和被访者形成初步认知，然后锁定主题，进入聚焦性提问阶段，即针对某一个或多个主题进行深度提问，以获取细节信息。

3. 聚焦提问阶段

通过开放性试问阶段，采编者应该已经与受访者建立了良好的关系，但开放性试问获取的信息一般作为案例的背景，而聚焦提问才是获取案例主体内容的环节，因此在这个过程中，一定要聚焦主题进行深度系统的提问。

比如笔者在对飞贷进行调研过程中对其组织架构的变革产生了兴趣，尤其是 IT 部门的组织结构，因此在实际调研中，笔者以层层递进的问题逐渐深入了解该部门组织结构的变化历程与原因。例如，“陈总，您能不能先给我们介绍介绍您负责的部门的具体工作内容？因为 IT 方面我们不是很熟悉。”“您能不能说一下飞贷整个业务管理和业务架构体系的情况。”“贵公司 IT 部门架构体系是怎样的？有多少位员工从事 IT 开发？”“就像您刚才说的，原来是专门做厂商，现在是一个企业，是金融类企业，现在其实是主体概念，当时您怎么跟唐总说的，让他觉得您说得有道理，进而同意这么发展的？”“在您的部门，审批人员是没有审批权的，对吗？”。经过上述问题的层层追问，飞贷的组织框架逐渐清晰，组织内部员工的工作流程及配合机制更加明朗。

4. 补充提问阶段

当主访谈者完成提问后，采编团队的其他成员可以根据整个访谈过程中的细节部分进行补充提问，也可以根据自己的兴趣点补充提问，使整个调研过程更加全面和深入。但是需要注意对时间的把控，尤其是采编团队人员庞大时，想法较多，主访谈者可留出半小时的时间进行补充提问。

2.3.3 案例选题研讨会

在正式调研结束后采编团队需要及时进行复盘，总结调研过程中发现的亮点，梳理案例故事，对案例选题进行研讨。通过个人关系与学校/学院平台联系的案例企业调研规模相对于第三方机构一般较小，前者多数以所在课题组为主体组建小型采编团队，后者一般汇聚了众多案例教学与研究方面的专家与青年学者。小团队的选题研讨会相对简单，主要是通过讨论聚焦 1～2 个主题，并讨论是否能够作为案例的主题，是否已获取足够的资料。但对于由多样化成员构成的采编团队而言，由于成员具有不同的理论背景，因此，在面对同一个故事时可能会有不同的解读视角。虽然这类采编团队的人员构成不尽相同，但成员特质的多样性却是团队创作的灵感来源。

从上文竞争战略教研坊的调研议程中可以看出，在竞争战略教研坊为期 2～3 天的实地调研中，行程的最后往往会利用 2～4 个小时时间进行一次选题研讨，各位教师分享自己捕捉到的案例故事点，梳理案例情节，提炼案例企业的经营亮点，提出拟选取的案例主题。案例选题研讨会有两个显著的作用：一是让成员在短期内快速梳理所获取的大量信息，结合其知识背景提炼出案例选题；二是通过采编团队成员之间的交流和讨论，明确各自的主题是否适合作为案例主题，即对案例主题进行初步论证。加上团队中经验丰富的案例专家的指导，以及企业相关人员的建议，能够确保后续案例撰写更为顺利。此外，当团队人员较多时，也可以避免大家重复选题，及时转变视角或思路，或者相互形成合作。以下为竞争战略教研坊在 2020 年 8 月完成的对小仙炖为期 2 天的线上线下相结合调研后召开的一次研讨会的节选部分，供读者参考。

小仙炖调研研讨会节选

成员 A：关于我们这两天到小仙炖来调研，大家对自己的案例或其他方面有什么想法，可以随便交流。

成员 B：我先汇报一下这两天的收获，跟几位总经理交流之后在选题方面有了一些想法，我觉得比较亮眼的是战略，细化来看是从品牌定位及如何用现在新的营销模式对品牌定位进行推广，以及在这个过程中如何能够做成品牌，如何进行价值链的升级和战略的升级，这个事情在战略层面是如何运作的。

成员 A：实际上因为我的同学都在一起，所以我们都在以研究的角度来判断。其实我觉得如果放开思路的话，战略当然是一个方面，营销也是一个方面，定位等也都是，其实我们这个团队现在做了很多，包括供应链的研究、裂变研究、大数据研究，其实都有相当的价值。当然不一定就这几方面，但起码来讲对我们这些领域的研究，我认为本身都是有价值、有帮助的。

成员 C：通过这两天的调研我发现，小仙炖创新了一个新的品类，作为燕窝行业，它其实是一个搅局者。但是就会有一个有趣的问题，小仙炖作为后来者是如何居上的？这里面就有一个值得探讨的问题。换一个思路、换一种思考逻辑的时候就发现一个新的市场，甚至有可能颠覆现有的燕窝市场，所以我觉得小仙炖这个新品类的出现，在整个燕窝市场的作用，是可以深入地探讨的。此外，企业家精神我觉得也是一个很好的主题。

成员 D：刚听了 C 的话，我想您是打算从竞争的角度来切入写是吧？我大概听懂了，您是说小仙炖作为一个新品类的创造者，它实际上对原有市场进行了破坏，它算是个搅局者，您觉得它之所以能后来者居上，实际上是因为它采取了很多措施来打造当前引领者的情况。

成员 E：这两天听了小仙炖这么多的访谈，我个人比较感兴趣的是它的社会化营销，这点让我印象深刻。我觉得我在这里面听到了两组特别矛盾的词，领导者和专家是小仙炖现在的现状，但是反过来我们看它刚起步时是个后来者，而且它还有一些劣势，比如这种纯电商企业，轻资产既可以说是优势也可以说是劣势。有个问题我特别好奇，就是说像这种后来者、轻资产纯电商企业，它之前是如何成功的？我想了一下答案，××给了我一个启发，它通过小红书信息发布、电商直播的方式进行宣传和销售，这种方式可以触达消费者心理，而且一讲到小红书、电商直播这种社群管理的话，很多人也非常有兴趣参与讨论。特别是我们把最后决策问题抛出来的时候，我觉得有两个方向，一个是继续走纯电商的发展之路，另一个是开拓线下的店铺，把 O2O[①]再继续重拾回来。我大概有这样一个设计，就跟各位老师汇报一下。

成员 A：E 刚才提得非常好，因为这实际上是大家很关注的问题，按说我们都认为做这样的企业应该叫 O2O 的，包括今天您问的时候也提出这样的问题，为什么我们做的不是 O2O 的，而是线上线下的概念，其实当时您提了之后，我们的企业，包括今天陈总也都做了一些回应，所以从这个角度我相信它是一个非常值得在教学中学习的问题。中国企业很有意思，外国人对中国企业的发展很感兴趣，但是为什么没用？实际上除了知识点的适配性之外，其实这个故事本身有没有意思，也是商品能不能卖得好的主要原因。

……

① 即 online to offline，也即将线下商务的机会与互联网结合在一起，让互联网成为线下交易的前台。这样，线下服务就可以用线上来揽客，消费者可以用线上来筛选服务，成交可以在线结算，很快达到规模。该模式最重要的特点是推广效果可查、每笔交易可跟踪。

成员 A：刚才大家都对这两天的收获进行了分享及探讨。受新冠肺炎疫情影响，有些人没办法到现场参与调研，调研效果受到了一定的影响，但是没有关系，我们后面还有记录和整理，大家会在第一时间能够比较全地看到我们的访谈成果。以后大家不管是写案例还是做别的东西，都可以互相讨论、随时沟通交流，互相进步。再次感谢大家！

资料来源：竞争战略教研坊内部资料

2.4　案例数据整理、补充与使用

完成现场调研后，便进入案例数据的整理阶段，即将所获取的所有数据进行有效整理。包括访谈和观察获得的一手数据，以及企业提供的资料和公开二手数据等。然后结合案例主题，开始撰写案例，并提出案例补充需求。实际上，案例的撰写过程也就是案例数据的使用过程。

2.4.1　案例数据整理

1. 一手数据整理

一手数据由调研直接获得，案例采编者在调研结束后应及时对数据进行标准化和系统化梳理。一方面，将音频或影像信息转录为文本资料，避免时间久远后无法辨析音频内容，也方便后续对案例资料的直接使用；另一方面，在梳理的过程中可以选择与调研提纲相呼应，按照调研问题分门别类地整理，也可以按照关键事件进行整理，在整理的过程中尤其要注意对细节性情境与资料的补充，进而形成数据文件夹或数据库。

由于案例故事需要填充故事情节，追求故事的可读性，因此需要较多扩充案例故事的细节内容，在正式撰写的过程中可能会遇到细节信息不足、关键信息缺乏的问题，这需要与案例企业进行再一次的沟通，必要的情况下可以开展二次深度访谈。需要注意的是，调研需要企业的配合，过多叨扰企业可能会引起对方的反感，因此采编者要尽可能地珍惜每一次补充调研机会，在一次调研中挖掘较多的信息。

2. 二手数据整理

初始数据可能无法满足整个案例撰写过程对数据的需求，因此需要进行数据的扩充。上文提到的二次访谈需要与案例企业多方交涉，实施起来一般比较困难，因此二手数据就显得非常关键。二手数据最大的特点是其易获得性，通常可以在互联网上直接检索获得，对案例故事细节的补充有较大的帮助，因此在案例撰写过程中应用非常广泛。

二手数据作为一手数据的补充，为案例故事提供了更丰富的素材。但二手数据往往是为了其他目的而公布的，这就导致二手数据与案例主题的匹配度一般较低，因此要求采编者在大量的二手数据中选出与案例主题相关的数据，或者可使用的数据。同时，二手数据的来源具有多样性，存在数据不真实的情况，因此采编者应主动识别数据的真实性，排除虚假信息，尽可能地选取官方的来源渠道，并且与一手数据形成对照，确保二手数据的真实有效。二手数据的来源广泛，包括新闻媒体、书籍、文献、官网等。一般情况下，二手数据可以从案例故事的背景信息、案例主人公的背景和简介、案例故事的特定情节及后续发展等当面进行补充。

经过对一手数据和二手数据的整理，采编者一方面可以对两种数据来源的资料进行对比，确保资料的准确性；另一方面，两类渠道的数据能够扩充案例资料，方便后续的利用。

2.4.2　案例数据补充

一次调研难以完全把握整个案例企业的全部细节问题，所以后续的跟踪调研是案例采编进行细节确认与更新必不可少的一环。在时间安排上，后续跟踪调研应该在正式调研结束后 3 个月内完成，时间不能拖得太久，确保采编者和双方依然关注调研这件事。

后续跟踪调研包括两种形式：罗列问题清单和组织二次调研。罗列问题清单的方式应用更为广泛，其成本更低，得到的数据也更为详细、准确，大多数案例采编环节都能利用到该方式。需要注意的是，问题清单一定要准确细致，确保企业方能够精准地理解这些问题，以此提供相应的信息，如竞争战略教研坊对小仙炖的补充调研，待补充资料清单如下所示：

小仙炖补充调研清单

（1）了解领导者战略：2020 年几月开始进行领导者战略？实施结果如何，有没有具体数据或者标志性大事件？2020 年的商业模式与 2014 年及 2019 年的商业模式有哪些具体差异？

（2）了解人事变动：2017 年变革前后小仙炖的组织结构有无变化？以及生产过程、生产环节的完整流程图，生产部门的组织架构图，各车间尤其是运营部的人员分配有无变化？如何考评员工价值观或者相关部门价值体系的评价标准为何？另外，能否提供 2014～2020 年的总员工人数变化数据？

（3）了解 2017 年后运营部的具体工作：直播的精细化运营计划和方案。了解原材料采购相关信息：燕窝供应商、产品包装供应商纳入标准，具体有哪些，前五大供应商所占金额比例各是多少？供应商的产品质量如何，如退换货率等？所有供应商的供应能力如何，是否可以通过准时率、供应商产能利用率、应急能力等加以衡量？是否与所有供应商建立了长期稳定的合作关系，对此采取了哪些措施？什么时候成立采购部，如果成立，它的工作职责是什么？供应商议价能力在三个阶段是否有差异？（需要了解 2014～2017 年具体如何，2017～2019 年有何变化，2020 年是否升级三个阶段的具体差异）

（4）了解生产部：是怎样想到使用"周期性产品生产和服务模式"的？该模式与行业传统的同类模式对比有何特点？2014～2017 年及 2017～2020 年工厂有无变动（旧工厂是否还在用），选址考量因素和工厂产能有何变化？企业是什么时候开始 C2M[①]生产的，如何根据订单进行 BOM[②]分解、制订生产计划（包括物料计划、成品出货计划、各车间任务计划、材料采购计划、材料入库计划、供应商管理等方面）并层层落实的？如何解决产能不足、交货不及时、库存积压问题？三大问题对原材料采购有无影响？未精简前生产线具体有哪些？精简后生产线具体有哪些？13 个 SKU[③]分别是什么？冰糖口味销售额占总销售额 95%可否提供数据支撑？

（5）了解配送模式：最初的配送方式是什么？何时与顺丰合作？与顺丰的合作模式、合作内容、成本（快递员在小仙炖的具体工作安排）是什么？2020 年实施新战略在物流成本控制方面有何改进？

（6）了解运营模式：运营部在不同平台及平台达人处的投放策略具体有何差异？销售数据如何？行业如何变化？天猫用户运营具体工作有哪些？

资料来源：竞争战略教研坊内部资料

第二种方法为组织二次调研。组织调研活动需要同时与案例企业和采编团队沟通，耗费时间与精力。因此这种调研方式更适用于对初次调研遗漏的重大问题

① C2M 是英文 customer-to-manufacturer（用户直连制造）的缩写，是一种新型的工业互联网电子商务的商业模式，又被称为"短路经济"。

② BOM 是英文 bill of material（物料清单）的缩写，采用计算机辅助企业生产管理，首先要使计算机能够读出企业所制造的产品构成和所有要涉及的物料，为了便于计算机识别，必须把用图示表达的产品结构转化成某种数据格式，这种以数据格式来描述产品结构的文件就是物料清单。它是定义产品结构的技术文件。

③ SKU 是英文 stock keeping unit（库存量单位）的缩写，即库存进出计量的基本单元，可以件、盒、托盘等为单位。

进行补充调研，或针对新主题进行初次调研的情况。例如，笔者曾跟随竞争战略教研坊于 2020 年 1 月对飞鹤进行了深度调研，结束后不久国内新冠肺炎疫情暴发，全国上下进入抗疫状态，企业生存面临巨大考验。针对这种情况，笔者主动与企业取得联系，以“了解飞鹤应对疫情的最新动态”为新的主题开展二次调研。但是受到新冠肺炎疫情影响，二次调研以电话访谈的形式开展。在企业方的帮助与配合下，顺利撰写中文案例《战略重整，看飞鹤如何逆势破局》收录于中国管理案例共享中心案例库（林海芬等，2020c），以及 *Feihe: Strategic adjustment under the epidemic crisis*（《飞鹤：疫情冲击下的战略调整》）收录于毅伟案例库（Lin et al., 2021b）。

无论选取何种调研方式，案例采编者都需要注意与企业关系的维护，关注企业长期发展。第一次调研中采编者可能无法找到合适的案例故事，但 VUCA① 时代，企业为了长远发展一定会在战略、技术、运营、生产等方面有所创新来谋求生存与发展，采编者可以多多关注企业的发展动态，主动挖掘、探索案例故事。

2.4.3　案例数据使用

本部分结合下文案例开发流程相关内容，以案例撰写流程为依据，综合阐述案例数据的使用流程。案例数据需要一手数据和二手数据的共同填充，在案例选题研讨会结束后，案例采编者初步确定案例主题，接下来便进入案例撰写阶段。在撰写的第一阶段，即明确选题阶段，案例采编者应对照“拟选主题下的数据需求”与“由实地调研形成的数据库”两者之间的匹配度。这个阶段的一手数据往往无法满足需求，需要通过收集二手数据或者进行补充调研来推进案例的撰写，同时二手数据或补充调研会对数据库进行迭代，建立更完整的数据库。同时，案例撰写的第二阶段到最后阶段均需要进行“数据库”与“数据需求”之间的对照，利用二手数据或补充调研进行补充。

案例的获取与使用是一个动态的过程，在信息爆炸的时代背景下，需要对数据资料进行筛选及比对，不断重复直至获得能够满足案例正文与使用说明的撰写资料。案例采编者要秉承严谨认真的态度，对案例数据进行选择，在撰写结束后，需要交给案例企业进行审核，一方面，能够确保案例中涉及信息的准确性，避免歪曲企业事实的情况；另一方面，能够保证企业数据的安全性，避免公开企业保密信息（图 2.3）。

---

① VUCA 即 volatility（易变性）、uncertainty（不确定性）、complexity（复杂性）、ambiguity（模糊性）的缩写。

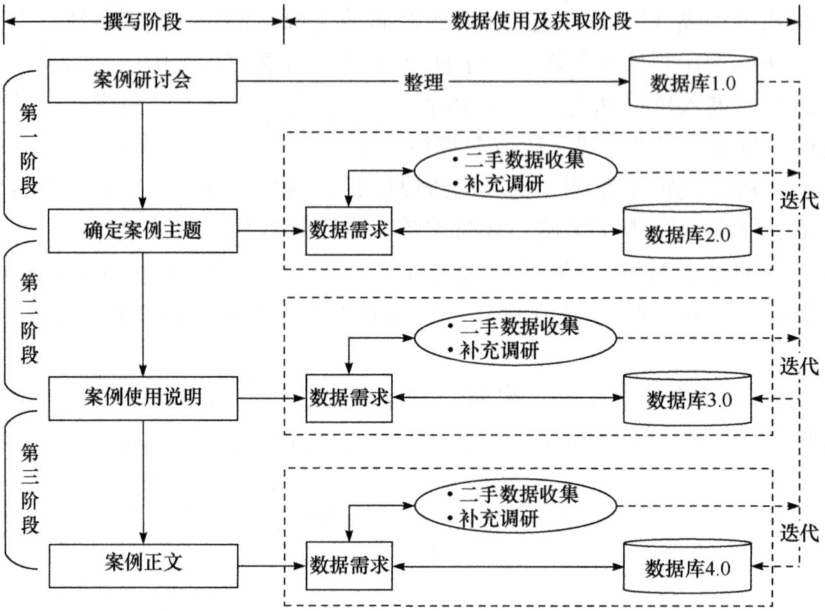

图 2.3　管理案例数据资料使用过程

第 3 章　描述型案例开发

第 2 章介绍了案例企业深度调研的整个过程，包括调研准备、调研过程，以及案例数据资料整理、补充与使用等内容，为案例开发做好了准备。第 3 章和第 4 章将聚焦如何在调研的基础上开发出案例。案例开发是一项复杂的系统工作，Hansen（1997）认为案例开发就像制作面包，为了制作美味的面包，你需要优质的谷物、发酵剂和水，你可以将这些原料按不同的数量和次序加进去，而这取决于你想制作什么类型的面包。在其列出的教学案例开发清单中涉及的基本要素包括扮演参谋角色的同事/伙伴、可行的案例材料、访谈主题、访谈笔记、案例设计、写作和修改过程、正式版本、研究问题和教学笔记。一篇教学案例最终呈现的内容包括案例正文与使用说明，其他均为过程环节的要素。考虑到描述型案例和决策型案例存在差异性特点，第 3 章和第 4 章将分别围绕如何开发描述型案例与决策型案例展开。本章首先论述管理案例开发的整体逻辑，说明案例撰写的基本流程，然后重点关注描述型案例，介绍描述型案例的特点、构成和选题要点，详细说明案例正文和使用说明的开发过程与要点。

3.1　案例开发系统逻辑

上文提到，管理案例即为了达成培养学生提出问题、分析问题和解决问题能力的目的，在系统深入了解和调研企业管理实践或现象的基础上，围绕某一特定管理主题或管理问题、遵从案例撰写规范形成的文字描述或视频。管理案例的对象往往是一个组织中的人员行动、事件、背景与环境，通过以事实、对话的描述及数据与图表等形式表达出来。不管是描述型案例还是决策型案例，均包含案例正文与案例使用说明两个部分。

3.1.1　案例正文与使用说明逻辑关系

案例正文讲述管理故事，将鲜活的企业实践展示在案例使用者面前，如从事罐头生产的传统制造企业林家铺子如何通过数字化转型抵御新冠肺炎疫情的冲击；几十年来坚持生产“一贯好奶粉”的飞鹤面对消费者对国产奶粉信心的崩塌和外资品牌的强势进攻如何凭借“更适合中国宝宝体质”逆风翻盘；曾经“红极一时”的羽绒服王者品牌波司登在发展瓶颈期如何调整策略，重新回归；深陷于

“伤敌一千，自损八百”的车轮价格血战，依靠布局高端摆脱“行业老二”的雅迪电动车面对竞争者的相继模仿和尚未提升的利润率又该何去何从……从受众来看，案例正文通常面向工商管理专业的本科生、研究生，发挥提供情境与信息、引发思考、理论学习的作用。管理知识或理论知识以案例正文为载体，蕴含在跌宕起伏或逻辑完整的案例故事之中，亦即需要将该案例所要传授的知识或理论在案例故事中条理清晰、主线分明地展示出来。

案例使用说明的目的是解构管理故事，以核心理论为纲，向教师展示如何解读管理故事、如何将其应用于课堂教学之中。作为教师解读和教授案例的重要工具，案例使用说明将隐含在案例正文中的知识点直观地展现给教师，帮助教师建立对于案例正文更为全面和深刻的了解，以此更好地使用案例开展教学。概括而言，案例正文以故事情节为主，以理论知识为隐，而案例使用说明以理论知识为纲，以故事情节为据，两者相辅相成，分别面向学生与教师，是一条思维逻辑上开出的两朵互补的花。两者之间的关联不仅体现在逻辑上的一体性，也表现为撰写过程的互补性，案例正文开发与使用说明开发并不是彼此孤立的。如果案例作者将案例正文与使用说明分开独立撰写，必然会导致两者之间的不匹配与脱节，而如果在没有对使用说明的核心内容进行完备思考的前提下落笔案例正文，也可能会导致此类问题的出现。

3.1.2 案例开发流程

林德斯（2011）主张在案例正文写作的同时，构思案例使用说明，将案例教学目的始终作为编写案例正文和使用说明的指导思想。朱方伟等（2014）认为，通过将案例分析过程与案例正文相对应，有助于实现案例情节线与知识线的明暗对应与闭合回归关系。

类似地，本书认为，案例使用说明的构思应早于案例正文的布局，建议案例开发者首先完成对案例使用说明中有关教学目的、理论及知识点、思考题、分析逻辑等内容的开发，以此为基础和逻辑基点展开案例正文的撰写工作。如此才能确保案例正文与使用说明的匹配程度更高，知识点和案例故事的交互也更为紧密。若后续对使用说明做出修改，则案例正文也应随之更改。在这一思想的指导下，案例正文与使用说明能够实现更加完美地贴合与互补。需要注意的是，本书认为案例使用说明的设计与开发应早于案例正文的撰写，但具体落笔的顺序则可以正文在前，或者由案例作者自行决定。

案例使用说明与案例正文的具体开发流程可分为以下 6 个具体步骤。

第一步，选择一个与案例企业实践特色相符的主题，这也是写出一个好故事的前提与捷径。案例选题是案例编写的起点，也是案例开发的基石。一般来说，调研前与企业的沟通能够初步确定案例主题的方向，经过调研过程的不断思索，以及调研后案例选题研讨会的讨论与论证能够基本确定案例主题的范畴，再经过撰写团队的进一步梳理与明确，则可锁定案例的具体选题。

第二步，在结合企业实践选定案例主题的基础上，进一步结合相关课程的理论要点，确定与主题相匹配的理论知识。这个过程既是选题的延伸步骤，也往往与选题环节存在交互关系。这两个环节很大程度上决定了后期所撰写的案例使用说明和案例正文能否匹配的问题。采编者往往需要在这两个环节中反复讨论和论证，确保案例主题与理论点的高度一致。当然，明确知识点与选题存在差异，选题是根据企业实践凝练主题范围，而知识点则是根据课程体系或教学需要锁定案例正文需要承载的理论及知识，代表着选题背后的本质。选题服务于正文，确定知识点服务于使用说明，但两者本质上相通。明确知识点也是进一步确定案例使用说明中教学目标和启发思考题的基础。

第三步，在明确选题和知识点后，根据选题和知识点对获得的企业材料进行第一轮裁剪，保留并梳理与选题和知识点相关的材料，完成案例正文素材的初步筛选。例如，前面提及竞争战略教研坊在对波司登开展近两天的调研后，作者选择的案例主题是波司登的渠道升级问题，而整个调研过程则涉及波司登的战略转型、品牌传播、营销策略甚至财务和人力资源等多方面的内容，整理出来共计几十万字，但实际上跟作者选题密切相关的只有其中的一部分，因此，需要根据选题和知识点的要求，在庞大的数据池中提取与主题相关的素材。在实践中，有些采编者在完成调研后立刻进入撰写案例正文的环节，即将所采集到信息尽可能地融合进入案例正文中，形成一篇内容丰富、庞大的案例正文，但此时由于没有经过选题和知识点的交互和聚集，案例正文的内容往往会涉及多个领域或多个理论和知识点，如既有营销的内容，又有战略的内容，还可能涉及人力资源的内容。这类案例在课堂中的使用效率并不高，或者后续教师在使用该案例的时候往往会产生困惑，到底应该用于哪类课堂中。而且，先根据企业素材撰写正文再写使用说明，还会遇到一个重要问题，即找不到合适的理论或知识点与正文相匹配，其结果可能导致正文与使用说明相互不匹配的严重问题，或者使用说明呈现多个来自不同领域的理论和知识点的问题，这显然不符合高质量案例管理的基本要求。因此，基于选题和知识点对案例素材进行筛选是至关重要的环节，是案例质量的基本保障。

第四步，在知识点和已有素材的基础上对知识点进行分解，形成教学目的，构思并确定启发思考题。知识点代表案例所承载的核心整体理论，如林海芬和海淼撰写的《山从平地起：小仙炖的战略创新之路》这个案例中，选题为小仙炖的战略创新故事，知识点为战略创新，而战略创新可分解为多个相互关联的小知识点，如战略创新的内涵、战略创新的原因、战略创新的过程和要素、战略创新的效果等。经过对知识点进行有效分解，则可进一步确定教学目的和思考题。当然，教学目的的确定和知识点的分解往往是相辅相成的，即如何分解知识点也需要依据教学目的来确定。小仙炖案例（林海芬和海森，2021）中，根据知识点的分解，将教学目的确定为“理解并定义战略创新；分析企业做出战略创新决策的驱动因素与支撑点；识别企业实施战略创新涉及的不同因素；认识到战略创新不是一劳永逸的，企业需要持续调整”。明确教学目的之后，思考题也就基本形成，从教学目的到思考题的转化需要融入学生的视角。教学目的主要基于教师的视角，而思考题需要学生的参与和回答，则要考虑学生的视角。小仙炖案例中，共有 4 道思考题：①“鲜炖燕窝专家”战略帮助小仙炖开辟了鲜炖市场，属于战略变革还是战略创新？为什么？②小仙炖为什么进行战略创新？③小仙炖从哪些方面实现战略创新？④如果你是小仙炖创始人苗树，应该如何带领小仙炖面对领导者的“阻杀”，是选择继续坚持“专家”战略，还是进行多元化扩张，抑或进行战略变革成为“领导者”？整体上来看，这 4 道思考题与教学目的是一致的，但是表述上则更体现与案例情境的融合，通俗易懂，有时候还需要适当的引导才能将学生带入情境中，理解问题并进行有效思考。教学目的和思考题的确定意味着正文框架和使用说明主体内容的确定，因此需要慎之又慎。

第五步，根据思考题进一步裁剪故事，形成完整的故事链条，同时确定思考题的分析思路和答案。在确定思考题的同时，采编者心中对于思考题的答案是什么已经有了基本的框架，此时，采编者实际上已经完成了对案例故事的粗略加工。也就是说，经过第三步基于案例选题和知识点筛选案例素材，以及第四步教学目的和思考题的确定，案例正文和使用说明的基本内容已经确定，采编者需要结合教学目的和思考题对案例素材做进一步的梳理，可结合案例故事的时间逻辑和思考题的问题逻辑将案例素材整理成一个案例链条，形成案例正文的雏形。当故事雏形出现后，也就意味着思考题的答案已较为明确。此时，采编者需要反复对照案例故事内容和思考题的关系，相互补充和强化。一般来说，除了最后一道思考题经常为开放性问题，在正文中可以没有具体铺垫外，其他思考题均需在正文中有所体现，而且相对来说，核心思考题对应的正文内容也应更为丰富。

第六步，完成案例正文和使用说明的撰写。在经过上述五个步骤以后，可以先撰写案例正文再写使用说明。案例正文的撰写首先要体现正文内容结构的完整性，一般包括案例标题、案例摘要、关键词、引言、案例背景、案例事件、案例结尾和注释正文等几个方面。其次，要体现案例正文的特性，如故事性、可读性、时间逻辑等，更重要的是时刻谨记正文是理论的载体，不能因为故事精彩就重点描述。最后，案例正文本身具有相对独立性，因此在撰写过程中可按照初稿形成、结合故事特点修改、结合使用说明要点再修改等逻辑完成撰写，还可以加入修辞、场景描述、倒叙或插叙等方法提高正文的整体质量，提高案例正文对学生的吸引力。使用说明的撰写则主要根据规范性的要求展开即可。不管是哈佛商学院案例库、毅伟案例库还是国内案例库对于使用说明的构成都有较为明确的规定，基本要素包括教学目的、思考题、分析思路、问题分析、课堂设计等方面，需要一一呈现。完成正文和使用说明的撰写后，务必对两者进行对照，从而更好地形成一个整体。

3.2　描述型案例及其特征

根据案例的性质和功能，将教学案例划分为描述型案例和决策型案例。两者既是教学案例的基本类型，也是目前采编数量较多、应用更为广泛的案例类型。描述型案例讲述管理故事，学生的工作是分析或评价案例中描述的客观事实；反之，决策型案例营造管理情境，使学生站在决策者的角度对案例中的情境进行思考并提出解决方案或做出管理决策。

3.2.1　描述型案例及特点

描述型案例顾名思义旨在“描述”，通过对管理故事的完整描述向案例使用者展示真实的企业事件。Berger 等（2012）将描述型案例的特征概括为学生分析和总结导致公司成败的因素，学生无须做出决策或提出建议。郭文臣等（2014）指出若案例被应用于概念或理论的学习之前，则强调理论的发现；若应用于概念或理论的学习之后，则强调理解和分析。描述型案例常以中文案例的形式展示。下面具体论述描述型案例的特征。

描述型案例的基本形式可以概括为“讲述管理故事”。描述即描写，指运用各种修辞手法对事物进行形象化的阐述。因此，描述型案例旨在向案例使用者展示完整的管理故事，包括事件的背景、起因、主人公、经过和结果等。描述型案例强调语言的艺术性、逻辑的完整性和为理论服务。描述型案例通常表现为随着对决策环境的描写，问题涌现，而后完整的展示案例主人公如何破局，是对企业经验与教训的总结。例如，“从事罐头生产的传统制造企业林家铺子如何通过数字化转型抵御新冠肺炎疫情的冲击”“几十年来坚持生产‘一贯好奶粉’的飞鹤面对消费者对国产奶粉信心的崩塌和外资品牌的强势进攻如何凭借‘更适合中国宝宝体质’逆风翻盘”两句话概括了案例企业的特征、故事发生的背景，以及如何解决难题或困境，而不需要学生自行思考如何解决问题。

描述型案例通过描述完整的故事情节，将主题聚焦于理论问题，教学目标侧重促进学生对管理理论和知识的理解。描述型案例犹如一场电影，围绕一个故事主角逐渐展开，情节跌宕起伏，直至有明确的故事结局。案例中隐含着管理理论和知识点供学生分析、归纳和总结。因此，学生在学习描述型案例时，运用相关理论和知识对案例中描述的管理现象进行论述和评价，能够强化学生对管理理论和知识的理解，并且总结企业的成功经验或失败教训（郭文臣等，2014）。

3.2.2 描述型案例选题

中国作为新兴经济体，在改革开放探索前进的几十年中形成了独特的企业管理实践及管理情境，因此针对中国管理实践进行深入探讨和开发是有意义的。案例开发的一个核心目的即是将鲜活的企业实践搬到管理课堂，让学生在情境化的决策关头理解理论在情境中的生命力。这就要求案例开发者选择一个合适的案例主题，讲述一个生动有趣的案例故事。而选择一个与案例企业特色相符的主题则是写出一个好故事的前提。

第 1 章和第 2 章分别提到采编前初步确定案例选题的两种方式，以及在调研过程中和案例选题研讨会上如何明确案例选题，此时案例选题更多停留在主题方向的确定上。随着案例撰写工作的展开，则需要进一步将主题具体化和细化。可见，案例选题经历了一个从模糊到明晰，且逐渐聚焦的过程。如在选题之初，案例开发者可能仅有一个粗略的设想，将案例主题锁定在某一个学科领域之中，如战略管理、市场营销等。这与各大案例库按照学科领域划分案例主题的方式一致。结合初步设计的教学目标，如“案例面向哪一类学生”“案例主要采用哪一种管理理论”“案例想要培养学生哪方面的能力”，案例采编者可以将案例主题进一步聚焦于某一学科领域甚至某一门课程中的某一章节。

一般来说，所选取的案例主题应体现以下两个特点。这两个特点是描述型案例和决策型案例在选题方面均应注意的要点。

1. 选择案例企业管理实践中最闪亮的点

笔者曾先后调研波司登、飞鹤、小仙炖、雅迪等一系列正在实施高端化战略变革的企业，其中任何一个企业在系统的战略变革过程中均涉及多个战略配称，如研发、立体化营销、渠道布局、激励、战略共识等多个领域的多个模块。决策型案例要求案例作者在有限的篇幅内给出一个明确的决策点，即整篇案例只能选择一个核心问题展开。因此，如何选择和确定这个问题是选题工作的重中之重，原则之一就是选择案例企业实践中最闪亮的那个点。例如，在案例《小仙炖：战略创新》（Lin and Hai，2021）中，小仙炖作为中国燕窝行业第一个推出鲜炖燕窝，解决消费者“不会炖”“不会选”“不知道怎么吃”三大痛点的企业，其案例主题涉及产品创新、营销模式、渠道模式等多个方面。但是对于一个传统行业中的新创企业而言，战略的成功为企业带来了明显的竞争优势，即恰当选择战略创新，通过创造新品类、开拓新市场、创造新的商业模式获取竞争优势。营销、渠道、生产模式都是竞争战略的支撑手段，将作为决策辅助信息的形式出现。抓住竞争战略带来竞争优势的内核，以战略创新作为核心理论线，便可以兼得趣味性和意义性。

2. 选择能够契合重要且相对新颖的管理理论的点

教学案例和研究型案例论文的区别在于，教学案例不需要对理论进行创新，而是运用已有的理论讲述一个真实、生动的故事。实际上，案例的本质是传授理论知识的载体，因此案例选题不能只考虑故事是否精彩，更重要的是考虑故事能否承载管理理论，也就是案例能否契合知识点。此时，存在一个无法避免的问题，即太过经典的理论已经被众多案例加以阐述，如 SWOT 分析①、波特五力模型等管理工具，以及市场定位、4P 营销模型②、品牌建设和战略转型与管理等基本理论均已出现在众多案例之中，因此如何将经典理论用出新意，或是将比较新的理论讲出趣味是选题构思的重点工作。例如，在案例《波司登：品牌如何强势回归》中，作者通过品牌活化理论展示了波司登的高端化战略，若专注于重新定位、高端化等相关理论，案例故事难免落入俗套，转而选择品牌活化这个相对较新的理论，加上崭新的应用场景，使品牌活化理论在新情境下焕发出新的理论光彩（Lin et al.，2020a）。

3.2.3　描述型案例成果展示

目前，国内案例库如中国管理案例共享中心案例库、中国工商管理国际案例库等主要以描述型案例为主，也有部分决策型案例；而哈佛商学院案例库和毅伟案例库等国际案例库则主要收录决策型案例，少部分为描述型案例。多年来，笔者以飞鹤、雷士电商、竹叶青、雅迪等诸多企业和社交维基等项目为案例对象撰写了 30 余篇描述型案例，部分成果如表 3.1 所示。

表 3.1　笔者完成的部分描述型案例成果展示

年份	成果
2021	《竹叶青："中国高端绿茶领导者"的战略认知和战略定位决策》，中国管理案例共享中心，http://cmcc.dlaky.cn/Cases/Detail/5200，2021 年 2 月 7 日
2020	《审时度"市"——今日食品如何选择战略"最优解"》，中国管理案例共享中心，http://cmcc.dlaky.cn/Cases/Detail/4883，2020 年 11 月 10 日
	《新冠疫情危机下大连信和的战略转型之路》，中国管理案例共享中心，http://cmcc.dlaky.cn/Cases/Detail/4841，2020 年 11 月 2 日
	《战略重整，看飞鹤如何逆势破局》，中国管理案例共享中心，http://cmcc.dlaky.cn/Cases/Detail/ 4840，2020 年 11 月 2 日

① 所谓 SWOT 分析，S（strengths）是优势、W（weaknesses）是劣势、O（opportunities）是机会、T（threats）是威胁。

② 4P 营销模型被归结为四个基本策略的组合，即产品的价格（price）、销售渠道（place）、促销方式（promotion）和产品本身（product）四个方面。

续表

年份	成果
2020	《从市场驱动到研发拉动：中国飞鹤的战略变革之路》，中国管理案例共享中心，第十一届全国百篇优秀管理案例，http://cmcc.dlaky.cn/Cases/Detail/4759，2020 年 10 月 15 日
	《SocialWiki：一个线上知识谱系项目的共建历程》，中国管理案例共享中心，http://cmcc.dlaky.cn/Cases/Detail/4661，2020 年 10 月 7 日
	《哈尔滨邦家电器生活馆：如何化解创业团队冲突》，中国管理案例共享中心，http://cmcc.dlaky.cn/Cases/Detail/4447，2020 年 3 月 25 日
2019	《从“青铜”到“王者”——雷士电商的敏捷性段位升级》，中国管理案例共享中心，http://cmcc.dlaky.cn/Cases/Detail/4260，2019 年 12 月 5 日
	《2358：淘宝爆款经营模式之线下探索》，中国管理案例共享中心，http://cmcc.dlaky.cn/Cases/Detail/4221，2019 年 11 月 19 日
	《飞贷的华丽转身：移动信贷整体技术领导者》，中国管理案例共享中心，http://cmcc.dlaky.cn/Cases/Detail/4134，2019 年 11 月 5 日
	《渠道为王，终端制胜——雅迪的渠道升级》，中国管理案例共享中心，http://cmcc.dlaky.cn/Cases/Detail/4099，2019 年 10 月 29 日
2019	《苏宁物流：冲破传统，领跑智慧》，中国管理案例共享中心，http://cmcc.dlaky.cn/Cases/Detail/ 4076，2019 年 10 月 25 日
	《渠道之网如何织出波司登新装》，中国管理案例共享中心，http://cmcc.dlaky.cn/Cases/Detail/ 3857，2019 年 9 月 6 日
2018	《领跑“智慧农业”，托普云农的转型之路》，中国管理案例共享中心，http://cmcc.dlaky.cn/Cases/Detail/3561，2018 年 11 月 14 日
	《思成求职的创业之路——思则变，变则通，通则成》，中国管理案例共享中心，http://cmcc.dlaky.cn/Cases/Detail/3220，2018 年 6 月 8 日
2017	《易木科技的商业模式创新：从“产品”到“客户”的转移》，中国管理案例共享中心，http://cmcc.dlaky.cn/Cases/Detail/2923，2017 年 9 月 19 日
2016	《“定日达”开启天地华宇新天地》，中国管理案例共享中心，http://cmcc.dlaky.cn/Cases/Detail/ 2527，2016 年 10 月 21 日
2015	《宏康夹缝生存之“秘密武器”》，中国管理案例共享中心，第六届全国百篇优秀管理案例，http://cmcc.dlaky.cn/Cases/Detail/1938，2015 年 7 月 30 日

3.3 描述型案例正文开发

结合描述型案例的特点及国内案例库对该类案例的规范说明，本书将围绕其内容结构即案例标题、案例摘要、关键词、案例引言、案例背景、案例事件、案例结尾和案例注释几个部分展开具体论述，并以《从市场驱动到研发拉动：中国飞鹤的战略变革之路》（林海芬和曲廷琛，2020）作为主要示范案例加以说明，辅之以其他的教学案例供读者参考比较。

3.3.1　案例标题

教学案例的标题是对案例正文的高度概括，反映了案例的核心内容。好的案例标题既能提供案例的关键信息，引导学生思考，又可以通过适当修辞等文学表达吸引读者眼球，激发阅读兴趣。描述型案例的标题通常表现为以关键理论或关键事件为主的陈述句，往往会选取企业名称、事件、关键问题作为构成要素，强调案例故事的核心主题。标题主要是对案例内容的概括性描述，且可采用比喻和拟人的修辞手法甚至借鉴古诗词等艺术性手段增加标题的吸引力。

以笔者曾经撰写的描述型案例为例展示案例标题的拟定。小仙炖的案例标题为"山从平地起：小仙炖的战略创新之路"（林海芬和海淼，2021），其中，"小仙炖的战略创新之路"直接点明案例的核心内容聚焦小仙炖战略创新过程，为了让标题更有新意，能够让读者瞬间留下深刻印象，增了"山从平地起"以形象概括小仙炖的战略创新之路；雷士电商案例的标题为"从'青铜'到'王者'——雷士电商的敏捷性段位升级"（林海芬等，2019b），传达了雷士电商通过提升组织柔性实现从"青铜"到"王者"的快速发展历程这一内容；今日食品微案例的标题"审时度'市'——今日食品如何选择战略'最优解'"（林海芬等，2020b）的主标题点明今日食品采取了市场驱动战略，副标题传达了案例事件的内容，即企业如何在市场驱动下抓住机遇、建立竞争优势以谋求更长远的发展；竹叶青案例的标题"竹叶青：'中国高端绿茶领导者'的战略认知和战略定位决策"（林海芬等，2021b）传达的内容是竹叶青茶业通过对"中国高端绿茶领导者"进行战略认知，实现战略决策的过程，但没有增加特别文学性或有趣的表达；飞鹤案例的标题"从市场驱动到研发拉动：中国飞鹤的战略变革之路"（林海芬和曲廷琛，2020）中"中国飞鹤的战略变革之路"点明案例的核心内容为战略变革，"从市场驱动到研发拉动"则是对主标题的进一步陈述，即从"市场驱动"转变为"研发拉动"的战略变革之路。

概括而言，描述型案例的标题拟定需要遵循两个原则。其一，点明案例企业，涵盖案例主旨，使案例使用者通过阅读案例的标题便可大致了解案例涉及的基本内容，发挥筛选的功能。其二，简短但富有艺术性。案例标题的字数不宜过多，追求内容的凝练，同时为吸引读者，标题也需要具有可读性和艺术性。例如，"青铜""王者""最优解""山从平地起"等描述既形象又生动地服务于案例标题的主旨内容。需要注意的是，拟定标题的首要目的是明确案例的主题，其次才是体现艺术性或趣味性。当作者无法找到契合的艺术性手法更好地吸引读者时，清晰表达案例的核心主题是关键。

3.3.2　案例摘要

案例摘要是对案例正文的简练概括，通过阅读摘要，案例使用者可以把握案例的核心事件。可以说，摘要在某种程度上是对案例标题的进一步补充，担负着介绍教学案例主要内容和吸引学生的重要任务。同时，精简的案例摘要能够帮助学生在较短的时间内检索出自己需要的某一学科领域某一类型的案例，节省时间与精力。

一般来说，学术论文摘要的典型结构为四项式结构，内容依次为研究目的、研究方法、研究结果和研究结论。但案例摘要的内容并不能被划分为上述四项内容，它更多的是对案例事件和主题等关键内容的描述，通常包括以下要素。

（1）内容概述：对案例主题、事件等内容的总括性描述，通常以“本案例描述了……的过程”的形式来表述。

（2）关键背景：一般是对引发案例事件的关键内外部环境因素的概述。

（3）企业简介：简单介绍企业的性质、成立时间、发展历程、主营业务等背景信息。

（4）关键事件：对案例事件本身的简要性概括。

（5）关键人物：通常是对案例中主要决策人的职位、身份、行动等方面的简要描述。

（6）案例问题：通常是案例决策人如何解决案例问题的明确介绍。

（7）案例的意义：一般在摘要的最后一句话点明案例的价值或作用。

通常情况下，由于摘要 200～300 字的篇幅限制，案例作者不会将所有要素都纳入摘要中，而是选取能突显案例主题、核心内容或案例典型性的要素。

下面给出三篇案例的摘要，供读者理解和参考。第一篇案例《从市场驱动到研发拉动：中国飞鹤的战略变革之路》（林海芬和曲廷琛，2020）的摘要实则仅由两句话组成。第一句通过“本案例从……出发，以……为主线，描述了……的背景下……的发展之路”（详见下文）便交代了案例涉及的主要事件，以及事件的背景和解决方法。第二句话通过“一方面……另一方面……”点明了案例的价值所在和涉及的关键理论。第二篇案例《山从平地起：小仙炖的战略创新之路》（林海芬和海淼，2021）的摘要第二句话便指出了案例依托的理论背景，以“本案例通过描述……着重展示……”（详见下文）简要概述案例的主要事件。随后，通过三个排比句点明案例的三个重要内容“是什么”“为什么”“如何做”，也为学生分析案例内容提供了逻辑指导。最后一句明确案例的价值。第三篇案例《林家铺子：数字化转型铸造防疫护盾》（林海芬和刘相彤，2021）的摘要共包含三部分内容：首先，用一句话简要介绍了案例企业；其次，说明案例企业面临的发展问题、决策困境与破局之策，即对案例主要事件的介绍；最后，点明案例的使用价值与涉及的理论内容。概括来看，三篇案例的摘要布局虽有所不同，但基本逻辑相通。包含决策背景与决策方向在内的主要案例事件和案例价值是必选项。

从市场驱动到研发拉动：中国飞鹤的战略变革之路

摘要：本案例从典型国产婴幼儿奶粉生产企业中国飞鹤的成长历程出发，以“市场驱动”到“研发拉动”的战略变革为主线，描述了飞鹤在国产婴幼儿奶粉深陷信任危机及外资品牌急剧抢占市场的背景下，定位于“更适合中国宝宝体质”的奶粉杀出重围的发展之路。通过对本案例的学习与讨论，一方面可以更好地理解飞鹤在发展瓶颈期，如何通过战略变革顺利实现逆袭；另一方面，在飞鹤打破行业枷锁谋求发展的背景下，充分了解顾客价值创新的内涵与应用。

资料来源：林海芬和曲廷琛（2020）

山从平地起：小仙炖的战略创新之路

摘要：企业之间的竞争不仅是产品上的竞争，也可以通过改变游戏规则，形成新的价值创造战略，快速获得并保持竞争优势。本案例通过描述小仙炖从初出茅庐销售遇冷到利用“鲜炖燕窝专家”战略实现在鲜炖燕窝市场销量第一的巨大转变，着重展示“鲜炖燕窝专家”战略从制定到实施的全过程。借助小仙炖落实战略创新的系列动作及实施结果探讨战略创新的概念维度，回答“是什么”的问题；通过分析小仙炖进行战略创新的原因及实施过程涉及的不同方面，回答“为什么”和“如何做”的问题；最后置身于风云变幻的竞争环境中，探讨小仙炖“如何调整战略”应对行业领导者的“阻杀”和后来者的跟进。本案例对讨论企业如何在缺乏创新的竞争市场中通过战略创新重塑行业生态，获得竞争优势具有借鉴意义。

资料来源：林海芬和海淼（2021）

林家铺子：数字化转型铸造防疫护盾

摘要：林家铺子是中国东北部地区最大的罐头制造企业，也是行业内率先完成由出口向内销、代工向自主品牌转型的变革型企业。2016 年前后，随着罐头行业的市场份额达到千万级规模，林家铺子的发展却停滞不前，加之成本压力不断增加，林家铺子开始向数字化转型。2017 年，林家铺子正式进军电商市场，2020 年，林家铺子凭借三年的数字化转型之路成功化解了新冠肺炎疫情的危机，其销售收入相比 2019 年同期甚至不降反升。案例着重描述了林家铺子转型前的背景与数字化转型的具体实践，旨在探讨传统的制造型企业如何利用数字化潮流重塑竞争优势。通过对本案例的学习与讨论，首先可以了解面临发展瓶颈，林家铺子数字化转型的动因；其次，可以充分掌握数字化转型涉及的基本模块与具体实践；最后，引导思考为什么林家铺子会先于竞争对手完成战略转型。

资料来源：林海芬和刘相彤（2021）

3.3.3 关键词

目前，国内的案例库对关键词提出了要求，而国际上的案例库一般没有要求。教学案例的关键词是直接从案例标题、正文或摘要中抽取出来的具有检索意义的词语。案例正文的关键词与普通意义上的关键词不存在本质区别，主要服务于文献检索，提高检索效率。

举例来看，案例《从市场驱动到研发拉动：中国飞鹤的战略变革之路》（林海芬和曲廷琛，2020）的关键词为“战略变革”“顾客价值创新”“中国飞鹤”“婴幼儿奶粉行业”。其中第一个关键词为案例涉及的核心理论，在案例标题和摘要中也曾多次凸显，而第二个关键词虽然也是案例呈现的核心理论，却不同于显露在外的“战略变革”，“顾客价值创新”是隐于案例之中，等待学生深入挖掘的知识点。第三个和第四个关键词分别是案例企业和企业所处的行业。案例《山从平地起：小仙炖的战略创新之路》（林海芬和海淼，2021）的关键词为“战略创新”“开辟新市场”“顾客价值创新”“燕窝行业”。其中第一个关键词为案例涉及的核心理论，第二个关键词是对“战略创新”的进一步解释，与飞鹤的案例类似，第三个关键词为隐含在“战略变革”背后需要学生通过思考得到的理论知识点，最后一个关键词为案例所处的行业。

概括可知，关键词并非随便罗列，也不是简单地把案例正文中频繁出现的词语放在关键词的位置之上，而是具有一定的逻辑关系，能够彰显案例的核心和价值，因此核心理论需要囊括在内，且数量以 3～5 个为宜。

3.3.4 案例引言

案例引言，或称案例首段或开篇，指位于案例正文开头用以引出下文的言论。毅伟案例将引言的功能并入摘要，要求摘要同时实现吸引读者兴趣和交代行业与企业背景的作用。国内案例库则要求单独呈现引言模块。

案例引言的撰写为案例作者提供了一个以案例故事吸引学生，使其快速进入案例角色的绝佳机会。好的案例引言发挥画龙点睛的作用，一方面可以向学生提供更加具体、深入的信息，准确反映案例主要内容或核心问题，引发学生的思考；另一方面，通过概述将要面对的实际问题，构建观察案例的视角，以案例故事或困境激发学生的阅读兴趣，使其融入案例情境。在具体操作中，案例作者主要思考的问题是究竟要在引言中为学生展示一幅什么样的画面，以及交代哪些案例故事要素，是关键人物，关键问题，还是令人困扰的难题，即引言中要呈现哪些情节点，哪个决策环节，包含的具体信息又是什么。

以三篇描述型案例的引言为例。案例《从市场驱动到研发拉动：中国飞鹤的战略变革之路》（林海芬和曲廷琛，2020）的引言分为两段。第一段发挥情境引入的作用。案例将故事背景定格于 2020 年初新冠肺炎疫情肆虐全国之时，通过对新冠肺炎疫情期间飞鹤线上营销活动取得业绩的描写指出飞鹤转型的成功，采用第三人称视角，第二段引出关键人物（创始人冷友斌）对战略变革过程的回顾。在这一案例的引言中没有指出案例的关键问题所在，而是类似于一篇介绍企业或事件的客观报道，“飞鹤将战略从‘市场驱动’升级为‘研发拉动’从而实现逆袭”则是对飞鹤战略变革之路的概述。案例《山从平地起：小仙炖的战略创新之路》（林海芬和海森，2021）虽也分为两段，却与飞鹤的案例有所不同。第一段即点明主旨，小仙炖的战略创新即为“鲜炖燕窝专家”战略。第二段首先介绍小仙炖的发展历程与“鲜炖燕窝专家”战略为小仙炖带来的成就，“同年，原有领导者将小仙炖视为第一竞争者”，笔锋一转描写小仙炖现如今面临的发展困境，以“这一次应该如何化解危机，苗树举棋难定，不由想起来时坎坷”顺理成章地引出下文对小仙炖战略创新之路的回顾。案例《渠道之网如何织出波司登新装》（林海芬等，2019c）的引言则是以对波司登羽绒服旗舰店开业盛典活动的描写引出案例正文，以提问的方式结尾引发读者思考。

从市场驱动到研发拉动：中国飞鹤的战略变革之路

引言

2020 年伊始，新冠肺炎疫情暴发，全国各地启动一级响应，无数医护人员赶赴前线，一时间原本热闹的街道变得异常冷清。本该是消费旺季的春节陡然遇冷，各行各业均受到不同程度的影响，当很多企业还在焦虑无措时，飞鹤快速应变并积极行动。“累计捐赠价值 2 亿元款物，2 月客服总量超 250 000 通，13 天在线直播活动超 27 000 场且累计在线时长超 13 000 小时，在线营养活动超 1400 场且覆盖超 130 000 人，用 8 天 5 城的物流速度保障了亿万中国宝宝的口粮……”是飞鹤在新冠肺炎疫情暴发后，凭借着责任、坚守和使命必达的决心所创造出的一系列“不可能的数字”。

这一系列“不可能的数字”并非一蹴而就，它是飞鹤数十年披荆斩棘成果的最好见证。手握飞鹤抗疫报告的冷友斌不禁回忆起当年，飞鹤将战略从“市场驱动”升级为“研发拉动”从而实现逆袭的一幕幕场景。

资料来源：林海芬和曲廷琛（2020）

山从平地起：小仙炖的战略创新之路

引言

“出其不意，攻其不备”自古以来即是奇袭佳律。商场即战场，小仙炖创始人兼 CEO 苗树认为，小仙炖的“鲜炖燕窝专家”战略亦有此意味。然而，再好的策略也不能一劳永逸。2020 年 4 月 1 日，继“鲜炖燕窝专家”战略选择后，苗树再次面临艰难抉择。

主打“鲜炖燕窝”的小仙炖于 2014 年 8 月在中国北京成立，主营中国传统滋补品中最受女性欢迎的燕窝，提倡中式滋补。以低温鲜炖冷鲜配送的方式解决消费者没有时间也不会炖煮的问题，帮助消费者按时按量标准化进补燕窝。一举打破传统燕窝行业干料交易自己炖煮的现状，与长保质期、多添加剂的燕窝罐头形成明显区隔，将燕窝滋补甚至中式滋补的用途重新定义在顾客自用上。2017～2019 年的“鲜炖燕窝专家”战略帮助小仙炖实现了销售额从 5000 万元到 5 亿元的突破。2019 年的天猫“双十一”活动，使小仙炖首次超过了燕窝行业原有领导者实现销量领先。同年，原有领导者将小仙炖视为第一竞争者，全面跟进鲜炖技术，降价销售鲜炖燕窝势要夺回市场，并出现各种媒体发声强调小仙炖低温炖煮灭菌不完全等。“前有堵截，后有追赶”，众多滋补品品牌隐有跟进之势，竞争环境风云变幻，小仙炖，恰巧立在这风云最中心。战略选择向来是“一念天堂，一念地狱”，这一次应该如何化解危机，苗树举棋难定，不由想起来时坎坷。

资料来源：林海芬和海淼（2021）

渠道之网如何织出波司登新装

引言

2018 年 10 月 20 日，在号称“中华商业第一街”的上海南京东路上，一家面积 2000+平方米的波司登羽绒服旗舰店盛大开业。与此同时，在全国各大城市核心商业街区中，百家波司登新形象店也同时开业。低调多年的羽绒服巨匠——波司登重回公众视野，与以往大不同的是全新形象门店尽显酷炫与高端。以米白色、木质元素为主的店面风格、双层的矩阵橱窗式外立面设计，以及店内多种系列的风格化产品，如同一场顶级艺术展览，瞬间吸引了众多消费者，让波司登成了这繁华的南京东路上一道亮丽的风景线。

记忆里的波司登似乎已“沉睡”了多年，这次羽绒服门店的突然大蜕变实在是惊艳世人。除此之外，波司登线上变动也极大，从 2018 年的“双十一”战绩就看得出来：开售前 1 小时就破了 2 亿元，超过 2017 年“双十一”全天的销售额，成为首个预售破亿的服装品牌。如此翻天覆地的变化，不得不让人揣摩波司登这一年到底经历了什么？其背后究竟发生了怎样的变革？

资料来源：林海芬等（2019c）

概括而言，为使故事更加跌宕起伏，激发学生阅读的兴趣，作者可以选择倒叙的方式设置悬念。从主要决策者的视角出发，通过对决策者语言、行为、内心等方面的描述，交代有关企业发展历程与成就、企业现状、事件的起因、企业面临的困境等方面的信息。以提问或回忆式语言结尾过渡。此外，三篇案例引言均具有较强的可读性，通过“手握飞鹤抗疫报告的冷友斌不禁回忆起当年，飞鹤将战略从‘市场驱动’升级为‘研发拉动’从而实现逆袭的一幕幕场景”“竞争环境风云变幻，小仙炖，恰巧立在这风云最中心。战略选择向来是‘一念天堂，一念地狱’，这一次应该如何化解危机”“如此翻天覆地的变化，不得不让人揣摩波司登这一年到底经历了什么？其背后究竟发生了怎样的变革？”等表述为管理故事拉开序幕。

3.3.5　案例背景

案例背景即案例故事发生的外部与内部情境。外部背景包括案例事件发生时的宏观经济、政治、社会与技术背景；中观产业与行业背景，如产业模式、行业竞争态势、未来竞争趋势等内容；微观市场背景，如竞争者分析、消费者分析、供应链分析、市场现状等内容。内部背景描述案例企业自身的资源、能力、价值链、组织结构等方面的内容。案例背景通常蕴含着发展机遇与困境的产生原因，需要案例作者根据需求有选择地介绍。需要注意的是，社会与文化和政策等外部背景在撰写毅伟案例等国际案例时需要更加清晰和具体地展示，尤其是不为大众所熟知的行业，如燕窝行业、化工行业等需要具体介绍。

案例背景绝非信息的简单堆砌，而是有选择、有逻辑地陈述。案例背景信息的选取取决于影响案例事件的主要因素。在小仙炖的案例中，燕窝行业是大多数读者并不十分了解的行业，因此在背景介绍部分需要对燕窝行业的起源与发展做简要介绍，此部分与企业背景相互独立。企业背景介绍则注重与案例主体事件发展相关的前序内部操作介绍，帮助读者形成对小仙炖发展历程和决策过程的总体认知。而微案例《渠道之网如何织出波司登新装》（林海芬等，2019c）由于具有严格的字数限制，没有过多的篇幅用于分开叙述行业背景和企业背景，故而将两者融为一体形成案例背景。在飞鹤的案例中，中国奶制品污染事件是造成飞鹤发展困境的关键导火索，这一恶性事件带来的连锁反应需要给予更多的笔墨。具体如下。

案例《从市场驱动到研发拉动：中国飞鹤的战略变革之路》（林海芬和曲廷琛，2020）中，“立足市场，挣取成长资本”和“市场拓展，品质撑门拄户”两部分对于飞鹤“市场驱动”的战略进行了详细的描述。这部分内容是对飞鹤成长历程的回顾，为后文飞鹤开展战略变革奠定了资源与能力基础，通过对前后市场环境的改变也可以帮助学生更好地理解飞鹤战略变革的必要性。

从市场驱动到研发拉动：中国飞鹤的战略变革之路

1 立足市场，挣取成长资本

飞鹤成立初期，生产资本极度匮乏，因此以营销和渠道为主的市场开拓方式成为其赚取初期成长资本、建设基础设施并立足市场的重要途径。

1.1 确立市场驱动战略

风向的骤变反而激起了冷友斌的斗志，与 100 多名员工以厂为家改造基础设施，为了尽快在行业内占据一席之地，冷友斌毅然将发展的重点放在了产品销路上，并制定了“市场驱动”的发展战略意图尽快打开市场。

1.2 改渠道树品牌意识

机会总是留给有准备的人。冷友斌在飞鹤开始步入正轨后，于 2002 年去北京大学进行了为期 4 个月的全脱产学习，这一经历为飞鹤带来了新的发展思路，并在 2003 年“非典”期间力挽狂澜。

2 市场拓展，品质撑门拄户

“市场驱动”的发展战略带领飞鹤迅速立足于行业市场，随后通过改善销售、渠道、品牌等方面向占领更大的市场份额迈进，更是在中国奶制品污染事件后依靠高品质实现了市场份额的快速扩张。

2.1 基础建设助力销售

毫无疑问，一系列基础设施的建设进一步保障了每一罐奶粉的品质，是促进市场销售热度和塑造“一贯好奶粉”品牌的扎实基础，是落实企业市场拉动战略的有力助推器。

2.2 黄金奶源造就品牌

为实现大牧场模式，飞鹤的资产投入是巨大的，但销售收入似乎并没有因此而飙升。面对企业员工的不解与质疑，冷友斌坚定地说："既然决定塑造飞鹤'一贯好奶粉'的品牌形象，就一定要做到名副其实，绝不能让我们的品牌形象成为笑话。"事实上冷友斌的这一举措为树立"飞鹤"品牌，助力企业拓展市场贡献了巨大力量。

2.3 坚守品质引爆市场

飞鹤高管团队所制定的"主攻市场发展，强化研发助力市场"的策略，是否能够带领飞鹤占领全国市场，进而成为行业领导品牌？事实总是检验理论的最好方式。

资料来源：林海芬和曲廷琛（2020）

山从平地起：小仙炖的战略创新之路

1 燕窝行业背景

燕窝属于中式滋补，中医将"进补"分为药补和食补，《黄帝内经》最早提出"食药同源"理论，认为一些滋补食材与药材很难区分。顾名思义，药补即为中药进补，适用于亚健康状态人群使用以调整身体状态；食补则取材于有一定药疗作用的营养保健食品，泛指食品当中的补益之品，进补恰当可有"食疗"之效。由于"是药三分毒"的观念，在消费者心智中，食补更加健康无害，绿色天然。

中式滋补行业历史悠久长达千年，与中医药相伴相生，自有中医起，便有"滋补"一说。在封建社会，日常进补是权贵家庭常态。但中华人民共和国成立后滋补行业一直发展缓慢，生活节奏加快消费者没有时间炖煮、有时间炖煮的消费者不知道如何炖煮、原材料交易鱼龙混杂无法辨别等诸多痛点限制行业发展。

……

2 企业背景

小仙炖是一家专业经营鲜炖燕窝的滋补品企业，由苗树和林小仙夫妇一手创立并经营，苗树负责企业日常运营，林小仙负责产品与技术开发。出身中医家庭的林小仙在前期经营毛燕交易时发现消费者在进行日常滋补时对燕窝有诸多不解，由于中国"食药同源"的观念根深蒂固，消费者普遍认为吃燕窝是有助于美容养颜滋身健体的，但林小仙发现，她很多有消费能力与消费意愿的客户在"进补燕窝"方面问题很多且需求高度重合。

资料来源：林海芬和海淼（2021）

渠道之网如何织出波司登新装

1 波司登企业背景及战略转型

波司登创始于 1976 年，一直以来，波司登致力于打造专业羽绒服，以“高品质”著称，成为国内羽绒服领导者。为突破羽绒服的季节限制，波司登于 2009 年开启四季化产品战略，并以经销商模式在线下迅速进行渠道扩张。得渠道者得天下，广阔的销售面及多元化布局帮助波司登营收快速增长。但从 2014 年开始，遭遇暖冬让羽绒服市场不景气，传统百货商店又受到电商的猛烈冲击。此外，越来越多的四季服装品牌开始经营羽绒服业务，外部竞争和行业竞争持续加剧，而波司登因多元化经营导致主营业务不聚焦，其羽绒服品牌慢慢淡出了主流人群的生活圈，而“波司登”这个名字也随着时间和年轻人渐行渐远。

难道曾经的“羽皇”就这样被世人遗忘了吗？创始人高德康深知波司登深耕羽绒服行业数十载，其羽绒服制造技术、专业程度及产品质量都远远领先于国内其他品牌，徒有千里马，不被众人识！究竟是哪个环节出了问题？

资料来源：林海芬等（2019c）

3.3.6 案例事件

案例事件是案例正文的主体部分，承接案例背景。在描述型案例中，作者需要对故事内容和情节进行全面、系统、深入的描述，向读者展示案例故事的来龙去脉。下面以案例《从市场驱动到研发拉动：中国飞鹤的战略变革之路》（林海芬和曲廷琛，2020）为例，围绕“事件起因—事件经过—事件结果”的逻辑展开介绍。

1. 事件起因

2008 年中国奶制品污染事件后，国内婴幼儿奶粉行业的市场环境发生了巨大的变化，导致飞鹤原有的价值创造模式不再适用，需要重新调整战略。因此，正文必须对环境如何改变，以及为何原有战略不再适用加以论述，即对应于下文案例中“3.1”和“3.2”部分。其一，企业发展的困境。外资品牌的疯狂进攻、消费者对国产奶粉的不信任情绪、国内奶粉品牌之间的恶性竞争等使飞鹤的市场份额急剧收缩，“一贯好奶粉”已经不能支撑飞鹤的发展。其二，外部环境的改变。如案例正文中概括的五点所示。内部与外部多重因素共同作用促使飞鹤锚定战略变革的方向，从“一贯好奶粉”向“更适合中国宝宝体质”转型。

从市场驱动到研发拉动：中国飞鹤的战略变革之路

3 不测风云，谋求战略变革

3.1 销售暴涨的“假象”

中国奶制品污染事件对中国婴幼儿奶粉行业造成了毁灭性的打击，一时间市场局面十分混乱，众多乳业品牌相继受损甚至倒下，巨大的市场需求缺口向飞鹤敞开……飞鹤的市场份额开始急剧收缩。

3.2 借外力寻滞销痛点

“市场风向变了”

……面对激烈的市场竞争环境和尴尬境遇，冷友斌调取企业数据，仔细审视了飞鹤的资源状况，数据显示飞鹤在资金、基础设施、产品质量、研发、人才储备等方面均积累了较丰富的资源，甚至在某些方面达到国际顶尖水平。“问题究竟出在哪里呢？”

……

带着这些疑问，2015 年冷友斌找到了君智战略咨询。市场调研后，君智战略咨询对全行业进行了分析，发现中国婴幼儿奶粉行业极其特殊，并且现阶段的状况十分复杂：

（1）婴幼儿奶粉属于中度消费品，也是婴幼儿的必需品；

（2）质量安全有保障已不是优势，而成为一种必备指标；

（3）中国消费者对孩子极度重视且存在浓重的传统认知；

（4）消费者对国产奶粉失去了信心；

（5）外资品牌抢占大量市场，国产品牌价格战激烈。

3.3 锚定战略变革方向

如何才能简单有效地将飞鹤奶粉高品质、高科技含量的特点传递给顾客，并抓住顾客的心理需求，尽快扭转其传统观念，成为飞鹤突破困境实现逆袭的关键。2015 年，长期致力于中国母乳成分研究的飞鹤，在君智战略咨询的协助下明确了“更适合中国宝宝体质”的战略定位。这一战略定位的核心正对飞鹤的研发优势，同时符合中国人“一方水土养一方人”的传统认知，基于中外宝宝体质存在差异的事实，有效化解了消费者对国产奶粉不信任的心结。

关于“更适合中国宝宝体质”的提出并非空穴来风，飞鹤一直致力于中国母乳成分的研究，其奶粉配方经过临床试验，是国内唯一一家通过三甲医院临床认证的乳品企业，喂养效果更接近于中国母乳。此外，高效的技术生产流程保障了飞鹤奶粉的品质，甚至优于外资品牌的奶粉。这些优点无声地诉说着飞鹤奶粉的科技含量，逐渐消磨着消费者对国产奶粉的抵触心理。

资料来源：林海芬和曲廷琛（2020）

2. 事件经过

对事件经过的描述也是案例作者将隐含在“战略变革”背后的核心理论知识点“顾客价值创新”嵌入案例故事的过程。例如，“这一战略定位不仅契合了消费者的心理，同时将飞鹤高品质及高科技含量等优势，完美、简洁地诠释给了消费者”实则蕴含着消费者认知的知识点。而“研发拉动”新战略是飞鹤基于顾客价值创新角度制定的，是对顾客价值创新理论的应用。因此，案例的主体部分必须围绕核心理论展开，服务于“顾客价值创新”的相关内容。最后，新战略的落地是企业战略变革的重要一环，涉及战略配称理论，那么正文便相应地从研发、渠道、营销等方面展开。

从市场驱动到研发拉动：中国飞鹤的战略变革之路

4 研发牵引，最适合才最好

4.1 转为研发拉动战略

“更适合中国宝宝体质”这一战略定位不仅契合了消费者的心理，同时将飞鹤高品质及高科技含量等优势，完美、简洁地诠释给了消费者。这一定位中的“更适合”意味着对奶粉配方的高要求，为更好地满足这一要求，冷友斌将“市场驱动”战略转变为“研发拉动”战略。

4.2 “隐匿”的研发凸显

随着“更适合中国宝宝体质”这一战略定位被提出，飞鹤将研发及基础建设从原有的支持性地位提升到主要拉动地位。一方面是为提供更高品质的奶粉；另一方面，可以更好地满足消费者“更适合”的需求，为此飞鹤整合大量资源做研发，并组建豪华的科学家队伍不断完善产品配方，时刻走在“更适合中国宝宝体质”的最前沿，并将其发展为一种消费者的选购标准。

4.3 调整产品聚焦研发

新的战略定位聚焦于“更适合”，对研究中国母乳成分的技术与投入提出了更高要求，意味着更大的资源投入。

4.4 拓展渠道推广研发

2016 年，确定“更适合中国宝宝体质”战略定位的第二年，飞鹤开展多渠道策略来尽可能地覆盖更大范围的消费群体：打通线上和线下平台资源；通过在线课堂、关爱热线、微信客服等多样化线上互动方式与消费者沟通；每年在全国各地举办亲子主题活动；为（准）妈妈提供全方位的喂养解决方案，提升中国妈妈对“更适合”的理解，并加强其对飞鹤奶粉的信任和技术优势的认同。

> 4.5 营销模式配套升级
>
> 为了强化消费者对飞鹤奶粉“更适合”的认知，冷友斌在提出新战略定位的同时加大广告投入至 5000 万元/年（当年利润约为 4 亿元），又请当红国际明星做代言，并对原有营销模式做了配套式升级。

资料来源：林海芬和曲廷琛（2020）

3. 事件结果

描述型案例要求案例故事的完整性。案例企业事件结果的成败通常可能体现在正文的两个部分：引言和尾段。在飞鹤的案例中，引言以倒叙的手法表明飞鹤战略变革的成就，正文的末端也用“以‘更适合’的标准遥遥领先于行业其他企业”为案例故事画上了句号。

> **从市场驱动到研发拉动：中国飞鹤的战略变革之路**
>
> 5 未来挑战：定制化婴幼儿奶粉
>
> ……
>
> 截止到 2020 年 1 月，飞鹤已拥有 5 个现代化核心工厂，年总加工能力达 19 万吨，以“更适合”的标准遥遥领先于行业其他企业。从目前的发展情况来看，飞鹤未来的最大竞争对手就是自己，最大的危机同样来自自己：虽然飞鹤引领着整个行业的发展方向，但面对海内外众多中国妈妈对孩子美好未来的深切期盼，飞鹤目前的“更适合”研发程度显然还远远不够。

资料来源：林海芬和曲廷琛（2020）

综上所述，笔者认为撰写案例正文的主体部分即案例事件，应当遵循以下三点基本原则。

其一，故事性和可读性。纵观飞鹤的案例全文，类似“这些优点无声地诉说着飞鹤奶粉的科技含量，逐渐消磨着消费者对国产奶粉的抵触心理”等的语言性表述非常之多，对飞鹤遭遇不测风云的叙述，从中国奶制品污染事件后飞鹤奶粉供不应求的市场景象到 2010 年企业销售额的增长乏力，甚至后期市场份额的急剧收缩，随后的“然而”一词将销量从暴增到断崖的落差展现得淋漓尽致，增加了案例事件的故事性，带动了读者的情绪，促使其与主人公冷友斌共同经历真实的管理故事。而在人物塑造方面，冷友斌的人物背景没有通过正式的段落大篇幅介绍，而是结合企业发展背景简要描述，如 2001 年国有企业改制前“时任飞鹤厂长的冷友斌”收购飞鹤品牌；2002 年飞鹤步入正轨后，冷友斌前往北京进行了为期 4 个月的全脱产学习。主人公独特的观点和性格往往能够给学生留下更为深刻的印象，案例作者在描述冷友斌其人时多次使用“理想”“带领”“坚定”“先发制人”“斗志”等词汇，凸显了冷友斌在困难面前的领导魅力和不懈的拼搏精神。

其二，完整性和逻辑性。管理问题是复杂多变的，某一项管理决策往往受到多种因素的影响和驱动。但受案例篇幅的限制，为了保证案例的完整性，作者需要有所取舍，在正文中呈现最为紧要的内容。同时注意不同内容之间的详略得当，重点突出。而逻辑性则体现在上下文的衔接和逻辑的连贯性上。飞鹤的案例首先论述飞鹤以“市场驱动”的发展历程，随后以市场环境的改变为衔接，自然地引出企业发展的困境，逻辑一脉相承。

其三，也是最为重要的一点，为理论服务。描述型案例旨在提高学生分析管理问题的能力，那么对案例事件的描述必须紧密结合教学需求，以核心的理论知识点为提纲布局每一部分的内容。确保每一部分的内容都能够为学生运用相关理论分析管理问题提供素材支撑。飞鹤的案例中，战略变革背后实则是对顾客价值的创新，因此案例事件的主体部分第 3 小节与第 4 小节始终围绕原有顾客价值和新的顾客价值展开。战略定位之后便是战略实施，因此，正文中从研发与营销等方面展示了飞鹤的战略配称过程。

3.3.7 案例结尾

结尾即案例的结束语，是案例正文的终结。结尾的表达与案例类型相关，通常来说，描述型案例更倾向于介绍案例故事的全貌，而决策型案例则会在描述完决策点后停止。相比较而言，描述型案例的结尾可以通过更多的方式呈现，也更加追求艺术性和故事性，如以富有哲理的论述结尾、以企业未来发展的展望结尾、以新闻报道式客观陈述结尾等。

例如，微案例《渠道之网如何织出波司登新装》（林海芬等，2019c）采用提问的形式结尾，见案例正文“趁势而为还是静观其变？”，引导学生顺着当前线下销售渠道的变革升级思考波司登未来的新零售发展方向。而案例《从市场驱动到研发拉动：中国飞鹤的战略变革之路》（林海芬和曲廷琛，2020）则采用了展望性的语言结尾，描述飞鹤定制化奶粉研发与生产的未来，见案例正文“未来挑战：定制化婴幼儿奶粉”。

渠道之网如何织出波司登新装

3 趁势而为还是静观其变？

……

2019 年 1 月，线下渠道网络的整体升级仍在进行中，而另一边，线上业务

> 的发展更是突飞猛进，增速明显超过线下。这个大竞争时代变化速度极快，谁也无法预料强劲的竞争对手会何时出现。面对当前“互联网+”的大潮，看着很多企业已经走入了新零售时代，波司登是否该立即整合线上线下，布局 O2O 向新零售进军？可令集团担忧的是目前波司登仍处于转型中，大气还未喘一口，这样折腾是否会得不偿失？可现在不出手又是否会错失良机？接下来的路到底该怎么走，这只觉醒的“东方蛟龙”能否乘着时代之风一飞冲天？

资料来源：林海芬等（2019c）

> **从市场驱动到研发拉动：中国飞鹤的战略变革之路**
>
> 5 未来挑战：定制化婴幼儿奶粉
>
> ……
>
> 冷友斌认为“国际化、高科技化必然是飞鹤未来的发展方向”。虽然飞鹤目前已拥有 12 种配方，每种配方对应一种类型的人群，对应一种不同的效果，如有可以提高免疫力功效的、有益智功效的、有重建肠道菌群功效的等。并且飞鹤可以根据需求在配方元素上做调整以适应不同体质的孩子，但仍然较为粗略，不能完全满足消费者的需求。未来，冷友斌想要做婴幼儿奶粉的定制化生产，通过对孕初期母体进行基因测序，对未来宝宝进行身体特质画像实现定制。
>
> 定制化奶粉生产将是一个巨大的挑战，也是真正的研发。想要做到这些就需要对奶牛进行特殊喂养，通过改变奶牛饲料实现对牛乳中物质含量再重建，以更好地对接人类宝宝的营养需求。为实现更高端的定制，甚至考虑从奶牛的育种阶段开始特殊培育，彼时需要的不再是单纯的奶粉而是各类蛋白。

资料来源：林海芬和曲廷琛（2020）

3.3.8 案例注释

注释是指用文字进一步解释正文中出现的某些关键术语、数据及来源、人物背景、情境或事件等。列于正文当页之下的注释称为脚注，亦称本面注；列于文章之后则称为篇末注或尾注。通过注释对相关内容做出补充说明，帮助学生更好地理解案例内容。

中国管理案例共享中心案例库要求在案例正文的首页进行注释，内容主要是关于作者、使用权限及案例整体相关信息的说明，一般包括作者简介、掩饰处理情况、编写目的与版权情况等信息。哈佛商学院案例库和毅伟案例库等则没有首页注释的要求，上述作者简介等内容通过各案例库给定的格式进行标注即可。脚注位于脚注所在内容页的下方，字体小于正文字体，在正文中添加相应的角标进行标注。例如，案例《从市场驱动到研发拉动：中国飞鹤的战略变革之路》（林海芬和曲廷琛，2020）中提到的基础设施建设（见案例正文中的脚注3和脚注4）在正文当页下方给出了脚注解释。

从市场驱动到研发拉动：中国飞鹤的战略变革之路

2.1 基础建设助力销售

实现现代化生产是飞鹤的长期基建工程，也是保障并促进销售的关键。2003年，飞鹤在美国证券交易所上市融资178 000 000美金用于建设国际标准化基础设施和先进的乳品加工生产线[3]。此外，引进国际顶尖设备、构建严格的质量监控体系[4]，来保障飞鹤奶粉的品质。并与黑龙江顶鹤现代农业公司建立战略联盟，实现从农场到牧场再到生产车间的倾力打造，使飞鹤所有奶粉的质量均得到有效保障，至今未出现质量安全事故。

……

2.3 坚守品质引爆市场

2008年那场毁灭性打击国产乳业的中国奶制品污染事件中，飞鹤是少数无问题的国产乳制品企业之一，用实际行动向消费者证明了“一贯好奶粉”的品牌实至名归。一时间飞鹤的订单如雪花般飘来，销售额暴涨，市场份额急剧扩张。

---

3 飞鹤2007年在甘南藏族自治州和克东县建设的两个万头欧美示范牧场投产，2009年建设龙江1000吨世界领先的婴幼儿奶粉生产线，2010年甘南藏族自治州二期婴幼儿配方奶粉专业生产线调试投产，2013年又一大型现代化工厂龙江工厂试产。

4 为提高无菌标准，飞鹤引进国际顶尖设备，实现了生产加工管道化、自动化、封闭化和标准化。以制药的严谨工序制造奶粉，使乳品加工的各个环节洁净度达到10万级国际净化标准，并于2017年率先引进WCM（world class manufacturing，世界级工厂/制造）的制造体系。

资料来源：林海芬和曲廷琛（2020）

3.4 描述型案例使用说明开发

案例使用说明独立于案例正文，但又与案例正文息息相关，主要用于指导案例的有效使用。但“一千个读者就有一千个哈姆雷特”，当教学案例被应用于课堂实践后，不同的案例使用者会从不同的角度对案例进行分析，与不同的学生进行互动也会产生更多的使用体会，因此使用者可以在参考使用说明的基础上，调整或修正教学设计及具体内容。

案例使用说明的撰写规则对于不同类型的案例而言并无本质区别。对于案例使用说明的架构及其包含的要素，目前尚未形成统一的定论，通过对国内外现有案例使用说明的结构和内容进行整理，笔者总结了三种代表性的架构体系，如表 3.2 所示。

表 3.2　案例使用说明内容模块对比

哈佛商学院案例库案例	毅伟案例库案例	中国管理案例共享中心案例
案例学习的执行步骤	案例简介	教学目的与用途
如何提第一个问题	教学目标	启发思考题
提问的顺序是什么	适用课程	分析思路
预期的讨论方向	补充阅读	理论依据及分析
如何应对预期外的方向	相关材料	关键要点
如何使用黑板和其他工具	启发思考题	课堂计划建议
如何进行总结	课堂计划	背景信息（可选项）
	案例分析（理论基础与分析）	案例的后续进展（可选项）
	实践后续	相关附件图表等（可选项）
		其他教学支持材料（可选项）

虽然不同类型的案例其使用说明架构存在一定差异，但内容基本相通。哈佛商学院案例库认为案例使用说明是以教师为核心对象，致力于服务案例教学的一个实施计划，教师如何在课堂上启发和引导学生、分析和总结案例，重在授课技巧。毅伟案例库总结了现有案例使用说明的内容标题，基于简介案例内容、明确教学目标与教学重点、提供教学辅助材料与教学建议、辅助教师教授学生等目的，提出了较为全面的框架结构。中国管理案例共享中心是国内管理案例撰写与使用的重要阵地，相比之下，对案例使用说明的规范要求更为细致，认为案例使用说明应包含教学目的与用途、启发思考题、分析思路、理论依据及分析、关键要点、课堂计划建议等必要模块，以及背景信息、案例的后续进展、其他教学支持材料、相关附件图表等可选内容。

案例使用说明的使用对象是教师，而非学生，需体现案例承载的理论知识、分析逻辑及教师使用该案例的关键要点。在教师的课前准备阶段，可通过全面细致地阅读案例使用说明做好案例教学准备。首先，阅读有关教学目的与用途、教学内容或案例简介、启发思考题、理论依据及分析等内容，判断该案例是否符合其教学要求，能否涵盖课程的核心知识点等；其次，参考案例分析思路、课堂教学计划、课堂讨论题和课堂板书设计等内容，制订具体的课堂计划。此外，通过阅读补充资源、企业后续发展、其他支撑材料等对案例进行更深入的了解。第 6 章在介绍案例行动学习的课前准备时将会提到，当教师认为所选取的案例尽管主题符合其教学要求，但是内容和课堂设计等方面与其个人认知存在偏差时，甚至可以结合具体教学目的对案例进行改编，亦可以修订案例使用说明的相关内容。

具体而言，案例使用说明至少应该包含教学目的与用途、启发思考题、分析思路、理论依据及分析、关键要点、课堂教学建议等基本模块。其中教学目的与用途体现案例教学的最终目标，引导教师进行案例筛选，并抓住案例教学的核心；启发思考题涵盖教学目的，是对知识点逻辑性的体现，确定了教学主线；分析思路是教师沿着教学主线引导学生的逻辑过程，在课堂中依托课堂讨论题展开；理论依据及分析是对启发思考题的回应，也是对案例正文内容的反馈，并非唯一或标准答案；关键要点旨在重申案例分析中的关键点和与其匹配的知识点，是案例使用说明中的重要组成部分；课堂教学计划是整个授课安排，与提问逻辑、课堂板书等构成课堂讨论题和分析思路的表现形式。另外，案例使用说明还可以补充案例企业的后续进展情况、补充阅读材料及其他相关的支撑性材料，作为案例使用说明的辅助材料，以更好地完成案例使用。

3.4.1　教学目的与用途

教学目的与用途描述了在某一特定类型的课程上，针对某一合适类型的群体，通过该案例的教学所要达到或预期达到的教学效果，通常包含适用课程、适用对象、教学目标三个部分。适用课程即指出该案例适用于具体哪一门课程，甚至应指出适用于该课程中的哪些具体章节内容；适用对象即应具体指出案例适用的教学对象。教学对象的设定一方面与案例的难度等级定位相关，通常情境相对简单的案例更适用于本科生或低年级研究生，而情境相对复杂的案例可以用于 MBA 或 EMBA 及高年级研究生的课堂教学（朱方伟等，2014）；另一方面，与不同对象对理论知识点的需求有关，一般来说，不同类型的学生在获取理论知识点的侧重点方面存在差异，比如同样是“战略管理”的课程，对本科生、硕士生、博士生或 MBA、EMBA 等不同阶段的学生而言，知识点的侧重并不一样，因此可根据案例承载的核心知识点与学生需求进行匹配从而确定适用对象；教学目标是指通过该案例的学习达到的目的，通常涉及知识与能力两个层面。教学目标在国内案例和国际案例的使用说明中位置有所不同：国内案例中，在教学目标和关键要点中涉及的关键知识点和关键能力点需要体现在教学目标规划之中；而毅伟案例等国际案例只需在教学目标部分提及即可。

此外，在教学目的与用途部分还可以有选择地增加“教学内容”这一模块。教学内容的作用类似于摘要，意在帮助授课教师快速抓住案例的核心要义，也因此决定了这部分内容篇幅短小精悍的特点。案例使用说明中，国内案例的教学内容与国外案例的案例简介稍有区别。教学内容和案例简介虽然都是对案例内容及所涉核心理论的简要阐述，但毅伟案例的案例简介更类似于摘要，只列一段且字数最好不超过200字。而国内案例的教学内容则要求更加宽泛，案例作者可以根据案例需要分写两段，但由于案例使用说明后续有更多更为重要的内容，此处最好不超过三段。

在案例《从市场驱动到研发拉动：中国飞鹤的战略变革之路》（林海芬和曲廷琛，2020）中，案例作者描述了飞鹤从“市场驱动”到“研发拉动”的战略变革之路，因此，适用于“战略管理”课程中战略变革的相关知识点教学，而从“市场”到“研发”的转变背后实则蕴含着顾客价值的创新，因此案例也可用于顾客价值相关主题的教学。在案例《山从平地起：小仙炖的战略创新之路》（林海芬和海淼，2021）中，案例作者通过对小仙炖战略创新过程的描述引导学生思考战略创新“是什么”“为什么”“如何做”的问题，因此适用于“战略管理”和“创新管理”课程中有关战略创新和创新过程的内容。在教学内容部分，作者首先给出了战略创新理论内涵的精要介绍，又因燕窝行业的不被熟知而描述了这一行业的发展特点。随后简要概括案例的关键事件并指明案例的使用价值所在。适用对象部分，案例除指明适用对象外，对于课堂人数也提出了建设性意见。而教学目的则是首先简要概括案例的关键事件，随后论述案例在理论和能力层面对学生的价值所在。

从市场驱动到研发拉动：中国飞鹤的战略变革之路

一、教学目的与用途

1. 适用课程

本案例主要适用于“战略管理”等课程中的战略变革与顾客价值知识点的教学，帮助学生更好地理解相关理论知识。可以用来讨论企业的战略变革、竞争战略设计与执行等相关主题。

2. 适用对象

本案例适用于工商管理学科的本科生、企业管理方向的研究生、MBA 和 EMBA 等学员使用。

3. 教学目的

在瞬息万变的商业市场环境中，在对外开放的大背景下，本土企业如何通过战略变革实现逆袭发展，并在行业中一路逆市增长保持行业领导者位置，是一个极具挑战性的问题。本案例回顾了中国飞鹤从“市场驱动”到“研发拉动”的战略变革过程，希望通过教师的引导与学生的讨论可以实现以下教学目标：

（1）了解战略变革的原因；

（2）掌握战略定位的过程；

（3）掌握顾客价值内涵及应用；

（4）了解战略配称的过程及驱动因素。

资料来源：林海芬和曲廷琛（2020）

山从平地起：小仙炖的战略创新之路

一、教学目的与用途

1. 适用课程

本案例适用于“战略管理”“创新管理”课程中有关战略创新和创新过程的内容，可以用来说明和讨论在缺乏创新的竞争市场中后发企业如何通过战略创新重塑行业生态，实现较快发展。

2. 适用对象

本案例主要适用于本科生、硕士生、MBA 和 EMBA 学员的案例教学，也适合具有一定工作经验的学员和管理者学习。本案例难度适中，适用于通行的 90 分钟时长的课堂讲授。同时，为达到更好讨论与教学效果，建议将 MBA 课堂人数控制在 30 人左右为宜（本科生课堂可酌增）。

3. 教学内容

企业之间的竞争不仅是产品上的竞争，更是商业模式上的竞争，尤其在传统且缺乏创新的行业，商业模式的创新对企业竞争优势的获取意义举足轻重。在一些研究中，企业通过改变游戏规则，而不是通过比其他参与者玩得更好来获得竞争优势。而有效的战略创新可以帮助企业打破旧的战略模式，设定新的战略要素，形成新的价值创造战略，以此开辟新市场，创新商业模式与顾客价值，快速获得并保持竞争优势。

燕窝是中国传统滋补佳品，自封建社会起中国人进补燕窝的习惯已传承数千年，然而燕窝行业在 2017 年前依旧以传统干燕窝交易为主，即食燕窝多作为礼品流通，行业内产品及商业模式创新较少。本案例以燕窝行业“后来居上者”小仙炖为切入点，主要描述成立于 2014 年的小仙炖在 2017～2019 年通过“鲜炖燕窝专家”的战略创新开辟“鲜炖燕窝”新品类，三年实现销售额从 5000 万元到 5 亿元的跨越，并在 2019 年天猫“双十一”中首次赶超燕窝行业原有领导者成为鲜炖燕窝行业销量第一企业的完整过程。引导学生思考战略创新“是什么”“为什么”“如何做”的问题，并考虑在被原有行业领导者视为主要竞争对手进行“阻杀”的“后专家”时代，如何调整战略以实现良续发展。

4. 教学目的

本案例通过对开辟“鲜炖燕窝”这一新品类，颠覆燕窝行业竞争生态的小仙炖的战略创新和未来发展方向的探讨，帮助学生加深对战略创新的理解。学生将学习如何有效进行战略创新，并采取战略配称来塑造一个新的品牌。通过完成案例和作业问题，学生将发展以下能力：

（1）理解并定义战略创新；

（2）分析企业做出战略创新决策的驱动因素与支撑点；

（3）识别企业实施战略创新涉及的不同因素；

（4）认识到战略创新不是一劳永逸的，企业需要持续调整。

资料来源：林海芬和海淼（2021）

3.4.2　启发思考题

从功能定位来看，启发思考题是案例使用说明中的思考/讨论题模块，是在案例正文后提供给读者的准备资料，用于读者提前对案例问题进行思考并准备学习相关管理知识点。更深层次上，启发思考题的确定是案例正文和使用说明范围圈定、素材筛选、情节构建的大基础，如若案例作者在下笔之前尚不清楚启发思考题如何确定，那么核心理论就只能“随遇而安”，甚至在写作过程中，频繁更改写作框架、决策事件和情节安排等，给写作带来极大的不确定性。描述型管理案例的最大特点是运用管理实践印证管理的基本理论与方法，读者通过对这类案例的分析可以获得某种经验性的思维方式（沈波，2003）。因此，启发思考题需要指明正文中涉及的理论问题，引导案例读者在理解案例情节的同时，主动补充相应的理论知识；为提高学生的参与热情，思考题中的最后一题可设置为开放性问题，通过对企业实践背景和全过程的了解，读者进入案例决策者角色思考企业未来的发展等问题。

启发思考题对学生和授课老师发挥着不同的作用。对学生而言，启发思考题具有启发思考和预习管理理论的作用；对教师而言，启发思考题具有辅助课前备课和构建从理论知识到案例实践的演绎逻辑的作用。因此，在撰写案例正文和使用说明前，案例采编者需要认真思考启发思考题的设计。

综合上述启发思考题的特点和功效，笔者梳理了案例启发思考题拟定的 5 条可行性操作流程，但并非所有的启发思考题都需要遵循这一流程，教师可参考其中的基本逻辑，掌握基本方法。

（1）数量要求：明确启发思考题的数量以 4～5 道为宜。

（2）只有一个主导理论：一篇案例只解决一个核心且聚焦的问题，该问题只用一个主导理论解释，否则有限的正文会模糊重点，使信息呈现繁杂且零碎的状态。

（3）首端引入性问题：第一个启发思考题通常可以设计为情境引入性问题，以此引出案例涉及的主要理论，旨在引导读者进入理论与案例对接的情境。

（4）承上启下的中部理论问题：中间 2～3 道启发思考题以案例情境为依托，以有逻辑的理论渗透为手段，意图通过前序问题的铺垫引导案例读者在理解案例情节的同时，主动补充相应理论知识，使其具备能够充当案例决策者进行分析的知识与能力。

（5）末端开放性问题：最后一道启发思考题可以设计为开放式问题，要求学生针对企业后续的发展问题发散思维。也可以是继续服务于核心理论的其他问题。

以两篇案例为例展示启发思考题的设计。

从市场驱动到研发拉动：中国飞鹤的战略变革之路

二、启发思考题

（1）飞鹤在战略变革前后分别实施什么战略？并分析两种战略的区别与特点。

（2）思考飞鹤为什么要进行这种战略转变？

（3）结合案例资料，分析飞鹤是如何制定新战略的？

（4）分析飞鹤实施这种新战略的优势及可行性。

（5）飞鹤如何实现新战略落地？并进一步分析促使新战略实现的驱动因素有哪些。

资料来源：林海芬和曲廷琛（2020）

渠道之网如何织出波司登新装

二、启发思考题

（1）根据行业特点简要说明波司登此次转型的背景，并分析波司登从多元化发展战略转为“聚焦主营业务”的专业化战略的原因。

（2）波司登原来的渠道有何特点？对于新战略的实施，其旧渠道系统具有哪些现成的优势？又存在哪些阻碍和弊端？

（3）试分析波司登进行渠道变革的原因，并说明波司登是从哪几个方面进行渠道重构的？

（4）在有了合适的渠道结构布局之后，波司登是如何进行渠道管理的？通过哪些促销活动来推动其渠道升级？

（5）如果你是管理者，面对波司登当前所处的情境，你认为接下来的路该怎么走？

资料来源：林海芬等（2019c）

启发思考题的第一个题目通常是引入性问题，向读者抛出一个关于案例企业创新、变革或转型等背景情境的问题。加里·约翰斯（Gary Johns）将情境区分为两大类：普遍性情境（如职业、地理位置、研究实施的时间和原理等）和独立性情境（如组织任务的特性、社会因素以及物理因素等）。情境在管理学中的作用愈发重要（Johns，2006），同时受到更多案例采编者的关注。这主要有两点原因：一是情境有助于聚焦案例撰写和研究的关注点，通过关注情境，案例采编者可以发现现象中最有趣的部分，识别最相关的事件，从而有所取舍；二是情境有助于读者回答案例中“为什么”的问题，帮助读者探析现象背后的原因（黄江明等，2011）。在飞鹤和波司登两篇案例的思考题中，第一道思考题均为引入性题目，其中飞鹤案例的第一道思考题意在明晰战略变革前后企业的特点，没有具体的理论应用；波司登案例的第一道思考题根据案例内容提到的背景资料，围绕当时我国服装市场经营环境的特点，找出波司登新旧战略的特点，其次结合搜集的背景资料找出波司登面临的处境，从市场环境变化及波司登原来战略的特点引导学生分析战略转变的原因。

启发思考题的设计必须与案例正文的架构和内容匹配。例如，飞鹤案例从典型国产婴幼儿奶粉生产企业，中国飞鹤的成长历程出发，以“市场驱动”到“研发拉动”的战略变革为主线，描述了飞鹤在国产婴幼儿奶粉深陷信任危机及外资品牌急剧抢占市场的背景下，定位于“更适合中国宝宝体质”的奶粉从而杀出重围的发展之路。该案例涉及战略变革前后的新旧战略特点分析、战略变革的动因、新战略的确定及新战略的落地实施等理论知识点，思考题围绕战略变革的知识点展开，问题之间紧密相接，帮助学生理解企业成功实施战略变革的完整过程，以及顾客价值对企业进行战略定位的重要意义。启发思考题的最后一道为开放性题目，关于飞鹤的新战略如何落地，每一位学生可以根据自己对战略配称理论的理解，以及飞鹤当前拥有的资源和能力，发散思维进行作答，构建战略配称系统。

波司登案例主要描述了波司登在品牌重塑战略下采取的渠道策略。上文已经论述了第一道思考题的价值，即作为引入性题目聚焦波司登的转型情境，分析战略转变的原因。第二道思考题结合波司登当前的新战略，引导学生分析其原来的渠道特点及渠道的变革方向。第三道思考题引导学生归纳总结波司登渠道重构升级涉及的方面。第四道思考题结合理论知识梳理出波司登采取的渠道管理方法，分析决策背后的原因。第五道思考题则采用典型的“如果你是……”句式进行情境式设问，聚焦当下波司登的处境，鼓励学生对波司登面临的抉择加以讨论。

3.4.3 分析思路

案例分析思路以教学目标为指导，参照启发思考题，设计课堂讨论题的提问逻辑，用于辅助教师在课堂中引导学生进行案例讨论。该部分不仅要提出案例的分析逻辑，还应适当对案例提出的分析问题加以剖析，给出解决这些问题的可能方式、对问题分析的框架性建议，如分析问题的维度、引导学生思考的角度等。这些对于教师的案例教学具有启发作用，尤其对于案例教学的新手而言，可以视其为案例分析的范本。毅伟案例没有单独列出案例分析模块，而是将其融合于启发思考题的分析之中，国内案例尤其是全国百篇优秀管理案例对案例分析思路的要求相对严格。

一篇教学案例要体现出三个表面上相互独立、实则彼此依存的逻辑：其一，案例正文中的故事发展逻辑；其二，启发思考题蕴含的问题关系逻辑；其三，最为核心的是贯穿全文的理论逻辑。故事逻辑服务于理论逻辑，理论逻辑隐含在故事逻辑之中，而问题逻辑则是将故事逻辑与理论逻辑串联起来，帮助学生发掘故事中潜藏的核心理论。例如，在案例《从市场驱动到研发拉动：中国飞鹤的战略变革之路》（林海芬和曲廷琛，2020）中，案例作者以启发思考题为分析思路，首先围绕战略变革的知识点展开。从“市场驱动”到“研发拉动”的转变意味着飞鹤原有的价值创造模式不再适用，那么讨论不再适用的原因，即战略变革的原因对于学生理解案例内容十分重要。其次，飞鹤如何确定“研发拉动”的新战略，表面来看是对战略定位理论的应用，但实际上这一新战略是飞鹤基于顾客价值创新角度所制定的，是对顾客价值创新理论的应用。第三道与第四道思考题即对应战略定位与顾客价值创新理论。最后，新战略的落地是企业战略变革的重要一环，涉及战略配称理论。

从市场驱动到研发拉动：中国飞鹤的战略变革之路

三、分析思路

教师可以将启发思考题作为教学本案例的分析思路，围绕战略变革知识点展开，引导学生思考。涉及战略变革前后的新旧战略特点分析，战略变革的动因，新战略的确定，以及新战略的落地实施。这一系列问题紧密相接，帮助学生理解企业成功实施战略变革的完整过程，以及顾客价值对企业进行战略定位的重要意义，并掌握相关理论知识。

实施战略变革过程中，首先，飞鹤在战略变革前后的市场环境存在很大变化，这导致飞鹤原有的价值创造模式不再适用，需要重新调整战略。在君智战略咨询的帮助下飞鹤找到了消费者的痛点，并从“市场驱动”战略转变为“研发拉动”战略，这一变化是飞鹤实施战略变革最显著的改变，帮助飞鹤实现了逆袭发展，因此探究战略发生变化的原因是一个很有价值的问题。其次，进一步探究飞鹤如何确定“研发拉动”这一新战略，表面来看是对战略定位理论的应用，但实际上这一新战略是飞鹤基于顾客价值创新角度所制定的，是对顾客价值创新理论的应用。飞鹤之所以要将战略转变为“研发拉动”是因为需要为消费者创造更多的价值，而这是“市场驱动”战略所无法实现的。传统的市场驱动更多的是企业通过营销、渠道、品牌等方式主动向消费者推销产品，并未关注到消费者的切实需求，而研发拉动则是建立在消费者痛点基础上的战略，能够通过研发和生产更好地满足消费者需求，本质上是一种价值创造的过程。最后，新战略的落地是企业战略变革的重要一环，涉及战略配称理论，即飞鹤在实现“研发拉动”这一新战略时，以研发为主导调用了企业所有的资源做支撑，涉及众多资源匹配行动。明晰这一战略配称过程有助于学生理解新战略落地的实质，对战略变革的完整过程有更为深刻的认识。其中战略定位理论、顾客价值创新理论、战略配称理论为实施战略变革过程中所涉及的理论。

将启发思考题对应于飞鹤的发展事件及相应的理论知识，整理成分析思路图（图 1），仅供参考。

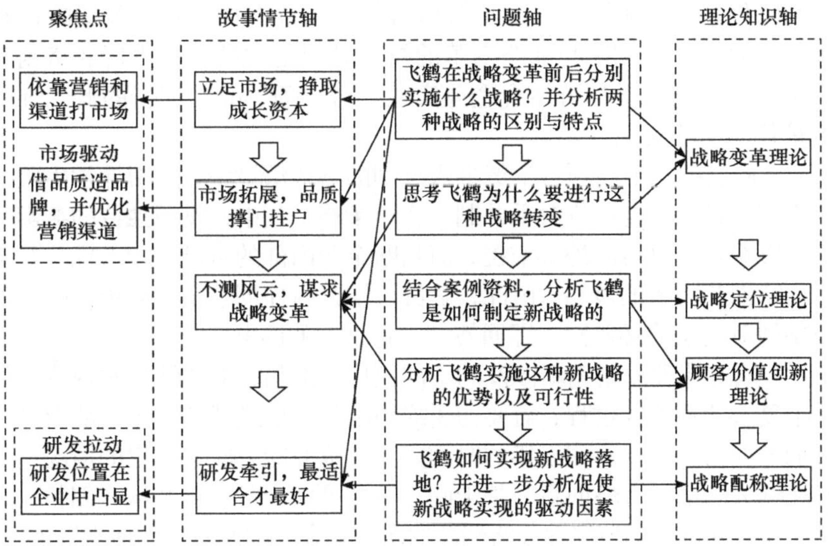

图 1　案例分析思路图

资料来源：林海芬和曲廷琛（2020）

在案例《山从平地起：小仙炖的战略创新之路》（林海芬和海淼，2021）中，分析思路则是沿着“界定竞争对手—制定竞争策略—构建战略配称—推进战略要务—驾驭战略格局”的竞争战略实施模型展开。将问题逻辑、理论逻辑、故事发展逻辑三者对应起来，构成完整的系统。

山从平地起：小仙炖的战略创新之路

三、分析思路

在本案例中，小仙炖作为行业内率先实现战略创新，开辟“鲜炖燕窝”新品类、创新商业模式、创新顾客价值的企业，既创造发现了行业内新的盈利点解决行业与消费者痛点，也构筑了自身的核心竞争优势。其中可供讨论的问题包括，战略创新的概念及其与战略变革的区别与联系、进行战略创新的驱动因素与支撑点、实现战略创新涉及的不同因素，以及战略创新的持续调整等。教师可根据预设的课程计划灵活使用本案例，这里提出一个本案例的分析思路，仅供参考。

总体而言，小仙炖的战略创新属于一次成功的竞争战略实施。只是不同于简单的产品竞争，而是利用重塑市场竞争规则创造自身竞争优势。因此可以沿着“界定竞争对手—制定竞争策略—构建战略配称—推进战略要务—驾驭战略格局”的竞争战略实施模型进行分析。

首先，通过第一个问题引导学生关注案例企业的实践成果与市场反馈，并将之与战略创新概念维度一一对应加深理解。借助案例实践理解战略创新的概念，进一步对比战略创新与战略变革的概念异同是学员掌握辨析战略创新概念的有效手段。由此，学员可结合企业实践，对应理解战略创新的概念维度，即回答“是什么”的问题。

其次，通过第二个问题将学员带入案例的具体情境中，并引导学生关注案例企业的决策背景，界定竞争对手并制定竞争策略。其中，发掘独特的燕窝行业背景特征是影响企业决策的外部前提，而判断企业内部的资源、能力优势及劣势则是做出战略创新决策的核心。由此，学员可结合内外部情境，初步判断案例企业做出战略创新决策的必要性，即回答“为什么”的问题。

随后，通过梳理战略创新涉及的不同模块与部门，引导学员发现战略创新实施是一个复杂的系统性过程，需要构建战略配称并推进战略要务。从而进一步思考，小仙炖如何在成立不到五年的时间内，在资源能力非常有限的情况下顺利实施“鲜炖燕窝专家”战略创新？基于此，学员可结合案例正文从“创新”和“聚焦”两个视角分析小仙炖实现战略创新的多个要素，即回答“如何做”的问题。

上述三个问题旨在培养学生进行问题分析及选择合适的理论工具辅助分析的能力。最后，立足培养学员解决问题的能力，设置了开放式的问题解决方案设计环节。将学生置于风云变幻的竞争环境中，立足新的战略定位，帮助学生理解战略创新不是一劳永逸的，企业需要在不断变化的环境中及时调整战略，驾驭竞争格局。教师可以根据学生对之前作业问题的分析，指导学生考虑具体的战略选择。可以将班级分成三组，代表三种不同的选择，讨论相应的策略。具体分析思路如图 1 所示。

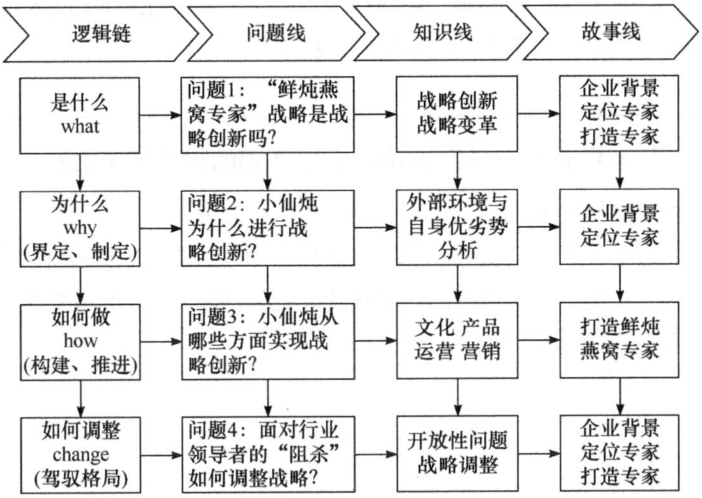

图 1　案例分析思路图

资料来源：林海芬和海淼（2021）

3.4.4　理论依据及分析

理论依据及分析部分即应用理论知识点诠释管理事件，涉及理论基础与问题分析两部分。可以通过以下两种方式呈现：其一，将理论基础与对问题的具体分析分离为两个独立的子模块，如《从市场驱动到研发拉动：中国飞鹤的战略变革之路》（林海芬和曲廷琛，2020）的写作模式；其二，将理论基础与问题的分析一一对应，如《山从平地起：小仙炖的战略创新之路》（林海芬和海淼，2021）的写作模式。随着案例教学的逐渐深入，众多案例采编者在理论依据及分析部分开始将理论知识与具体的研究问题糅合在一起，通过对大问题的分解思考进行递进式分析。此时，一个启发思考题可能会被细分为 2～3 个子问题，若在子问题下继续按照理论与分析相分离的表现形式，则极易出现内容赘余与格式混乱的问题。

在理论依据及分析部分，案例作者给出的理论依据必须能够用以支撑对问题的分析，切不可出现两者脱离的情况。并且，对理论的介绍和普及不是案例使用说明的主要目的，因此案例作者应当注意避免大长篇的理论论述，而是将重点放置在对理论的应用之上，将理论与案例事件完美融合。

以案例《山从平地起：小仙炖的战略创新之路》（林海芬和海淼，2021）中第一个启发思考的分析为例。这一题目中涉及两个具体的子问题，学生需要首先明确战略创新的概念，而后在此基础上将小仙炖的“鲜炖燕窝专家”战略实践与战略创新概念维度进行对照分析，理解战略创新在企业实践中的体现。因此，对这一问题的理论分析将围绕两个子问题具体展开。

从市场驱动到研发拉动：中国飞鹤的战略变革之路

四、理论依据及分析

该部分介绍本案例涉及的主要理论依据，并在此基础上结合案例情节对相应问题做分析。希望学生能够在理解案例问题的基础上，形成熟练运用相应理论知识分析管理问题的思维。

（一）理论依据

……

4. 战略配称理论

战略配称（strategic fit）是企业创造竞争优势的核心因素，通过对企业内部各项运营活动进行整合，围绕战略定位建立一个环环相扣、紧密连接、持续改进的整体系统，而不是各个部分的简单集合。如果说定位是瞄准顾客心智的钉子，那么战略配称就是充满势能的锤子。配称的内容通常包括产品、价格、目标客户、渠道、市场、广告、公关、研发等。

战略配称包括以下三个层面：

（1）各项运营活动与战略定位相匹配；

（2）各项活动之间的相互加强；

（3）运营活动投入最优化。

（二）详细分析

……

5. 飞鹤如何实现新战略落地？并进一步分析促使新战略实现的驱动因素有哪些

【理论依据】战略配称理论

【案例分析】

战略定位仅明确了企业努力的方向，要想真正赢得竞争优势还必须根据其战略定位对内部各项职能活动进行整合形成有机系统。飞鹤在 2015 年提出“更适合中国宝宝体质”的战略定位，并将战略升级为“研发拉动”后，调动了企业所有资源来支撑研发，以研发活动为主导（整合全球研发资源不断升级配方），其他企业运营活动（核心渠道、营销活动、产品布局）做支撑，共同构成一个有机的系统。

研发方面，飞鹤加大投入并从原来的支持性地位提升至主要拉动地位，此外加大预算投入并组建了豪华的科学家队伍不断完善奶粉配方，时刻走在“更适合中国宝宝体质”这一标准的最前端。

产品方面，为了适应“更适合中国宝宝体质”的战略定位，飞鹤的形象也需要向高科技含量、高品质产品及高端品牌发展。

渠道方面，在战略定位后的第二年就开始采取多渠道发展的策略，打通了线上和线下的销售，并合作了许多现代消费者重点聚集的终端，如微信、抖音、快手、京东、天猫。

营销模式方面，飞鹤不仅加大了广告投入，并对原有的营销模式做了配套式升级，更偏向于内容营销。

飞鹤的这些企业运营活动并非单独、分散地存在，各项活动之间的配称与互相加强与“更适合中国宝宝体质”的战略定位整合在一起，形成系统的战略配称体系（图 3）。

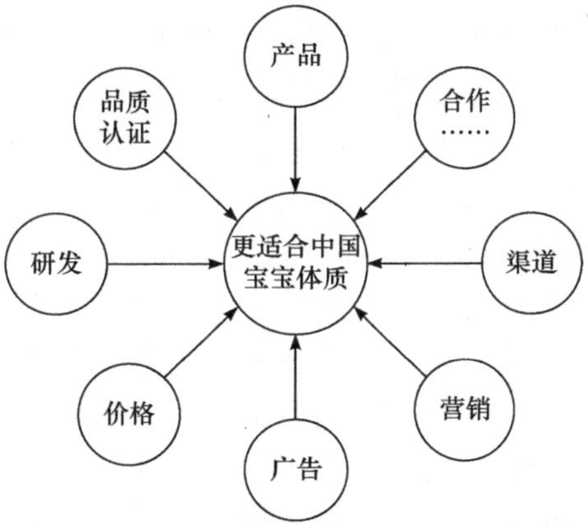

图 3　飞鹤的战略配称

资料来源：林海芬和曲廷琛（2020）

山从平地起：小仙炖的战略创新之路

四、理论依据及分析

1. “鲜炖燕窝专家”战略帮助小仙炖开辟了鲜炖市场，属于战略变革还是战略创新？为什么？

【关键知识点】战略创新、战略变革

本问题由两个子问题构成，第一个子问题需要学员立足战略创新的概念，分析战略创新与战略变革概念间的区别与联系。通过对比分析的手段清晰理解战略创新的概念及概念维度。在明晰概念的基础上，第二个子问题立足概念运用，引导学员将小仙炖的“鲜炖燕窝专家”战略实践与战略创新概念维度进行对照分析，理解战略创新在企业实践中的体现。具体分析如下。

1）子问题一：战略创新概念辨析

分析是战略变革或战略创新，首先需要明确二者概念。研究者从不同的角度研究了战略创新来解决商业问题。随着 20 世纪后期新经济运动的兴起，传统的企业生存战略已经无法满足创新的复杂性。战略创新是重塑现有市场的商业模式的基本概念。战略创新者通过发展创造新市场空间的新商业理论来克服传统逻辑。

1998 年，哈梅尔（Hamel）从价值创造的角度给出了战略创新的定义：通过为顾客创造新的价值、使竞争者步调不合、为所有利益相关者获取财富而重新构建已经存在的产业模式的战略行为。2003 年，施勒格尔米尔希（Bodo B. Schlegelmilch）等从重新定义商业模式、发现新的市场空间、显著提高客户价值三个方面对战略创新做了新的定义，认为战略创新是业务模型的基本概念化和对现有市场的重塑（通过打破规则和改变竞争的性质），以实现客户价值的显著提高和公司的高增长。

在此授课教师需要注意引导学生将战略创新与战略变革进行区分，二者有联系又有区别，学生容易混淆二者概念。从内容上来看，战略变革的重点在于“把握机会”。而战略创新的重点在于“创新”，即改变组织的愿景或使命，或改变战略思维、观念等，从这个意义上说，战略变革不一定就是战略创新，因为战略变革不一定改变组织的愿景或使命，而战略创新则必须改变组织的愿景或使命。从研究的内容上来看，战略变革着重于战略状态的变化，而战略创新着重于企业内部创新机制、创新方法、创新规律的研究。从动因上来看，战略创新更多的是企业的一种主动行为，而战略变革相对主动程度较弱。二者之间的联系表现为，战略变革是战略创新的结果，为战略创新的实践提供目标，也促进进一步的战略创新。如表 1 所示。

表 1　战略创新与战略变革的区别与联系

维度	战略创新	战略变革
内容重点	重点在于“创新”，内部创新机制、创新方法、创新规律	重点在于“变化”，战略状态的改变，适应环境
愿景使命	改变组织愿景使命	不一定改变愿景使命
联系	战略创新是因	战略变革是战略创新的结果，为战略创新实践提供目标，促进进一步的战略创新
对行业的影响	改变行业生态，以新的商业模式重塑行业竞争格局	适应行业环境

2）子问题二：“鲜炖燕窝专家”战略是战略创新吗？

教师可以引导学员立足战略创新的三个维度针对性挖掘案例正文相关信息，发现小仙炖通过创新商业模式（C2M 模式）、创造新的细分市场（鲜炖燕窝市场）、创新顾客价值（即食、营养、易得）实现战略创新，新商业模式的创建改变了现有的规则，并从根本上改造了传统的产品和服务，从而创造并巩固了“鲜炖”新品类新市场。因此，小仙炖的专家战略属于战略创新，集中表现在以下四点。

一是产品。低温鲜炖，0 添加，15 天保质期，保证营养的同时方便消费者随时定量进补，从产品用途定位与产品形态创造新品类，创新顾客价值。

二是 C2M 的生产分销模式。利用互联网技术与快递运输服务，实现当天鲜炖按周配送，保证燕窝营养的同时减少分销费用，实现零库存生产，新的分销模式颠覆了行业生态，增强了产品易得性。

三是自媒体营销。利用了小红书等自媒体为天猫、京东等店铺引流，快速吸引目标群体。新的营销模式快速积累客户。

四是全方位聚焦，产品聚焦、渠道聚焦、传播聚焦，集中人力物力重点突破。

其中，前三条共同构成小仙炖新的商业模式、产品形态、价值创新，第四条则能够帮助小仙炖优化资金使用，实现资金积累。

资料来源：林海芬和海淼（2021）

3.4.5　关键要点

关键要点旨在重申案例分析中的关键点和与其匹配的知识点，或结合企业实践总结成功经验或失败教训，其撰写没有统一标准，根据案例的关键要点进行说明即可。此外，毅伟案例不涉及此项内容，而国内案例尤其是全国百篇优秀管理案例对关键要点的梳理相对重视。

案例《从市场驱动到研发拉动：中国飞鹤的战略变革之路》（林海芬和曲廷琛，2020）的关键要点围绕核心理论展开，结合两道主要的启发思考题再次阐述案例的价值和分析案例的关键所在。而案例《林家铺子：数字化转型铸造防疫护盾》（林海芬和刘相彤，2021）则是从林家铺子所映射的同类型企业切入，对林家铺子成功数字化转型的经验加以总结，再次强调案例涉及的关键理论知识点。

从市场驱动到研发拉动：中国飞鹤的战略变革之路

六、关键要点

（1）对消费者认知的深刻解读。企业服务于消费者，致力于市场份额的获取。争夺市场份额表面是与现有竞争者、潜在竞争者、替代品竞争者等的较量，然而实质却是对消费者的争夺，因此对消费者认知的深刻解读是获取企业无限发展动能的关键。飞鹤在君智战略咨询的帮助下，准确解读到中国消费者对本土婴幼儿奶粉品牌的认知偏见，从而结合企业情况制定出助力飞鹤逆袭的黄金

战略。（启发思考题三）

（2）基于顾客价值创新的战略定位。随着生产力的发展和社会的进步，顾客已经成了主导企业乃至整个产业发展的重要决定因素。发现、寻找和满足顾客的需求理应成为企业最重要的使命。因此，企业战略定位必须以为顾客创造价值为思维基点，围绕顾客需求与偏好进行企业的价值活动，通过为顾客提供具有高附加价值的产品或服务，获得顾客忠诚，促进企业的生存与发展。将顾客作为企业战略定位的基点可以保证企业战略定位能够获得成功。（启发思考题三）

（3）基础建设是实业发展的脊梁。这句话道出了企业发展的根本，基础建设是指设备、流程、基地等一系列可以保障产品质量的大资本投资，以及研发（R&D①）。一般在短时间内很难收回成本，对企业短期内的收益贡献不明显，然而这种扎实的基础性建设却是能够保障企业长期良性发展的基石。飞鹤从创业初期便开始着手做基础性建设，如建牧场、建草场、研究中国母乳的成分、引进国外先进的生产设备等，这些都是飞鹤在向“更适合中国宝宝体质”转型后一路高歌的有力保障。（启发思考题四）

资料来源：林海芬和曲廷琛（2020）

林家铺子：数字化转型铸造防疫护盾

六、关键要点

林家铺子自成立以来，先后经历了由OEM②向自主品牌、由出口向内销、由传统企业向电商企业及数字化转型四次变革。林家铺子是我国千千万万中小型制造企业的缩影。在回答传统制造型企业如何应对互联网与数字化的冲击这一问题时，案例具有代表性。在分析案例的过程中，要重点把握以下要点。

（1）数字化转型从两个方面改造企业，数字创新是转型的重点。数字技术的价值可以大致划分为两类：对内提质增效降本，对外创造更多的顾客价值。对于林家铺子而言，两方面都有涉及。传统的制造型企业在数字化转型时大多不会完全变成一个数字企业，数字创新的部分是什么，保留传统的部分是什么，如何实现“创新”和“传统”的协调，这些问题是很值得学生思考的，即如何

① 即research and development（科学研究与试验发展），指在科学技术领域，为增加知识总量（包括人类文化和社会知识的总量），以及运用这些知识去创造新的应用进行的系统的创造性的活动，包括基础研究、应用研究、试验发展三类活动。可译为“研究与开发”“研究与发展”“研究与试验性发展”。

② OEM是英文original equipment manufacturer的缩写，也称为定点生产，俗称代工（生产），基本含义为品牌生产者不直接生产产品，而是利用自己掌握的关键的核心技术负责设计和开发新产品，控制销售渠道。

利用数字技术在有限的资源条件下发挥其最大的效用。希望通过对案例的分析，学生可以理解数字技术与数字化转型的内涵，掌握数字创新产出。

（2）资源是发展的基础，能力是建立竞争优势的关键。互联网与数字化发展至今，造就了无数的商业英雄，也覆灭了不少的企业家梦想。基于动态能力的三个基本内涵，感知到新的机遇与威胁是前提，抓住机遇并制定响应的战略是关键，重新配置资源是保障转型的重点。行业内并非只有林家铺子看得到市场中的新机遇，为什么林家铺子却可以率先把握机会，顺势而为？在互联网与数字化转型的过程中，关键资源发挥了不可替代的作用：以林楠为代表的管理团队对市场的洞察力与果断的决策力；领先于行业的设备与生产能力；品牌建设带来的品牌红利……这些资源是转型的基础，正是这些资源使得林家铺子在发现机遇后有能力把握机遇。

资料来源：林海芬和刘相彤（2021）

3.4.6　课堂教学建议

课堂教学建议是案例采编者向教师提供的有关如何在课堂中执行教学方案的建议，包括课堂的组织过程、时间安排、提问逻辑与板书设计等，需要案例采编者根据自己对案例内容的理解和个人教学经验对每一环节提出相应的教学建议。此部分内容国内外案例均需囊括，但国际案例一般只需提供课堂时间安排建议即可，根据中国管理案例共享中心的内容要求，本部分主要关注时间安排、提问逻辑、板书设计三方面内容。

1. 时间安排

一次案例课堂的教学组织过程包括案例的课前准备、课中计划和课后计划。为有效利用教学时间，制订课堂时间的分配计划十分必要，尤其对于教学经验较少的教师而言。一节案例课的课堂时间建议总体控制在 80～90 分钟，具体的时间分配计划可以根据课堂安排的不同灵活调整。在案例《从市场驱动到研发拉动：中国飞鹤的战略变革之路》（林海芬和曲廷琛，2020）中，作者依照“课前”“课中”“课后”的逻辑提出了具体的教学计划建议供教师参考。

从市场驱动到研发拉动：中国飞鹤的战略变革之路

八、课堂计划建议

本案例可以作为专门的案例讨论课来进行。如下是按照时间进度提供的课堂计划建议，仅供参考，整个案例课的课堂时间控制在 120 分钟。

1）课前作业

请学生提前阅读案例材料，自行分为 4 组针对不同的启发思考题进行小组讨论，并形成 10 分钟左右的 PPT 讲稿。

2）课堂安排

本案例可以结合战略变革课程来使用，建议课堂使用时间为 120 分钟，表 3 为具体的课堂计划，仅供参考。

表 3　课堂计划

教学内容	时间
简单介绍飞鹤的发展过程，确保学生了解本案例的学习目标和教学计划，并以战略变革的时间为突破点分析变革前后的差别与特点	10
通过分析飞鹤变革前企业内外部情境，帮助学生理解战略变革的原因	20
通过引导学生探讨飞鹤制定新战略的过程，了解战略定位的方法，以及顾客价值理论在战略定位中的应用价值	30
通过分析新战略的优势及可行性，向学生介绍将“为顾客创造价值”作为目标对企业发展的重要作用	25
通过分析飞鹤在战略变革后采取的行动，了解战略配称的内容，明确战略配称在新战略落地过程中的重要作用	25
带着学生回顾飞鹤的整个战略变革过程，并在回顾过程中将相应的战略变革知识点串联起来	10

3）课后作业

为了加深学生对知识点的理解，教师可以要求学生以小组为单位，结合课上学习的理论知识，以及飞鹤的发展历程，就某一个比较有感触的点做深入分析，并形成报告。

资料来源：林海芬和曲廷琛（2020）

2. 提问逻辑

教师在课堂上为促进讨论并深入剖析案例，必须通过一系列的提问实现。案例采编者需要根据案例内容和教学经验，结合案例分析思路，将启发思考题更加深入和细化，为教师提供案例课堂讨论的提问建议。毅伟案例库等国际案例库对此项内容不设要求。

提问是一门艺术，如何提问、何时提问是教师在案例课堂中引导学生学习的重要工具与手段。对于问题的设置，教师可以遵循以下三点原则：其一，引导性提问。尤其在课堂的刚开始，学生还没有进入决策情境之中，教师可以通过引导性提问将学生带到案例情境中。或者当学生的回答偏离正题时，教师也可以通过引导性提问将学生引导至正确的思考方向上来。其二，递进式提问。为了更透彻地揭示案例故事背后的本质和逻辑，教师需要围绕某一个方向开展递进式提问，层层剖析，最后把最本质的理论展示出来。其三，尽量设置开放式问题。用“是什么”“为什么”代替“行不行”“是不是”之类的问题，以避免学生在给出答案后便停止思考。

“提问逻辑”实则是对启发思考题的拓展，其基本逻辑与启发思考题的设置一脉相承，应具备一定的完整性。以案例《山从平地起：小仙炖的战略创新之路》（林海芬和海淼，2021）和《林家铺子：数字化转型铸造防疫护盾》（林海芬和刘相彤，2021）为例，两篇案例中均列出了问题的设计思路与具体的问题供教师参考。

案例《山从平地起：小仙炖的战略创新之路》（林海芬和海淼，2021）针对 4 道启发思考题，共设计了 11 个问题以帮助授课教师进行课堂提问，并说明了其与启发思考题的对应情况。遵循“是什么”“为什么”“如何做”“如何调整”的逻辑展开，与核心理论和案例内容紧密结合，对于每一道启发思考题，案例作者均给出了解答思路。而案例《林家铺子：数字化转型铸造防疫护盾》（林海芬和刘相彤，2021）的“提问逻辑”部分则是遵循“为什么要转型”“如何转型”“为什么能转型”的逻辑主线，以启发思考题为主，辅之以引入性提问和衔接性提问展开。同样的，案例作者对于为何提出每一个问题都提供了说明。

山从平地起：小仙炖的战略创新之路

【课堂讨论题】

针对 4 道启发思考题,设计了以下 11 个问题来帮助授课教师进行课堂提问。本问题仅供参考，教师可根据教学目标与课堂安排随机调整。其中 1～4 问针对启发思考题一，通过对比解释帮助学生理解战略创新的概念；5～7 问针对启发思考题二，通过思考小仙炖所处行业环境、与竞争对手的对比及自身优劣势，引导学生理解苗树做出战略创新决策的原因；8～10 问针对启发思考题三，引导学生理解企业战略创新是以战略创新概念中开辟新市场、创新商业模式与顾客价值三个维度为指导的创新与聚焦的逻辑，涉及文化、产品、运营、营销四个方面；第 11 个问题针对启发思考题四，开放性问题，结合 1～10 问，可引导学生从开辟新市场、创新商业模式、创新顾客价值、行业环境与竞争者关系五个维度思考哪一种战略调整更有利于获得竞争优势。提问整体逻辑如图 4 所示。

具体课堂问题：

（1）战略创新的概念是什么？有几个维度？（直击核心，引导学生准确把握战略创新的概念，为后面概念区分，以及案例情境分析做好理论铺垫）

（2）战略变革的概念是什么？（易混淆概念理解，引导学生更深刻全面理解战略创新与战略变革概念）

（3）战略创新与战略变革有何异同？（对比分析，多个侧面对比两个概念，帮助学生了解二者之间的异同，为后续案例情境嵌入做准备）

（4）小仙炖是战略创新还是战略变革？（案例情境嵌入，理论结合案例内容，深入理解理论内涵，了解理论在现实操作中的实践）

（5）小仙炖 2017 年之前所处的行业环境如何？（外部宏观环境分析，企业决策是在内外部环境影响下做出的，对宏观环境的分析，有助于学生把握行业动态、政策机遇、技术前景等宏观问题，从行业视角理解企业的战略创新决策）

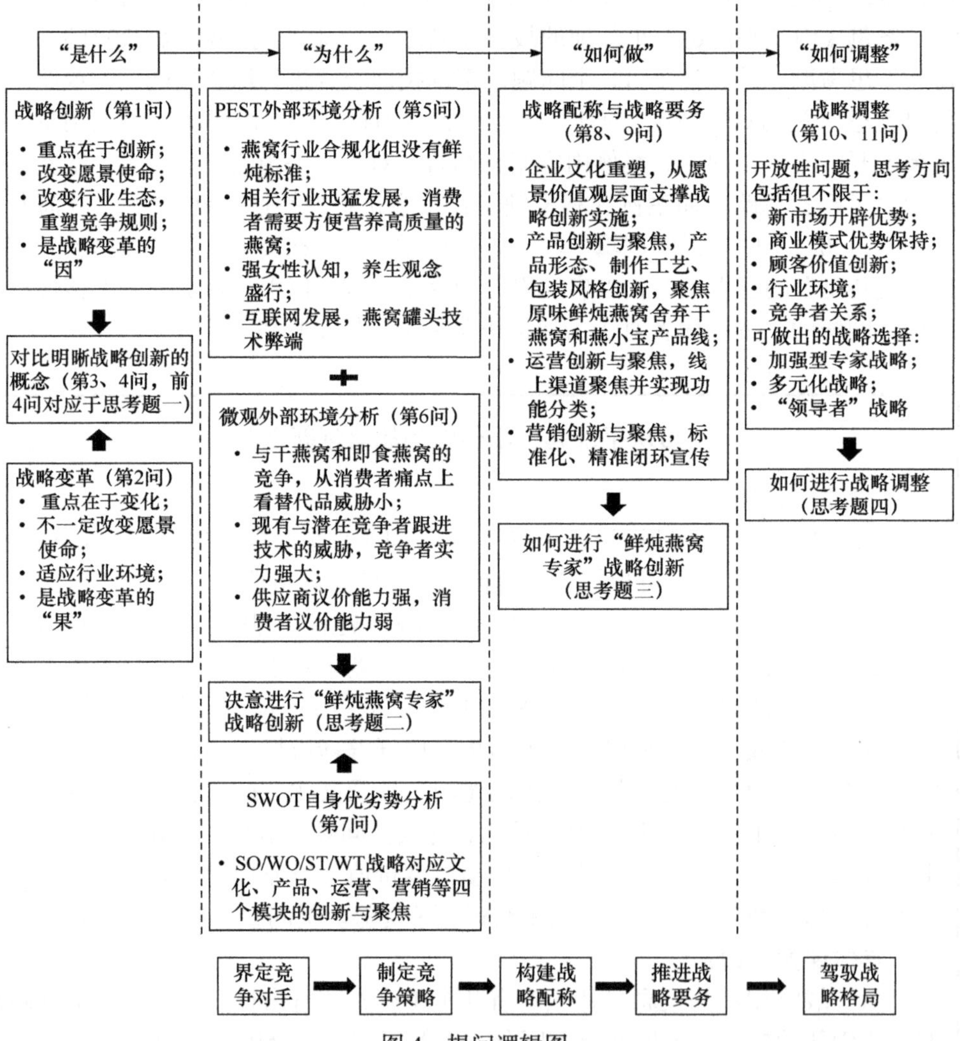

图 4　提问逻辑图

注：其一，PEST 分析是指宏观环境的分析，宏观环境又称一般环境，是指一切影响行业和企业的宏观因素。对宏观环境因素做分析，不同行业和企业根据自身特点和经营需要，分析的具体内容会有差异，但一般都应对政治（political）、经济（economic）、社会（social）和技术（technological）这四大类影响企业的主要外部环境因素进行分析。其二，“强女性认知”理解为社会上女性意识的觉醒使其对养生与保养的需求不断增加，而普遍认为燕窝更适用于女性滋补

（6）小仙炖 2017 年之前在燕窝行业地位如何？（外部微观环境分析，企业决策时着重考虑的是行业中竞争对手的策略倾向，通过微观环境分析，了解自身与竞争对手的相对位置，有利于确认自身的核心优势，判断可能的发展机遇）

（7）小仙炖 2017 年之前在燕窝行业中自身有何优劣势？（自身优劣势分析，经过之前外部环境分析，此问转回企业内部，引导学生对小仙炖自身优劣势进行分析，此问结合第 5、6 问共同回答“为什么进行战略创新”的问题。并引导学生将优劣势与前两问分析所得外部环境的机遇和威胁进行匹配，得出四种应对策略，归纳四种策略有助于得出下一步战略创新需要改变和升级的方面，帮助学生理顺分析逻辑，使案例分析得以层层递进）

（8）小仙炖战略创新涉及企业内部哪些方面的改变与升级？（战略创新的相关配称，此问直击企业战略创新需要升级的模块，回答“如何实现战略创新的问题”。特意将此问安排在 SWOT 分析后，亦是因为前序对自身优劣势的分析与外部环境的匹配，足以帮助学生在较为宏观的行业背景下了解小仙炖身在何处，有哪些核心优势与明显短板。此处实践战略创新自是要创新发挥优势巧妙补齐短板。另外，案例正文的相关信息亦可以为学生提供充足的分析材料，使答案得以自然而然地涌现）

（9）在进行内部调整时，小仙炖以什么样的思路和逻辑推进战略创新？（战略创新的要务推进策略，此问意指企业战略创新中的资源配置优先级问题，并非案例分析主要着墨部分，但此处提出，意在引导学生理解资源有限情况下配置的优先级的重要性，教师可酌情选用）

（10）小仙炖希望通过战略创新实现什么目标？（此问承上启下，战略创新概念的三个维度、内部升级板块、行业中相对位置提升等均可为小仙炖战略目标，总结上述 9 问内容，此即承上部分；明确战略创新目标，暗示目标之外尚未完成的任务，相对企业愿景而言，此次目标的实现尚不及愿景任务的十之一二，由现实到未来的发散思考，引出下一步战略调整，此即启下）

（11）三种战略调整，你认为苗树选择哪一种会帮助小仙炖良续发展？为什么？（回答如何战略调整的问题，环境非一成不变，竞争对手也不断更替，企业的战略决策不会一劳永逸，因此帮助学生端正因时制宜的态度是此问第一目的；第二则是引导学生在众多可选策略中，通过前序问题的分析对比选择一个更佳策略。此问为开放性问题，学生言之有理即可）

资料来源：林海芬和海淼（2021）

林家铺子：数字化转型铸造防疫护盾

【课堂讨论题】

教师的课堂提问可遵循“为什么要转型”“如何转型”“为什么能转型”的逻辑主线，以启发思考题为主，辅之以引入性提问和衔接性提问展开。这里给出课堂中的提问逻辑，仅供参考，可根据课堂进展和学生的掌握程度灵活调整。

1）新冠肺炎疫情可能会给一家传统的罐头企业带来怎样的影响？

以新冠肺炎疫情为话题的切入点，引导学生思考一家依赖于传统经销渠道的罐头企业在疫情期间会受到怎样的冲击。面对封锁与隔离，电商与直播渠道的优势凸显。而对于一直以经销网络为主要营销渠道的传统罐头企业而言，开发线上渠道背后的本质是基于互联网的数字化转型。以此引出案例的主题，即传统制造企业的数字化转型。教师可以林家铺子 2020 年的具体成果引出这一企业，并简单介绍林家铺子的基本情况和案例的核心主题。随后邀请学生进行课堂汇报。

2）林家铺子原有的经营模式是什么？存在什么问题？

在学生完成课堂展示后，提出这一问题。基于思考题一，旨在帮助学生梳理林家铺子数字化转型前的基本状况。要解答“为什么要转型”这一问题，必须首先了解转型前的现状，这是促使数字化转型的直接动因，也是内部动因。现有经营模式存在的问题也是在转型中必须得到解决的问题。

3）除了自身经营模式上的不足，外部环境有什么变化？对林家铺子提出了怎样的挑战？

从这一提问开始解答思考题二。首先探究数字化转型的外部动因。引导学生从宏观环境与行业（竞争）环境两个层面展开讨论。宏观环境中潜藏着的发展机遇和行业环境中日益严峻的竞争压力是促使林家铺子数字化转型的两个重要外部动因。直接动因与外部动因体现了数字化转型的必要性。

4）面对机遇与挑战并存的外部环境，企业内部是如何考量的？

这一提问旨在探究数字化转型的内部动因和资源基础。对应思考题二和思考题三。在看到了外部环境中的机会和威胁后，以林楠为首的高层管理团队能够及时把握机会、迎接挑战是企业数字化转型的关键内部因素。而多年来积累起来的资源是企业能够向数字化转型的资源基础，这体现了转型的可行性。

5）既然资源支持是数字化转型的重要内部因素，那么林家铺子具体拥有什么关键资源？

这一提问旨在承接上一提问，详细展开，解答思考题三。教师可首先带领学生复习资源基础理论的基本内容和 VRIO 模型[①]，对案例中提及的不同资源类型逐一分析。这里可采用一种资源提问一名学生的方式，有助于帮助教师了解学生对理论知识的掌握程度。

6）什么是数字技术？它可能会从哪些方面影响企业的运作？

这是一个承上启下的衔接性提问。数字化转型的基础是数字技术，企业通过运用数字技术带来创新产出。教师可以询问学生对数字技术了解多少，不同的数字技术会对企业产生怎样不同的影响。对于罐头制造企业而言，数字技术可以分为对外的互联网技术与对内的数字化技术。由此划分为两个不同的模块。

7）基于面向内部与面向外部两个模块，林家铺子具体是如何转型的？

这一提问旨在分析林家铺子数字化转型的具体实践，解答思考题四。教师可带领学生将数字化转型的理论知识与案例中的关键事件相结合。从两个模块、三个方面剖析林家铺子的转型实践。

8）在众多的罐头企业中，并非只有林家铺子看到了互联网与数字化的巨大潜力，为什么林家铺子却先于竞争对手把握住了这一机遇，完成了转型，这体现了企业的什么能力？

这一提问旨在分析林家铺子数字化转型的能力基础，解答思考题五。教师可首先带领学生复习动态能力的三个基本内涵。将理论知识与案例情节相结合得出问题的答案。帮助学生明确动态能力对于企业把握机会，先于竞争对手构建竞争优势的重要意义；认识到在当前的经济背景下，积累核心资源，培育动态能力对于企业获取可持续竞争优势的战略意义。

9）林家铺子的数字化转型对于同类型的企业有什么启示价值？

这一提问为总结与启发性提问。回顾案例的主要情节，总结涉及的关键理论知识点。结合“六、关键要点”的内容与学生展开启发讨论，深化学生对于传统制造企业数字化转型的理解和掌握。

资料来源：林海芬和刘相彤（2021）

3. 板书设计

课堂板书是教师进行案例教学的另一个重要授课工具，能够直观地帮助学生梳理案例内容与分析逻辑。教师在授课前制定一个案例教学的板书安排，对案例课堂讨论具有一定的促进作用。课堂板书设计应当简洁明了、重点突出、逻辑顺畅。案例作者可以根据案例的分析思路、启发思考题，结合案例关键事件设计课堂板书。以《山

① 所谓 VRIO 模型，就是价值（value）、稀缺性（rarity）、难以模仿性（inimitability）和组织（organization）模型。VRIO 是针对企业内部资源与能力，分析企业竞争优势和弱点的工具。

从平地起：小仙炖的战略创新之路》（林海芬和海淼，2021）和《从市场驱动到研发拉动：中国飞鹤的战略变革之路》（林海芬和曲廷琛，2020）两篇全国百篇优秀管理案例为例，供读者参考用于课堂板书建议的绘制。毅伟案例等国际案例不做要求。

山从平地起：小仙炖的战略创新之路

【课堂板书设计】

课堂板书建议如图 5 所示。

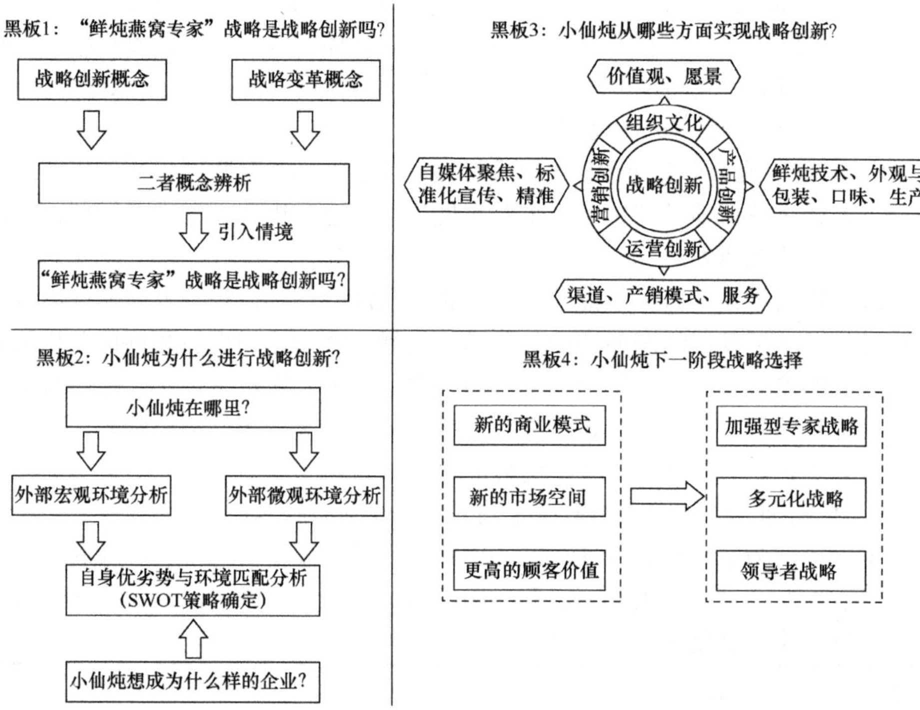

图 5　板书建议图

资料来源：林海芬和海淼（2021）

从市场驱动到研发拉动：中国飞鹤的战略变革之路

【课堂板书设计】

为方便教师讲解案例教学内容，提供板书设计方案如图 4 所示，供教师课堂教学参考。

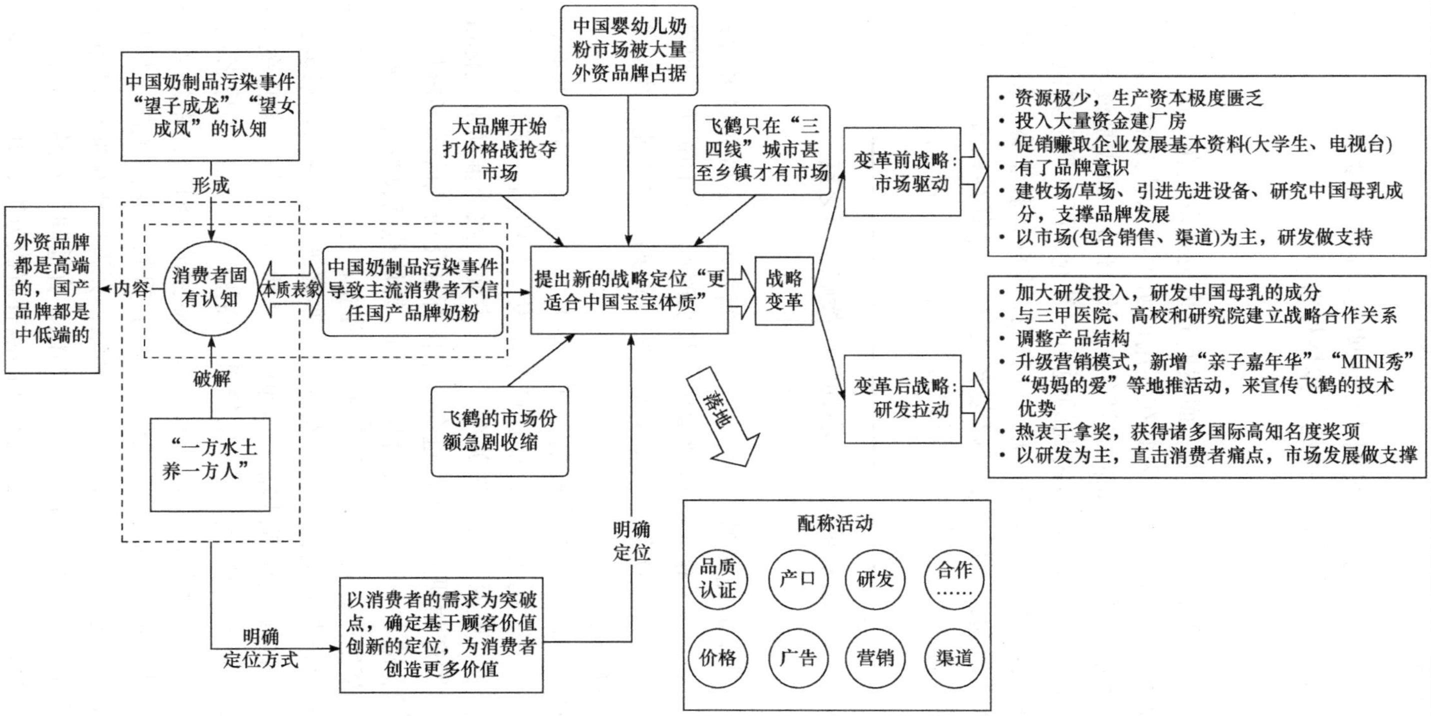

图4　教学板书示例图

资料来源：林海芬和曲廷琛（2020）

3.4.7　其他可选模块

除了上述必选模块内容，案例使用说明还可以补充案例企业的后续进展情况、补充阅读材料，以及其他相关的支撑性材料。

1. 后续进展情况

采编案例的时间点往往是过去，而案例故事更是发生在过去。不管是描述型案例还是决策型案例均是如此，因此在使用说明中可以补充后续的进展，如有关决策后续如何落地及实施效果如何等评估与反馈环节，抑或是该案例实施的后续进展等。对于企业决策后续进展情况的说明与补充，可以帮助案例使用者更加全面地理解案例事件，发挥检验决策方案的作用，也使得教学案例更加完整。例如，在案例《山从平地起：小仙炖的战略创新之路》（林海芬和海淼，2021）的使用说明中，案例作者对小仙炖战略创新的后续内容进行了补充。

山从平地起：小仙炖的战略创新之路

1. 案例后续进展

2020 年 4 月小仙炖提出了专注于鲜炖燕窝核心业务的领导者战略，选择进行战略升级，并采取了相应的系列策略。从那时起，小仙炖便不断改进产品和渠道服务，将公司定位为“鲜炖燕窝领导者”，以期建立鲜炖燕窝品类与小仙炖品牌之间的强联系。

小仙炖进一步提升了产品质量和创新能力，与上下游企业共同建立鲜炖产业链。一方面，不断优化产品，加速产品研发，与中国一流的食品科研机构、高校建立了更多、更深入的合作关系；另一方面，致力推动鲜炖标准建立，于 2021 年联合中国产学研究合作促进会、中国标准化研究院等多家机构、高校及鲜炖燕窝全产业链上下游企业共同起草制定《鲜炖燕窝良好生产规范》，规范化、标准化鲜炖燕窝生产，通过推动规范制定，确立自身鲜炖燕窝行业领导者地位。

为了巩固领导者地位，小仙炖在专家战略基础上提升营销形象，增加曝光渠道。其一，为匹配领导者战略，小仙炖将“林小仙”的专家形象替换为有市场号召力的娱乐巨星，从代言人形象传递高端化信号，匹配领导者地位。其二，借助天猫平台与自媒体精准触达潜客人群，专家战略时营销聚焦实现目标客户群体一天活动轨迹覆盖，领导者战略进一步提升轨迹覆盖范围，如利用高端粉丝众多的微信公众号进行针对性报道。其三，完善优化小仙炖内部直播团队，实现内容专业化，运营精细化，直播节奏化，直播间装修品牌化，配合专业的主播进行线上解答，针对用户提供专业的滋补解决方案，并解答问题，起到一个顾问的角色而不是单纯销售角色，营造一种用户在线下门店购物有专业导购的消费体验，打造线上店铺直播品牌专业化，把它当成线下服务线上体验的一个模型，为进入品牌直播间的潜在客户传递"更多人吃小仙炖"的"鲜炖燕窝领导者"形象。

战略转变的过程并不容易，但艰苦的工作和风险给小仙炖带来了新的生活，经过不断的实践优化，小仙炖在 2020 年天猫平台两个促销节点展现出强劲的发展势头，从"618"的促销开始，小仙炖就展现出亮眼的成绩，首次成为滋补类目、燕窝类目的双第一，超越西方保健品，成为单独类目，同时让消费者更感知到鲜炖燕窝这个品类，而 2020 年的"双十一"促销，更是持续高速增长，实现健康、滋补及燕窝的行业第一，持续领跑中式滋补，也让更多人在考虑中式滋补时，更多地选择燕窝滋补，选择小仙炖鲜炖燕窝这个品牌。

自实施领导者战略以来，小仙炖高歌猛进，业绩持续攀升。苗树表示，小仙炖将继续提升产品质量与品牌形象，持续推动鲜炖生产标准等法律法规制定。小仙炖的领导者战略还在进行中。

资料来源：林海芬和海淼（2021）

2. 补充阅读材料

由于案例正文篇幅有限，全国百篇优秀管理案例中普通案例的正文字数需要控制在 8000 字左右，微案例则要求字数不超过 3500 字；毅伟案例正文标准格式要求 8 页以内。案例情节仅仅展现了采编案例过程中一部分目标企业的管理问题和情境，调研获得的一些其他企业信息对于理解企业情境等也会产生一定的帮助，这些资料便可以作为案例的补充阅读材料。同时，案例理论依据及分析（即案例分析）部分提供的仅是一些关键理论的基础概念与内容，如果案例采编者认为还有其他相关理论有必要提及，会加深教师与学生对案例中管理现象的理解，也可以陈列在这一部分。例如，与案例反映的关键问题相关的前沿理论，如果已有不同学者从不同角度进行了思考与探索，那么这些简介和成果将是很好的补充阅读材料，有助于加深教师对案例的理解。此部分在国内案例中不做强制要求，但在毅伟案例等国际案例中则必须存在。以飞鹤的案例为例加以展示。

从市场驱动到研发拉动：中国飞鹤的战略变革之路

➢　相关阅读材料

为帮助学生熟悉案例中涉及的相关理论，推荐以下阅读材料：

成海清. 基于顾客价值导向的战略定位研究[D]. 天津大学，2006.

韩炜. 战略承诺约束下的企业战略定位演化效应研究[J]. 管理科学，2010，

23（4）：27-37.

李庆华. 企业战略定位：一个理论分析构架[J]. 科研管理，2004，（1）：7-13.

李细建，廖进球. 企业战略定位问题探析[J]. 经济问题，2009，（8）：47-49.

李云. 基于顾客价值创新的国有投资公司战略定位研究[J]. 求索，2009，（9）：21-23.

王高. 顾客价值与企业竞争优势——以手机行业为例[J]. 管理世界，2004，（10）：97-106，113-156.

Chatterjee A, Hambrick D C. Executive personality, capability cues, and risk taking: How narcissistic CEOs react to their successes and stumbles[J]. Administrative Science Quarterly, 2011, 56(2): 202-237.

David F R. Strategic Management: Concepts and Cases, Global Edition, 13e. New York: Pearson Education Inc., 2007.

Kraatz M S, Zajac E J. How organizational resources affect strategic change and performance in turbulent environments: Theory and evidence[J]. Organization Science, 2001, 12(5): 632-657.

Porter M E. Competitive Strategy: Techniques for Analyzing Industries and Competitors. New York: Simon & Schuster Inc., 1980.

Porter M E. What is strategy?[J]. Harvard Business Review, 1996, 74(6): 61-78.

Zhang Y. The presence of a separate coo/president and its impact on strategic change and eco dismissal[J]. Strategic Management Journal, 2006, 27(3): 283-300.

资料来源：林海芬和曲廷琛（2020）

3. 其他相关的支撑性材料

其他相关支撑性材料主要包括除去上述两点内容之外的其他辅助性材料。事实上，任何有助于学生理解与学习案例，教师使用与教授案例的材料均可以罗列于此，包括企业官方网址、相关行业数据库、视频与音频材料链接等。以《SocialWiki：一个线上知识谱系项目的共建历程》（林海芬等，2020a）为例，案例作者在使用说明中给出了 SocialWiki 的官方网址。对于未曾了解这一项目的教师与学生而言，浏览官方网址可以更加直观且快速的帮助其把握项目的基本内涵，明确项目的主旨，进而更加透彻地理解案例内容。同样的，案例《从市场驱动到研发拉动：中国飞鹤的战略变革之路》（林海芬和曲廷琛，2020）的使用说明中给出了飞鹤和君智战略咨询的官方网址。

第 4 章　决策型案例开发

描述型案例重在描述管理故事的全景，决策型案例则聚焦营造管理决策的情境。两者在教学目标、表现形式、培养学生的能力方面存在不同之处。但在案例选题、构建案例分析思路等方面与描述型案例存在相通之处。由于哈佛商学院案例库和毅伟案例库中近八成的案例为决策型案例，因此本章在第 3 章的基础之上，以被毅伟案例库录用的多篇决策型案例为例，聚焦于与描述型案例并举的另一大案例类型——决策型案例，在介绍决策型案例的基本特点和选题要点的基础上，重点描述决策型案例在决策点设置与分析、启发思考题设置、语言和表达要求等方面的特点，展示与描述型案例的不同之处，同时介绍国内案例库和国际案例库对案例撰写的差异性要求。其中语言和表达等方面的特点并非决策型案例的独特之处，而是体现国际案例库对案例撰写的要求。

4.1　决策型案例及其特征

决策型案例讲述决策情境，通过对决策情境的营造帮助学生以决策者的视角分析和思考管理问题，并最终提出合理的决策方案。如果说描述型案例可以提高学生分析与总结问题的能力，那么决策型案例则能够提高学生分析问题和解决问题的能力。因此，决策型案例成为案例行动学习、案例分析比赛的主要案例类型。

4.1.1　决策型案例概述

决策型案例顾名思义重在“决策”，通过案例正文对决策情境与决策信息的铺陈和描述帮助案例使用者以决策者的视角进入决策情境，常常需要达到身临其境的效果。国内案例库对于决策情境的语言性和戏剧性要求常常高于毅伟案例库等国际案例库。而国际决策型案例对于数据的可追溯性和案例正文的真实性要求更为严格。

决策型案例即为了帮助学生进入决策角色，做出管理决策而营造相应的决策情境。与描述型案例不同，决策型案例的重心在于描述企业所处的决策情境，而非详细介绍应对之策。决策情境包括企业所处的宏观环境、行业环境与竞争态势、关键利益相关者的诉求，以及企业内部的资源与能力条件等。决策型案例的结尾往往在抛出发展困境或决策难题后留给学生充足的思考空间，也可给出 2～3 个决策的方向供学生参考，由学生经过资料搜集、分析整理、讨论交流等做出决策方向的选择并提出适合的决策方案。例如，上文曾提到“曾经‘红极一时’的羽绒服王者品牌波司登却惨遭‘爸爸妈妈才会穿的羽绒服’这一品牌老化滑铁卢，眼看着四季服装竞争者蚕食市场，波司登该如何强势回归；深陷于‘伤敌一千，自损八百’的车轮价格血战，依靠布局高端摆脱‘行业老二’的雅迪电动车面对竞争者的相继模仿和并未提升的利润率又该何去何从”。这两句话语中描述了案例企业面临的困境，对于破局之策却予以留白，让学生自行思考案例企业应当如何突破发展难题。

决策型案例的教学目标在于学生通过对决策情境与信息的分析做出管理决策，提高解决问题的能力。案例中通常涉及一个主要决策者，主体部分为对决策者面临的管理难题与复杂决策情境的详细描述，收尾于决策者困惑该如何解决管理问题。决策型案例的案例正文蕴含着关键的决策要素，需要学生结合学习的理论知识或管理分析工具与模型明确案例企业存在的关键或核心问题，随后通过对问题的剖析给出合理的决策方向或具体的决策方案。在能力提升方面，与描述型案例重在经验总结和理论强化不同，决策型案例以提高学生分析问题和解决问题的能力为导向（郭文臣等，2014）。

4.1.2 决策型案例选题

除了选取企业最闪亮的点和相对新颖有趣的点之外，决策型案例的选题还应注意决策点是否具有可讨论价值，因为决策点正是决策型案例的精髓所在。具有讨论价值的决策点不可过分局限于一个企业或者一个行业，而是更多地对行业内企业甚至跨国环境下企业的生存与发展具有普遍启示意义的问题。例如，在案例《小仙炖：战略创新》（Lin and Hai，2021）中，案例最后提出了“决策者在竞争环境风云变幻的时刻，在前有领导者堵截，后有强劲竞争对手跟进的情况下如何进行战略调整？”的问题，这一问题便具有推广的普遍价值，与小仙炖所处情境类似的企业均可加以借鉴。在案例《波司登：品牌如何强势回归》（Lin et al.，2020a）中，询问决策者如何在品牌老化的情况下采取策略进行品牌活化。这些问题虽然依托于一个行业中的一个特定企业，但问题的内核却辐射了无数面临相同困境的企业，理论的启发价值更具普适性。

4.1.3 决策型案例成果展示

笔者撰写的十余篇决策型案例主要以毅伟案例为主，主要成果展示如表 4.1 所示。下文将以其中的部分案例为例，结合理论论述，帮助初学者尽快掌握决策型案例的开发要领。

表 4.1　笔者完成的部分决策型案例成果展示

年份	成果
2021	Leasun: Digital transformation of a traditional canned food company. Ivy Publishing, https://www.iveypublishing.ca/s/product/leasundigital-transformation-of-a-traditional-canned-food-company/01t5c00000D53BRAAZ，2021 年 12 月 1 日
	Xiaoxiandun E-Commerce CO., LTD: Strategic innovation. Ivey Publishing, https://www.iveypublishing.ca/s/product/xiaoxiandun-ecommerce-co-ltd-strategic-innovation/01t5c00000D4soSAAR，2021 年 9 月 28 日
	Feihe: Strategic adjustment under the epidemic crisis. Ivy Publishing, https://www.iveypublishing.ca/s/product/feihe-strategic-adjustment-under-a-pandemic-crisis/01t5c00000CwqflAAB，2021 年 6 月 23 日
	Feihe: Achieving competitive advantage through strategic transformation. Ivy Publishing, https://www.iveypublishing.ca/s/product/feihe-achieving-competitive-advantage-through-strategic-transformation/01t5c00000CwqbuAAB，2021 年 5 月 6 日
	Zhuyeqing Tea Co., LTD.: Reassessing strategic direction. Ivy Publishing, https://www.iveypublishing.ca/s/product/zhuyeqing-tea-co-reassessing-strategic-direction/01t5c00000CwqYfAAJ，2021 年 4 月 1 日
	Dalian Xinhe leather clothing: Strategic transformation in response to COVID-19. Ivy Publishing, https://www.iveypublishing.ca/s/product/dalian-xinhe-leather-clothing-strategic-transformation-in-response-to- covid19/01t5c00000CwqYKAAZ，2021 年 3 月 26 日
2020	Suning logistics: Transformation of retail logistics. Ivy Publishing, https://www.iveypublishing.ca/s/product/suning-logistics-transformation-of-retail-logistics/01t5c00000CwqpqAAB，2020 年 10 月 19 日
	Bosideng: How to revitalize the brand? Ivy Publishing, https://www.iveypublishing.ca/s/product/bosideng-how-to-revitalize-the-brand/01t5c00000CwqpCAAR，2020 年 7 月 21 日
	Top Cloud-Agri Technology Co., Ltd.: Digital business model. Ivy Publishing, 2020, https://www.iveypublishing.ca/s/product/top-cloudagri-technology-co-ltd-digital-business-model/01t5c00000CwqofAAB，2020 年 3 月 30 日
2018	LED 能否照亮思坎普的变革之路？中国管理案例共享中心，第九届全国百篇优秀管理案例，2018，http://cmcc.dlaky.cn/Cases/Detail/3374，2018 年 9 月 28 日

4.2　决策型案例开发要点

4.2.1　内容结构比较

就正文而言，描述型案例更突出故事的完整性，结尾也可能是以问题方式呈现的开放性结尾，但其内核在于描述一个完整的事件过程；决策型案例则不同，前文的铺陈只是对决策点相关信息或发展经过的陈述，案例的核心在于提供足够的信息营造案例情境以便读者快速进入决策情境。

从案例正文的具体内容上看，决策型案例在案例标题、摘要、引言、案例事件、案例结尾等五个部分均与描述型案例存在区别，如表 4.2 所示。决策型案例的案例标题要求简洁明了地阐述案例主体内容，无须过多的言语修饰（毅伟案例等国际案例），而摘要与引言部分需要在开篇就明确案例的决策点所在，案例事件也将围绕决策点展开，以展示决策所需的各类信息为主，案例结尾则是对决策点的明确阐述，首尾呼应，以决策点为主线，全文围绕决策点铺开。下文 4.2.2 部分将具体阐述如何体现以决策点为主线。

表 4.2　描述型案例与决策型案例正文区别

结构	描述型案例	决策型案例
案例标题	选取企业名称、事件、关键问题及描述或评论性短语为构成要素，各要素的地位相对均衡，要求语言的故事性和艺术性（国内案例库）	以企业名称和关键理论或关键事件为主的陈述句，语言表达平实、客观（毅伟案例等国际案例），清晰阐述案例的主体内容即可
摘要	侧重用企业的影响力和故事本身的典型性吸引学生，因此，企业简介、关键事件应成为主要的描述对象，其他要素视情况而定，通常在 200～300 字内	开篇明确决策点
引言	通常情况下，案例事件的背景、起因和当前面临的问题或难题是案例引言的组成部分。通过为读者展示一个案例故事，使其快速进入案例情境，因此对可读性和艺术性提出了更高的要求	引言明确决策的背景、关键人物和情境等信息，并在引言的最后再次强调决策点，通常以"该如何选择"的问句结束
案例事件	描述型案例主要描述一个故事，常用时间顺序叙述事件的发生、发展和结果。不必刻意对关键人物进行描写，可以设计一个故事主角，只需在叙述整个案例的过程中突出其所做的决策和作用即可。要求案例故事在实事求是的基础上力求情节的曲折，既有矛盾或冲突的积累过程，又要有高潮点的迸发	以展示影响决策点的各类信息为主，是对管理故事内容和管理情境信息全面而深入的描述。在此基础上，决策型案例主体弱化对人物形象的塑造，聚焦对决策信息有逻辑地展示
案例结尾	倾向于介绍案例故事的发展全貌。描述型案例的结尾较之于决策型案例的结尾应更加富有艺术性，如采用故事性、哲理性、启发性、激励性或展望性的语言结尾	决策型案例的结尾具有标准的格式要求，必须与引言前后呼应 引言在正文开头抛出案例的核心决策问题，正文的结尾需要对核心决策点进行阐述，给出 2～3 个可能的决策方向并阐述该决策的可行性、优劣势、内外部环境等信息，供学生分析参考

从案例使用说明的内容来看，两类案例最大的区别在于启发思考题的设置和回答上，下文 4.2.3 将具体阐述其中的差异。此外，以毅伟案例为代表的国际案例（大多为决策型案例）在语言上更强调简练，在对案例故事的描述中更强调事实和数据的客观性，下文 4.2.4 和 4.2.5 部分将分别进行介绍。

4.2.2　以决策点为主线

决策型案例与描述型案例最大的区别在于是否以决策点为主线展开正文叙事。或者说，造成两类案例在上述五个方面均存在明显区别的原因正是对决策点重视程度的不同。整体上，决策型案例以决策点为主线展开正文叙事，主要体现在案例标题、摘要、引言、案例事件、案例结尾五个部分，在开篇即明确指出决策点，在案例结尾再次强调案例的决策点，首尾呼应。

1. 案例标题

在毅伟案例等国际案例中，案例标题通常包含两部分内容：案例企业+关键案例事件，常表现为以企业名称和关键理论或关键事件为主的陈述句，语言表达平实、客观，清晰阐述案例的主体内容即可。表 4.3 展示了几篇同一案例企业描述型案例与决策型案例的标题对比。从中可以看出，描述型案例的标题隐含着对案例事件结果的描述，如"铸造防疫护盾""山从平地起""波司登新装""逆势破局"。而决策型案例的标题均是采用"案例企业+关键案例事件"的形式，案例使用者无法通过标题判断事件的发展与决策点所在，仅是明确企业名称与关键事件。

表 4.3　描述型案例与决策型案例标题对比

案例企业	描述型案例标题	决策型案例标题
林家铺子	《林家铺子：数字化转型铸造防疫护盾》	《林家铺子：一个传统罐头企业的数字化转型》
小仙炖	《山从平地起：小仙炖的战略创新之路》	《小仙炖：战略创新》
波司登	《渠道之网如何织出波司登新装》	《波司登：品牌如何强势回归》
飞鹤	《战略重整，看飞鹤如何逆势破局》	《飞鹤：疫情冲击下的战略调整》

2. 摘要

决策型案例需要在摘要部分即点明决策点所在。例如，决策型毅伟案例《托普云农：数字化商业模式》（Lin et al.，2020b）中的摘要，对案例企业、案例背景与案例事件的论述都是为了引出决策问题所做的铺垫，决策点为"托普云农是应该继续坚持独自完成，还是应该寻求与政府或者其他更大平台的合作？"案例《波司登：品牌如何强势回归》（Lin et al.，2020a）也是同样，通过对企业发展现状、市场竞争等决策环境的描写引出案例的核心决策点为"他需要采取一些紧急行动，以恢复波司登品牌的往日荣耀，但他该做些什么呢？"

托普云农：数字化商业模式

摘要：托普云农成立于 2008 年，是中国著名的智能农业服务提供商之一。通过实施数字化商业模式，托普云农从一个农业仪器仪表供应商成长为农业行业的领导者。董事长陈渝阳对企业取得的这一出色成绩感到十分满意。为进一步发展数字化商业模式，陈渝阳在 2017 年 3 月提出“开放 · 共享 · 融合 · 共赢”的新理念。该理念意味着跨行业及跨领域的整合，需要大量资源。因此，这不仅给托普云农的数字化发展提供了新机遇，而且也给其带来了巨大挑战。考虑到将新理念应用于已有数字化商业模式所耗费的巨大资源，陈渝阳面临着一项新的抉择：托普云农是应该继续坚持独自完成，还是应该寻求与政府或者其他更大平台的合作？

资料来源：Lin 和 Qu（2020）

波司登：品牌如何强势回归？

摘要：2017 年 12 月，波司登董事长高德康收到了君智咨询公司（这是一家总部设在上海的战略咨询公司，重点解决企业竞争问题）的调研报告，君智战略咨询的报告带来了令人惊讶的发现。波司登，一个有着 40 多年历史和良好声誉的时尚品牌，最近经历了一段衰落时期。君智战略咨询市场调研结果显示，波司登在市场上的口碑还是不错的。然而，年轻的主流消费者虽然知道波司登的品牌质量很好，却不愿意购买波司登的羽绒服，因为他们认为波司登的羽绒服不够时尚。波司登在产品的设计上做了一些努力，但收效甚微。波司登在中国羽绒服市场上仍占据领先地位，但却无法吸引年轻顾客，这是该品牌衰落的标志。随着中国羽绒服市场竞争的加剧，波司登面临着发展困境。高德康意识到，他需要采取一些紧急行动，以恢复波司登品牌的往日荣耀，但他该做些什么呢？

资料来源：Lin 等（2020a）

3. 引言

决策型案例的引言一般直接抛出案例的主要决策点，从主要决策人的视角出发，通过对决策者语言、行为等方面的描述，交代有关企业发展历程与成就、企业现状、事件的起因、企业面临的困境等方面的信息。最后，以提问或陈述的方式点明待决策的问题，完成在引言中强调决策点的任务。以《林家铺子：一个传统罐头企业的数字化转型》（Lin and Liu，2021）为例。引言开篇便指出了案例的决策方向，即一家传统的罐头生产企业未来的数字化转型之路应当走向何方的问题，随后简要回顾企业的发展历程和已经完成的数字化转型为企业带来的发展成就，最后明确两个决策方向，即以客户为中心的数字化转型或以数字供应链为主体的数字化转型。

林家铺子：一个传统罐头企业的数字化转型

引言

2020 年 12 月，林楠，林家铺子董事长，正在思考公司数字化转型的下一步落脚点。林家铺子是中国东北部地区最大的罐头食品制造商之一。2017 年，为应对大幅增长的线上市场，公司开始向数字化转型。林家铺子开始收集相关消费者数据，采用云计算服务，搭建企业的数字中心，布局在线销售渠道，建立以客户为中心的在线平台。这些措施帮助林家铺子成为中国的水果罐头领军品牌。2020 年中国的"双十一购物狂欢节"，林家铺子不仅并未受到新冠肺炎疫情的影响，反而成为水果罐头品类的全网销量第一名。然而，对于公司未来的发展方向，林楠感到十分困惑。企业内部一些高管认为，客户应该是未来数字化转型的重点。其他人则认为数字供应链更为重要。受限于企业资源和能力，林楠必须在两条发展道路中选其一走下去。

资料来源：Lin 和 Liu（2021）

4. 案例事件

描述型案例强调对案例事件来龙去脉的整体描述，强调故事情节内容丰富，突出企业的一整套决策和行动细节，而决策型案例主体以展示影响决策点的各类信息为主，旨在交代企业面临决策问题的具体情境是什么，包括前期发展，内外部情境变化，企业困境等。因此，决策型案例主体部分聚焦对决策信息有逻辑地展示，设置有趣的情境，并为案例教学提供分析的基本素材。例如，案例《波司登：品牌如何强势回归》（Lin et al.，2020a）的主体部分并不是描述波司登到底如何实现品牌激活和回归，而是交代波司登经过多年的发展面临的新情境是什么，导致波司登的品牌发展出现了什么样的问题，如下所示。

波司登：品牌如何强势回归？

陷入品牌发展困境

2014 年以来，由于受持续的暖冬和电子商务的显著影响，包括波司登在内的一些中国传统服装企业出现业绩下滑。外部环境的变化影响了羽绒服的销售，并导致波司登积压了大量库存。波司登不得不通过减少产品款式和数量来致力于清理库存。由于羽绒服的销售仅限于某些季节，波司登也逐渐发展了四季服装业务，并更加重视多元化业务的发展。与此同时，波司登削弱了对广告宣传的重视。高德康认为，波司登的品牌效应将促进多元化业务的发展，从而弥补公司因羽绒服业务下滑而蒙受的损失。

2014 年后，随着年轻一代消费者开始成为主导市场的主要购买力，中国零售市场和消费模式发生了重大转变。受行业环境影响，波司登羽绒服的销售继续下降。虽然中国羽绒服市场在 2016 年开始复苏，但高德康发现年轻一代很少再去光临波司登了。一些消费者指出，虽然波司登很有名，但他们对它的羽绒服并不感兴趣，因为波司登的款式很一般。显然，公司需要使产品更时尚，以满足年轻一代的需求。

2014～2016 年，波司登的收入和净利润显著下降。高德康认为，销量下降的原因除了外部环境的变化和运营成本的增加外，公司产品缺乏吸引力是重要原因。因此在 2016 年后，波司登试图在其产品中融入更多的创新。

波司登在 2016 年推出了几款新产品，包括波司登迪士尼系列羽绒服。这种产品创新确实给品牌增添了一些新鲜感，并在一定程度上增加了收入。然而事实是，消费者有丰富的选择，在同一时间里其他品牌也在不断推出时尚的产品。最终的结果是，波司登的新产品淹没在众多竞争产品的大海里。

波司登是 2017 年中国百强品牌之一，拥有 268.18 亿元的品牌价值，但高德康知道，这一价值源于波司登长期的发展和丰富的品牌历史。当他知道年轻一代购买波司登羽绒服的比例非常低时，他意识到了这个巨大的危机。高德康和他的团队需要采取紧急行动来促使波司登的发展。

找寻出路

2017 年，高德康向管理咨询公司寻求帮助。经过调研，君智战略咨询给出的报告里总结道："近年来中国市场环境发生了巨大变化，给品牌管理带来了新的挑战。除了羽绒服行业的竞争加剧外，在营销传播、主流销售渠道、消费者等方面也发生了翻天覆地的变化。"

资料来源：Lin 等（2020a）

5. 案例结尾

决策型案例的结尾往往有标准的格式要求。决策型案例的结尾要与引言形成前后呼应，引言在正文开头抛出案例的核心决策问题，正文的结尾需要对核心决策点进行阐述，给出 2～3 个可能的决策方向并阐述该决策的可行性、优劣势、内外部环境等信息，最后，可以以案例主人公不知如何选择的问句结尾。示例如下：

波司登：品牌如何强势回归?

尾声：

尽管波司登能够保持其在中国羽绒服行业的领先地位，但该品牌的衰退趋势显而易见。尤其是利润下降威胁到波司登的进一步发展，这给高德康和他的团队带来了巨大的挑战和担忧，他们需要采取紧急行动。为了使波司登成为羽绒服行业的领导者，高德康考虑了以下两种激活品牌的方法。

第一种选择是保持波司登品牌的现有价值，如高质低价，同时改进产品设计及增加营销活动。这种选择更安全、更容易，风险也更低。波司登在中国各地的消费者心中建立了深厚的品牌基础和良好的品牌形象。该品牌之所以无法吸引年轻消费者，很大程度是缺乏市场营销和时尚的服装设计导致的，因此高德康认为，改善产品设计和增加营销活动可以帮助波司登保持既定的品牌价值并吸引新的消费者。这也是增加利润的有效方法。但是，年轻一代受到新兴品牌设计的吸引，要消除年轻消费者心里对波司登品牌形象的偏见并不容易。且中国羽绒服市场（尤其是中端市场）的竞争日益激烈，波司登也面临更大的竞争。

第二种选择是对波司登进行品牌重塑和重新定位，专注于羽绒服的业务并丰富品牌潜力。由于波司登的知名度源于其羽绒服业务，因此专注于这一核心业务可以重塑品牌并唤醒且提高中国消费者对波司登这一羽绒服品牌的认知。这将要求高德康将公司的大部分资源分配给波司登羽绒服业务，并削弱甚至放弃其他羽绒服品牌和多元化业务。

为了吸引熟悉波司登品牌但不愿意购买其产品的主流消费者，高德康和他的团队认为这个方案可以将波司登重新定位为时尚羽绒服品牌，并丰富其潜力。例如，波司登可以通过独特的设计进一步提高质量，提高产品价格并开展新的营销活动来使波司登成为专业的羽绒服设计和生产商。也许波司登可以在年轻的消费者中建立新的品牌形象，逐步退出竞争激烈的中端市场，以在将来开拓新的高端国内乃至国际市场。

第二种选择的风险较大，品牌重新定位的成本较高，可能会导致波司登偏离其现有品牌价值，从而失去一部分现有客户。放弃非羽绒服业务或其他仍在盈利的子品牌将给公司带来巨大的财务压力。更糟糕的是，如果品牌重新定位失败，波司登将无路可退。

高德康非常慎重地考虑波司登的未来发展。眼下，他需要尽快做出决策才能采取相应的行动，但哪种方式对波司登而言是更好的前进之路?

资料来源：Lin 等（2020a）

4.2.3 启发思考题设置差异

决策型案例的最大特点是引导学生理解决策情境，利用相关理论做出用于解决案例企业面临的危机或是影响企业长远发展的战略问题的最终决策。因此，决策型案例的启发思考题是案例作者提供给读者的准备材料，需要通过对问题的回答促进读者尽快进入决策角色，保证对知识点进行提前储备并重点把握案例的核心问题。因此，案例作者必须指明案例中需要解决的突出矛盾问题，即决策点，以带领读者尽快进入案例决策者的状态，同时指明与情节线相对应的理论问题，通过隐含的教学意图，引导案例读者在理解案例情节的同时，主动补充相应理论知识，使其具备能够充当案例决策者进行决策的知识与能力。

启发思考题的设置通常包括：其一，首端明确理论点，引出案例涉及的主要理论，旨在引导读者进入理论与案例对接的情境。其二，承上启下的中部理论问题。中间 2～3 个启发思考题以案例情境为依托，以有逻辑的理论渗透为手段，意图通过前序问题的铺垫引导案例读者在理解案例情节的同时，主动补充相应理论知识，使其具备充当案例决策者进行决策的知识与能力。其三，末端明确决策点，给出可能的 2～3 个决策方向。

以《小仙炖：战略创新》（Lin and Hai，2021）和《林家铺子：一个传统罐头企业的数字化转型》（Lin and Liu，2021）为例，可以看出，两篇案例的第一道启发思考题均是从案例情境入手，引导学生明确案例的核心概念和理论；第二问和第三问则从驱动因素、影响因素、资源与能力等方面，以具体的案例信息为依托，对理论内涵进行深入挖掘，引导学生深入理解情境下的理论应用；第四问，以“决策者未来应该怎么做”或“企业发展方向在哪里”的提问结尾，可以在问题中明确给出可能的决策方向，也可以在正文中给出，思考题省略。

小仙炖：战略创新

启发思考题

（1）“鲜炖燕窝专家”战略帮助小仙炖开辟了鲜炖市场，属于战略变革还是战略创新？为什么？

（2）小仙炖为什么进行战略创新？

（3）小仙炖从哪些方面实现战略创新？

（4）如果你是××，应该如何带领小仙炖面对领导者的“阻杀”，是选择继续坚持“专家”战略，还是进行多元化扩张，抑或进行战略变革成为“领导者”？

资料来源：Lin 和 Hai（2021）

林家铺子：一个传统罐头企业的数字化转型

启发思考题

（1）林家铺子面临的发展困境是什么？基于外部和内部环境分析，哪些因素推动了其数字化转型？

（2）使用 RBV[①]和 VRIO 模型分析哪些核心资源为林家铺子数字化转型做出了贡献？

（3）林家铺子是如何抓住数字化机遇和优势，完成战略转型并保持领先于竞争对手的？

（4）林家铺子持续的数字化转型应该选择哪个发展方向？

资料来源：Lin 和 Liu（2021）

与此相对应，理论依据及分析部分需要对决策点做出详细的论述并给出企业实际中的选择。例如，《林家铺子：一个传统罐头企业的数字化转型》（Lin and Liu，2021）所示，使用说明中对于两个决策点的优劣势，结合公司的自身情况展开了详细的论述，并介绍了案例企业最终的实际选择。

林家铺子：一个传统罐头企业的数字化转型

4. 林家铺子持续的数字化转型应该选择哪个发展方向？

最后的思考题要求学生对林楠在案例中面临的关键困境表明立场：开发一个以客户为导向的平台，为客户创造价值，或者将公司的供应链和内部管理系统数字化。

这一问题没有正确或错误的答案。学生应结合林家铺子的发展现状及数字化转型的相关知识点考虑两个方向的优缺点。

- 开发面向客户的平台

客户是最直接的商业伙伴。他们为公司带来利益并创造价值。尤其是对林家铺子来说，消费者拥有很强的议价能力。因此，企业必须专注于如何为客户创造价值。

① RBV 是英文 resource-based view 的缩写，是一种企业资源观。传统经济理论认为，在常规情况下，如果市场是完善的话，超额的经济租金将会因为新的竞争者的不断加入、竞争加剧，而变得不可能。企业资源观则认为，如果企业拥有超常资源，并且通过一定形式的隔离机制防止资源稀释，那么企业就有可能赚取可持续的超常回报。

选择这个方向有几个好处：

（1）数字技术和网络零售已经成熟，林家铺子可以探索新的商业模式，获得新的竞争优势。

（2）客户关系管理技术有很大的改进空间，可以帮助林家铺子更好地与客户建立联系，维护现有客户，并开发新的客户群。

（3）通过收集和管理客户数据，公司可以实现价值最大化，解决销售管理问题，提高销售和营销效率，扩大市场份额。

（4）公司可以根据客户需求快速调整市场方向和产品结构，为消费者开发新产品（如 2019 年林家铺子推出了新的产品线）。

但是，选择这个方向也有缺点：

（1）采用新的零售商业模式可能并不容易。线上和线下渠道的整合对林家铺子来说可能具有挑战性。

（2）公司目前通过两种渠道销售不同的产品，采用不同的定价政策，但新零售商业模式需要统一的产品和价格。

（3）及时的物流配送也是一个挑战。

（4）新技术要求员工具备新的技能和知识。

- 供应链数字化

完整的数字化转型涉及业务运营和管理的方方面面。目前，林家铺子的数字化转型主要包括以客户为导向的平台，以及利用数字技术提高内部运营效率。供应链、管理流程和决策的数字化尚未得到解决。

选择这个方向有几个好处：

（1）完成整个数字化流程，提高与供应商和分销商的合作运营能力，增强供应链各环节的灵活性。

（2）更加灵活敏捷的供应链可以增强公司适应环境动态变化的能力。

（3）可以提高整体运营效率、减少浪费、优化成本、改善客户服务、降低风险并提高可持续性。

（4）可为决策提供数字化依据，提高管理效率。

（5）数字化管理可以依靠数据中反映的信息来降低人为影响并提高结果的客观性和可信度。

（6）全面数字化整合了公司内部的资源和能力，以确保快速响应不断变化的市场环境，并为建立可持续的竞争优势奠定基础。

但是，选择这个方向也有缺点：

（1）即使谈判符合各方的利益，林家铺子与传统供应商和分销商实现数字化合作也可能是困难、耗时和存在风险的。

（2）需要大量的财务、物质和人力资源投资。

（3）此时公司的发展规模可能还不足以支撑完整的数字化转型。

（4）全面数字化需要强大的企业文化支持，以防止公司内部出现冲突。

总之，两种发展方向各有利弊。然而，目前罐头食品市场的特点是消费需求旺盛，竞争日益激烈。因此，林楠的最佳选择可能是将林家铺子的数字化转型过程集中在消费者发展上。

- 发生了什么

公司选择构建面向客户的平台，专注于客户数字化转型。2020 年，林家铺子通过整合线上与线下销售渠道，进入新零售模式。公司在中国东北三省的省会城市开展新零售业务。与在线电子商务平台合作，实现了从附近仓库在线订购和产品交付。但是，公司在仓储和配送方面遇到了困难，难以准确估算特定时间特定区域的采购量，导致高昂的物流成本，林家铺子一直试图通过与当地的送货和仓储公司合作来解决这个问题，这些公司可以管理货物的定期运输和日常退货。

林家铺子还通过全国连锁便利店（如罗森、7-11）、自助餐厅和水果超市开发了一些新的销售渠道。公司还引入了新的客户关系管理系统，其中包含客户激励和维护。

资料来源：Lin 和 Liu（2021）

4.2.4　强调语言的简练性

毅伟案例等国际案例中，案例主体围绕决策点展开，对故事性和情节性的追求更为平淡，主张逻辑清晰、思路连贯地交代决策所需信息，只需将故事讲清即可。以案例《林家铺子：一个传统罐头企业的数字化转型》（Lin and Liu，2021）和《林家铺子：数字化转型铸造防疫护盾》（林海芬和刘相彤，2021）的小标题为例，两篇案例针对同一个案例企业，英文版本为决策型案例，中文版本为描述型案例，将二者对比分析展示两种案例类型在主体布局方式与语言表述方面的差异。从两篇案例的标题题目中就可以看出毅伟案例等决策型案例对语言简练性的要求，如“大浪淘沙，积淀内部成长”对应于“2017 年前林家铺子的发展”，明显前者更具艺术性，而后者则是对小节内容简洁明了的概述。

林家铺子：一个传统罐头企业的数字化转型

引言

2020 年 12 月，林楠，林家铺子董事长，正在思考公司数字化转型的下一步落脚点。林家铺子是中国东北部地区最大的罐头食品制造商之一。2017 年，为应对大幅增长的线上市场，公司开始向数字化转型。林家铺子开始收集相关消费者数据，采用云计算服务，搭建企业的数字中心，布局在线销售渠道，建立以客户为中心的在线平台。这些措施帮助林家铺子成为中国的水果罐头领军品牌。2020 年中国的“双十一购物狂欢节”，林家铺子不仅并未受到新冠肺炎疫情的影响，反而成为水果罐头品类的全网销量第一名。然而，对于公司未来的发展方向，林楠感到十分困惑。企业内部一些高管认为，客户应该是未来数字化转型的重点。其他人则认为数字供应链更为重要。受限于企业资源和能力，林楠必须在两条发展道路中选其一走下去。

2017 年前中国的食品罐头行业

……

2017 年前林家铺子的发展

……

林家铺子的发展困境

……

把握机会以突破困境

……

数字化转型

……

未来的发展

……

资料来源：Lin 和 Liu（2021）

林家铺子：数字化转型铸造防疫护盾

引言

2020 年 2 月 10 日，新冠肺炎疫情的阴霾尚未完全散去，林家铺子的办公大楼在时隔一个多月后终于再次热闹了起来。在老板林楠的带领下，公司在这一天正式复工复产。公司并没有因受新冠肺炎疫情冲击而萎靡不振，其电商销售收入相比 2019 年同期甚至不降反升。2020 年的“双十一购物狂欢节”，林家铺子更是一举拿下水果罐头品类的全网销量第一名。

从一家名不见经传的代工企业，发展成为东北地区最大的罐头制造商，全国十强罐头品牌之一，林家铺子在 2008 年金融危机与 2020 年新冠肺炎疫情期间都未受到过大的影响。从代工到自主品牌，从出口到内销，林家铺子多次走在行业发展的最前列，但公司也曾深陷泥潭，连续三年亏损，甚至一夜之间解散销售队伍……自成立后的十几年，一路风雨，林家铺子到底经历了什么？面对互联网与数字化潮流，林家铺子又是如何应战的？

1 大浪淘沙，积淀内部成长

……

2 深陷泥潭，谋求发展机遇

……

3 果断出击，拥抱数字潮流

……

4 电商业务，创造顾客价值

……

5 数字技术，提升运营效率

……

6 尾声

2017 年 7 月 26 日，林家铺子正式在新三板挂牌。2019 年前三季度林家铺子经销渠道销售额超 2.6 亿元，同年 10 月 29 日，天猫旗舰店单日销售额突破 200 万元，创店铺历史最高，创行业历史新高。2020 年，实现线上业务与线下业务产值各半，其中，线上渠道拥有近 50%的市场份额，线下渠道的市场占比也逼近四成。三年的数字化转型，林家铺子再一次成为行业中的佼佼者。回想当时与 IDG[①]技术创业投资基金的五年之约，回首看过这几年虽坎坷亦精彩的旅途，林家铺子从没有停下向前的脚步，正如林楠所说的："我们还有更多的想法、更多的主意想在接下来的这个时代里不断去绽放。"下一站，风景正好。

资料来源：林海芬和刘相彤（2021）

4.2.5　突出表述的客观性

前文已经提及，首页注释主要提供作者信息与版权信息等，而脚注则用于信息注解与数据来源等。无论是描述型案例还是决策型案例都需要以真实的企业素材为基础，展示真实的管理情境。但是国内案例库中的描述型案例出于对情节曲折性与可读性的追求，在确保基本内容真实的基础上，可以适当添加艺术色彩，如虚拟企业的开会场景等。但是，毅伟案例等国际案例对数据、情节真实性与客观性的要求更高。对于行业数据与市场状态等内容，案例作者必须提供公开发表的资料来源，并在脚注中标明，以供学生查阅。对于案例中的图表，如果图表中的内容并非作者实证得到，那么也必须提供真实客观的数据来源。此外，毅伟案例要求将图表内容以附录的形式放置在正文之后。以《波司登：品牌如何强势回归》（Lin et al.，2020a）为例加以展示。对于正文与图表中提及的行业数据等信

① 即 IDG 资本投资顾问（北京）有限公司。

息，作者均提供了明确的数据来源和网页链接以供案例使用者后续查阅。

波司登：品牌如何强势回归？

中国羽绒服装行业整体情况

中国羽绒服产业历史不长，但发展迅速。中国羽绒制品的生产、消费和进出口年均增长15%以上。中国拥有庞大的人口基础和广泛的寒冷地区，但2018年羽绒服的普及率不到10%（表1），这表明中国是一个具有极大发展潜力的羽绒服市场[2]。

表1　2018年部分国家和地区羽绒服普及率　　单位：%

项目	日本	德国	北欧	北美	中国
羽绒服普及率	70	45	40	35	9

资料来源：2018年全球及中国羽绒服行业供需现状分析，羽绒服时尚需求日益旺盛[EB/OL]. https://www.huaon.com/story/451917 [2019-07-30]

早在2010年，国内几大知名四季服装品牌就已经开始进入羽绒服市场，并逐渐将羽绒服作为自己的核心品类。与此同时，电子商务的出现给中国传统羽绒服品牌带来了巨大的挑战[3]。此外，考虑到中国羽绒服市场的巨大增长潜力，一批国际快时尚羽绒服品牌纷纷进入中国市场，加剧了行业竞争。2017年，中国羽绒服市场以中高端市场为主，包括大部分中国羽绒服品牌、部分四季服装品牌和部分国际快时尚品牌（表2）。在这些品牌中，波司登、雪中飞、鸭鸭、雅鹿等十大中国本土羽绒服品牌仅占中国羽绒服市场份额的29.78%[4]。以质优价廉为特点的波司登面临着激烈的竞争。

2 中国羽绒服市场调查[EB/OL]. www.jianshu.com/p/160c94d13f73[2019-02-19].

3 四季化发展[EB/OL]. http://mall.cnki.net/magazine/Article/FZZK201014062.htm[2010-11-15].

4 加厚羽绒服行业大数据分析报告：不惧寒冷|决策狗[EB/OL]. https://zhuanlan.zhihu.com/p/31537538[2017-11-29].

表2　2017年中国羽绒服市场的代表品牌

品牌	品牌介绍
蒙克莱尔	蒙克莱尔，一个奢侈羽绒服品牌，总部设在意大利米兰。蒙克莱尔已成为户外羽绒服行业的国际领先品牌，并于2009年进入中国市场
Vero Moda	Vero Moda是丹麦最大的时尚服装集团Bestseller旗下的知名女装品牌。于2001年进入中国，截至2017年在中国开设了1800多家门店。其产品包括夹克、羽绒服、连衣裙和四季衬衫

续表

品牌	品牌介绍
Only	Only 是四季服装品牌和国际丹麦时装公司 Bestseller 拥有的众多著名品牌之一。1996 年进入中国女装市场，并于 2000 年在其商店中引入了快时尚的概念
江南布衣	作为中国本土设计师品牌，江南布衣在中国大部分城市，以及北美城市如纽约、温哥华等地设立了直销点。江南布衣的产品包括四季服装、鞋类、箱包、帽子和围巾，2017 年在中国拥有 1000 多家分店
鸭鸭	鸭鸭羽绒是中国本土羽绒服品牌。它起源于 1972 年，是中国十大羽绒服品牌之一
坦博尔	坦博尔是中国本土羽绒服品牌；其产品在 2017 年之前仅在中国国内市场销售

资料来源：蒙克莱尔品牌故事[EB/OL]. www.chinapp.com/gushi/180018[2019-06-19]；Vero Moda 与 ONLY！谁是 Bestseller 的大姐[EB/OL]. www.sohu.com/a/241060253_647772[2018-07-13]；“江南布衣”全球快时尚品牌网[EB/OL]. www.glosspp.com/jnby-brand/[2014-11-14]；“品牌信息”江南布衣集团[EB/OL]. www.jnbygroup.com/gotoBrand.do?p=1[2020-04-20]；“品牌故事”鸭鸭[EB/OL]. www.yaya.com.cn/fazhan.html[2020-04-20]；“关于坦博尔”坦博尔服装有限公司[EB/OL]. www.tanboer.com/page/6360[2020-04-20]

资料来源：Lin 等（2020a）

4.3　常见问题与注意事项

1. 案例类型不明确

明确案例类型的必要性是不言而喻的。但是部分案例开发者可能会因为没有明确案例的类型而导致案例主旨不明确、案例内容分散等问题。描述型案例和决策型案例分别提升学生不同层面的能力，不同的案例类型需要案例作者有区别地整合收集到的案例素材。因此，在撰写管理案例之前，便需要明确案例的类型。

案例采编过程中不能忽视对案例类型的选择。尽管案例采编流程具有一定的个性化特征，即案例作者具有自己的采编风格，但基本上均符合前文提到的过程逻辑，即案例采编涉及案例调研和案例撰写两个阶段，其中案例调研具体包括调研准备、实地调研、案例选题研讨会、数据整理补充使用四个环节，案例撰写又包括选择主题、明确知识点、素材筛选、形成教学目的与思考题、构思案例故事及撰写案例正文与使用说明等六个步骤。在这个复杂的过程中，笔者认为在实地调研和案例选题研讨会阶段可以确定撰写案例的类型，然后在明确知识点和素材筛选过程进一步确定案例类型。如果在调研之前确定案例类型，存在预先设想与实际收集信息不符的风险，教学目标和采编计划可能需要因此而调整；太晚确定案例类型，则不利于案例的有效撰写。

2. 案例正文与案例使用说明不匹配

案例正文与案例使用说明是教学案例两个互为补充、彼此支撑的重要部分。案例正文或讲述案例故事，或营造管理情境，将理论知识蕴含在案例正文的管理故事之中，而案例使用说明则是以理论知识为纲，以管理故事为支撑，实现从故事逻辑向理论逻辑的回归。由此可见，案例正文必须与案例使用说明深入契合才能达到最佳的效果。实际上，在撰写案例的过程中经常出现案例正文和案例使用说明相互脱节的情况，原因在于撰写者往往先完成案例正文的撰写，再基于正文的内容寻找理论和知识点，最后撰写案例使用说明，此时要实现二者的匹配非常困难。尤其对于案例初学者来说，他们更容易犯下该错误。

为了实现案例正文和使用说明高度匹配和融合，笔者认为在前文提到的案例撰写六个步骤中，前面五个步骤均是案例撰写不可忽略的基础。唯有如此才能实现：其一，故事逻辑和情节需依据相应的理论和知识点展开。在案例选题阶段，案例作者便需要明确案例的核心理论，以及涉及理论的具体内容。以飞鹤的案例为例，在落笔之前，林海芬和曲廷琛通过对案例企业的调研与案例素材的选取，选定战略变革与顾客价值创新为核心理论，而两者之间，战略变革为表象，顾客价值创新为本质，案例遵循“战略变革—战略定位—顾客价值创新—战略配称”的理论主线，因此案例正文的故事情节也应该以此为纲铺开。其二，思考题的关系逻辑应与案例故事情节紧密相连。启发思考题需要学生以案例正文为主要的依据进行思考和分析，因此，启发思考题的答案需要在案例正文中有所涉及。通过上述两点，案例作者便可以确保案例故事情节或故事逻辑、思考题的问题关系逻辑以及案例承载的理论与知识点逻辑高度契合，由此达到案例正文与使用说明相互匹配的目的。

3. 决策点和决策情境不清晰

决策型案例的精髓是决策点的选取和决策情境的设计，案例评审和使用过程中，决策点往往是评审专家和使用教师关注的重点，尤其是决策点的清晰度问题。出现决策点或决策情境不够清晰的问题往往是因为案例采编者在案例创作中没有厘清描述型案例和决策型案例的关键差异点。描述型案例重在展示完整的故事过程，一般会涉及多个板块的内容；决策型案例重在展示决策点，围绕决策点展示真实情境中可能影响决策的信息，通过尽可能多的相关信息帮助读者进入决策情境并做出决策。如果撰写决策案例并不是以决策点为核心梳理行文内容，则很容易出现描述过多故事内容而弱化决策相关信息的问题，由此带来决策点或决策情境不清晰的问题。因此，针对这一问题，建议以决策点为核心，以思考题为脉络，梳理筛选可能的影响因素和相关信息，在此基础上形成故事情节进行写作。

此外，造成案例的决策情境不清晰或信息不充分的原因还可能在于：其一，案例采编中收集的信息不足，建议进行回访补充；其二，材料充足，但案例编写时将认为不重要的信息舍去了。此种问题较为复杂，说明案例采编者的核心理论、启发思考题深度、启发思考题的分析思路均存在一定问题，故而出现比较严重的偏差，需要编写者重新思考核心理论的选择是否恰当，做出调整或进行相应补充。

4. 过于情境化

前面在介绍启发思考题的写作时曾提到一个问题，就是案例正文最后的决策点需具有讨论价值，即不可以过分情境化。过分情境化意味着决策型案例描述了太多的行业或企业特色，当企业经营环境的边界条件过多，面临的竞争环境十分特殊时，该案例的阅读与教学给学生带来的启发和理论思考可能十分有限。案例教学的目的是希望通过一篇案例的学习让学生理解并掌握理论；但对于决策型案例而言，对实践的启发和决策思路的培养是另一个重要目标。因此，过分情境化的描述会使得案例本身的价值下降。可能的解决方法是有选择地删除过分细致的行业或企业等相关表述，将企业面临的问题直击本质表述成一类企业可能面临的问题。例如，在案例《小仙炖：战略创新》（Lin and Hai，2021）中，若小仙炖的决策问题表述为决策者应该如何面对燕窝行业里领导者的围堵和后来者的产品跟进？那么这个决策问题就存在着非常强的行业特色，学生的思维被牢牢禁锢在一个行业的一个企业中。但若换成：选择继续坚持“专家”战略，还是进行多元化扩张，抑或进行战略变革成为“领导者”？就将这一决策问题上升至较为普遍的战略调整问题，有助于学生开拓思路，从更高的层级上展开思索。

5. 其他注意事项

在哈佛商学院的案例教学体系中，一篇优秀的工商管理案例应该具备以下五个要素：对教学有较高的价值、具有争议性的问题、进行强制性的决定、注重案例的综合性、简洁性（史美兰，2005）。其中简洁性要求案例作者避免在写作过程中试图利用上所有收集到的数据资料，导致内容繁杂，不相关内容大量铺垫和堆砌。此外，冗长的句式和趋同的语法结构容易让读者昏昏欲睡，因此，案例作者在写作过程中应注意使用的从句数量、语法形式和语句长度，可以尝试使用不同的句式、生动但不浮夸的词汇、设置冲突或悬念激起读者的阅读兴趣（Hansen，1997）。最后，案例作者应该避免追求“完美主义”，在案例采集过程中试图观察和记录所有与案例相关的信息几乎是不可能的，在案例编写过程中试图一次定稿无须修改也是不可能的。因此，在案例采编过程中不拖延进度，对案例正文与使用说明的草稿反复修改完善，进而优化为一篇高质量的管理案例是一种可行的方式。

第二篇　案例使用

第二篇——案例使用，承接上一篇的内容，以案例采编形成的教学案例为载体，对案例教学与案例分析比赛两种应用最为广泛的案例分析形式展开详细的论述。其中第5～8章属于案例行动学习的相关内容，第9～10章则主要介绍案例分析比赛的相关内容。

第5章首先概述案例教学的起源与定义、理论依据、使用价值等内容。在众多的案例教学方法中，情境教学法、案例教学法、行动学习法和案例行动学习法在国内商学院得到了更为广泛的应用与推广。而案例行动学习法建立在融合案例教学法与行动学习法两种主流情境教学方法的优势基础之上，是缩短企业实践与学生之间鸿沟的行之有效的教学方法。因此本篇的第6～8章主要以案例行动学习法为核心，围绕从课前准备到课堂实践再到课后评估的完整逻辑链条展开，介绍案例行动学习课堂的全过程。其中，第6章从教师的课前准备与学生的课前准备切入，第7章则首先论述教师与学生承担的不同角色，随后介绍课堂学习流程，第8章同样以案例教学的两大主体——教师和学生为描述对象，说明教师与学生的课后评估与总结工作。第9～10章则主要包括案例分析比赛概述、案例分析比赛过程、案例分析过程与实例等内容。

第 5 章　案例教学及方法

案例采编与案例开发可以保障案例教学的实战性，教师将案例引入课堂能让学生更加积极地学习和思考，以此保证教学质量和教学效果。国内商学院已经广泛在 MBA、EMBA、EDP[①]项目的教学中采用案例教学方法，取得了良好的效果，甚至延伸至管理相关专业的本科和学术型研究生培养中。其中，情境教学法、案例教学法、行动学习法等教学方法在国内相继得到探索和推广。近年来，在整合多种教学方法的优点的基础上，还涌现出案例行动学习法，并逐渐被采纳。本章节具体阐述了案例教学的基本理论及不同教学方法的内涵与应用，尤其案例行动学习的基本概念，为后面三章介绍案例行动学习的具体过程提供基础。

5.1　案例教学概述

5.1.1　起源与定义

案例教学的思想源自西方，为古希腊哲学家、教育学家苏格拉底首创，故又称“苏格拉底式教学法”即教学辩证法。每当求教者询问某一问题时，苏格拉底都会用反问、追问的形式使求教者对所提问题产生矛盾认知，然后因势利导，用假设的例子继续追问，使得求教者越来越清晰自己问题的终极答案，引导出自我的辩证认知。1870 年，美国哈佛大学法学院院长兰德尔教授率先将案例教学作为教学方法引入法学课堂教学。此后，卓有成效的案例教学逐渐衍生到了医学、工商管理、公共行政、新闻、艺术等多个学科领域，并在西方国家的高等专业院校中广泛使用。

随着时代的发展，传统的教学形式和教学方法弊端凸显。1979 年，我国工商行政代表团到美国访问回国后，将在国外成熟应用于 MBA 教育中的案例教学方法引入我国。联合国教育、科学及文化组织曾对课堂讲授、案例研究、研讨会等

---

① executive development programs，即高级经理人发展课程，中文意思是高层管理者培训与发展中心。是基于现代公司企业的具体特点开设的一整套具有针对性的短期强化课程，旨在满足企业高层经理人员对时间较短、针对性较强的管理课程的学习需要。本项目的培训时间长短和课程内容根据具体需要确定，其内容可以偏重综合管理技能，也可以偏重某一具体管理领域的知识与技巧，如经营战略、财务管理、领导艺术、人力资源的开发与管理、生产与经营管理、国际市场营销管理等。

九种教学方法进行研究，分别在知识传授、分析力培养、态度转变、提高人际技巧、接受度和知识保留力等六个方面对各国专家进行了广泛的调查，结果发现案例研究的教学方法综合效果名列第一。案例教学因其良好的教学效果引起了人们的关注和重视，并在我国高等教育实践中得到长足发展。素质教育要求学生能够学以致用，这正是案例教学的最大特点。因此，越来越多的学者和教育工作者更加关注案例教学并不断完善创新。目前，案例教学的发展日趋成熟完善，在理论体系方面科学严谨，同时拥有丰富的、极具多样性的实践经验。

案例教学是采用一个或者多个案例培养学生理论联系实际、解决问题能力的一种教学方法，包括情境教学法、案例教学法、行动学习法和案例行动学习法等，是保证教学质量和教学效果的重要手段。首先，案例教学以案例为基础，对一个或多个案例进行深度探究。广义上，案例包含病例、判例、战例、教学案例等多种形式。如前文所述，在工商管理领域，教学案例是为了达成培养学生提出问题、分析问题和解决问题能力的目的，在系统深入了解和调研企业管理实践或现象的基础上，围绕某一特定管理主题或管理问题、遵从案例撰写规范形成的文字描述或视频。教学案例服务于特定的教学目的，一般具备特定的文体和书写规范，也蕴含特定的教学理论。其次，案例教学强调教师与学生、学生与学生之间的互动，独特的教学方法对教师和学生都提出了较高的要求。在教学过程中，学生处于真实情境中（如特定的企业管理问题），通过师生和生生的双向或多向互动，调动学生的积极性，让每个学生参与其中，积极讨论发表自己的意见和观点，提高学生发现、分析和解决实际问题的能力。

5.1.2　理论依据

1. 建构主义学习理论

案例教学的重要理论依据之一是建构主义学习理论。建构主义是认知心理学派的一个重要分支，其最早的思想代表是皮亚杰，核心思想在于以学生为中心，强调学生对知识的主动探索、主动发现和对所学知识意义的主动建构（周英男和陈芳，2008）。该学习理论包含情境、协作、交流和意义建构四个要素。主要观点包括：第一，由于事物的复杂多样性、学习情境的特殊性和个人以往经验的独特性，每个学习者对事物意义的建构都会有所不同。建构主义关注如何在原有经验、心理结构和信念的基础上建构知识和能力，突出学习的主动性、社会性和情境性，提出了许多学与教的新观点。第二，对知识的建构包含两个方面，一方面是对新信息的意义建构，另一方面是对原有经验的改造和重组，两方面共同说明了知识技能的获取和运用中的建构。同时，建构主义强调学习者在学习过程中建构的知识和能力不是抽象的或教条的，而是丰富的、有经验背景的。面对新情况，学习者可以灵活构建图式来指导活动。第三，事物的意义来自我们的建构，每个人都以自己的方式理解事物的某些方面。因此，不同的人往往会看到事物的不同方面，也就不存在唯一标准的理解。但是，我们可以通过合作使这种理解更加丰富和全面。所以，教学过程中应该促进学生之间的合作，让他们感受到与自己不同的想法基础和思维逻辑（Brown and Collins，1989）。

从知识观角度理解，建构主义关注于对“知识”本质的认识和理解，知识是认知主体不断搭建形成的，具有不确定性。从学习观角度理解，建构主义聚焦于个体应当如何学习的问题，鼓励自主学习和情境认知。从教学观角度理解，教师的作用是建构适宜学习的情境，辅助学习者建成学习共同体，促使学习者具有知识的迁移能力和社会生存能力。从知识、学习和教学的三重建构角度理解，知识学习是经验系统的变化，是先前经验的改变、充实，甚至推翻形成新经验的过程，并且知识生成需要通过主动的建构活动实现，主动建构的前提需要有先验、情境和学习共同体。

基于知识、学习和教学三重建构的案例教学模式为在整个教学过程中，教师将自身定位为组织者、指导者、帮助者和推动者，以学生为中心，结合案例情境、生生协作和对话等学习环境元素，使学生的主动性、积极性和创造性得到充分发挥，实现学生自主建构当前所学知识并获得知识积累与能力训练的目的。在具体案例情境中，可能存在一个或多个问题和矛盾，学生通过案例讨论形成差异化认识，继而可能会产生新的问题和矛盾，于解决方案的思考中逐步完成个人知识体系构建及认知发展。

2. 心智模型

心智模型的概念来自认知心理学，最早由苏格兰心理学家肯尼斯·克雷克提出，他认为心智模型是一种心理机制，将现实建构成“小型的模型”展开对事件的预测和解释。此后，圣吉将心智模型引入到著作《第五项修炼》（圣吉，2009）中，认为心智模型是影响我们了解世界和采取行动的许多假设、成见、思维方式，甚至是图像或印象，以及动机和价值观。他提出学习的核心问题是如何转变心智模型，心智模型不仅影响着认知，还影响着行为，即心智模型决定行为，而行为决定业绩。尽管不同领域的研究人员对心智模型有不同的定义和研究视角，但本质上，心智模型是个体应对外部世界的心理表征。外界环境中的所有事物在我们的认知系统中都有相应的存储形式，即人类的认知系统具有这样一种功能，当一个物体不在我们面前时，我们仍然可以在脑海中看到它。

个体对事物的感知包括三个基本过程：外部事物的转化、通过推理的归纳概念及建立概念与外部事物的关系。不同情境匹配不同的心智模型，如在一个组织或工作情境中，个体在工作内容、工作流程、设备操作，以及与他人的工作协调等方面都有相适配的心智模型。个体通过心智模型表征与外部世界互动，个体在思维中形成有关外部世界的“工作模型”，与现实世界相比，这一模型更为简化，但它具有与要表示的现象相似的结构。正是这种类似的结构使个体能够对实际现象进行分析和推理。心智模型可以代表决策系统及其所有因素和决策过程，不同的决策基于不同的心智模型。因此，准确心智模型的形成有利于正确决策的产生。

基于心智模型理解案例教学，其目的不在于教给学生某种分析工具，而在于发展合适的心智模型。心智模型的功能体现在描述、解释和预测三个方面。通过对社会事件发生意义的叙述对社会事件进行合理的解释，从而预测事件未来的发展和走向。在此基础上，心智模型决定学生的行为选择，选择结果进一步反馈或扩展原有的心智模型，使心智模型发生转变，这是基于心智模型开展案例教学的核心。但需要注意的是，心智模型为个体的认知活动提供了一些现有的框架，大大提高了认知活动的效率。与此同时，固化的心智模型也有一定的弊端，体现在个体容易受到现有认知框架的限制，不利于创新思维的产生。

3. 学习迁移理论

迁移既是学习的巩固和延续，又是深化和提高学习的必备条件。“迁移”概念最早由美国心理学家布鲁纳引入教育研究领域，之后，教育界和心理学界对学习迁移开展了丰富的研究，形成了较为完整的理论体系。学习迁移理论认为，个体遇到问题时往往会形成有关问题解决的思考顺序和合理假设，并且这些经验可以用于解决之后所遇到的类似问题。在知识爆炸的信息化时代，学习迁移是一种快速学习和解决问题的有效方式。因此，培养学生的学习迁移能力，能够帮助其充分利用先前经验，克服时间和资源的有限性来解决新的问题并应对不断变化的外界环境。

在案例教学中，学生通过案例阅读与分析、小组讨论等方式制订问题解决方案，其间充分运用在学校中习得的知识、技能及态度、行为方式等，将头脑中相关的知识点转化为解决问题的思考策略和思考顺序，并形成关于解决案例问题的合理假设，使理论知识与实际案例问题有机结合。此外，依据迁移理论，若本次学习情境与日后实际情境具有一定的相似性，则更有利于学习的迁移。因此，结合教学案例的真实性、典型性和时效性等特点，学生对教学案例中问题的分析就是对现实生活中可能遇到情境的分析，也就利于学生将自身在案例学习中获得的知识与经验有效地迁移到解决实际问题之中。

综上，学习迁移理论对案例教学具有一定启示。其一，教学内容相似性方面，教师应注重学习情境与实际情境的相似性，选择能够体现教学内容的经典案例，培养学生知识获取及信息分析与处理的能力。其二，认知结构方面，在学生进行案例分析和探究时，教师应对学生的基本学习情况进行充分了解，关注学生前期积累的知识与新讲授的知识之间的系统性。

5.1.3　使用价值

案例教学借助真实的案例情境，让学生通过对案例的阅读与分析，制订解决实际问题的可行方案，从而更有效地培养学生的实践能力，并从中获取丰富的行业信息与经验。案例教学的使用价值可以归纳如下。

1. 举一反三，总结推广案例经验

案例教学中的案例选取多具有很强的典型性。通过案例教学，把经过深入思考、充分讨论的多种观点进行比较、筛选、优化、总结，形成优秀的案例经验。案例教学选取的案例虽是个案，但因其代表性和典型性，可以反映很多共性的问题。案例教学本身是一种情境设定下的事件，学生可以调动所有知识和能力分析案例这一情境，并在自己的思维发展区逐渐形成解决方案。案例对象遇到障碍和难题可能是很多的同类对象正在面临的困境，所以案例的及时输入有助于破解现实困境。如遇同类问题，这些优秀的案例经验便可以派上用场，提供参考和借鉴。

2. 思维碰撞，激发产生创造性观点

任何一个已经发生的案例与未来发生的场景都不可能完全相同，所以借助案例教学一定要激发出来超越案例本身的应对能力和思维方式。案例教学的目的不仅限于对经验的学习和掌握，更在于从已有经验中获得对个体的启发和引领。多种思维的碰撞、多种观点的交流有利于产生解决问题的新思路、新方法，找到最优解。案例教学最宝贵之处是从现有案例中引导学生发现新问题，激发学习思维，用具体情境的案例引发讨论、思辨和进行评判、得出新认知的教学。

3. 广泛互动，构建师生学习共同体

案例教学中师生关系是多边关系，师生是学习的共同体。在案例教学中，教师是教学的策划者、案例讨论的主持人和案例讨论结果的总评人；学生是主动的参与者、案例的决策者和案例的辩护人。师生在教学过程中有共同追求，形成自己的观点，认清案例背景，解析透彻案例思路，概括清晰的案例策略。师生间平等对话、表达观点、分享个性化见解、争论与探讨。只有师生紧密配合，扮演好各自的角色，构建起学习共同体，才能保证案例教学的质量和效果。

5.1.4　教师与学生的角色定位

传统课堂教学以教师讲授为基础，师生关系具有等级分离的特点，教学模式类似于“金字塔”。在“金字塔”的顶端，教师是维持课堂的核心，具有极大的权力和声望地位；而在“金字塔”的底部，学生只是被动地参与课堂教学。在这种等级分离鲜明的师生关系下，师生之间、生生之间缺乏互动与交流，致使学生成为“沉默的学习者”，不仅无法分享自己的观点和想法，而且对理论知识的运用与把握更是难以达到预期效果。

相较之下，案例教学是一种鼓励学生积极参与的教学模式，是一种基于师生交往和生生交往的教学模式。案例教学以课堂讨论为基础，学生是课堂的主体，教师是客体，师生形成学习共同体。学习共同体视域下教师角色和学生角色的内涵更加丰富。案例教学课堂以学生为主体，学生主动对自己的学习负责，知识和思想在师生之间和生生之间双向流动。学生通过运用先前积累的理论知识，形成批判性、分析性和推动性技能，提高决策能力。学生作为案例教学的核心对象，主导学习过程的“高潮”与“重场戏”，是案例教学过程的主动参与者、勇于破冰者和积极挑战者。而教师则发挥关键的指导和引导功能，并作为案例讨论的设计师、主持人和仲裁者。教师与学生在平等的基础上互动，鼓励学生积极参与交流讨论。在案例小组讨论的过程中，学生的沟通能力和综合他人智慧的能力得到培养和发展。案例课堂讨论是在每个学生积极参与的基础上，结合众多意见汇聚成问题的最终解决方案。同时，学生个人在与老师和其他学生交流中，构建更完整的知识结构。生生之间，师生之间，个体与群体之间都是对话的主体，发生争论时还可以深入探讨，一群人的学习往往在争论和异见中给人启发和思考。

需要注意的是，课堂设计及安排是基于教师视角并由教师制定的，在传统课堂中学生的主体地位常被忽视。而在这种传统师生观的影响下，案例教学课堂也可能囿于传统教学模式和传统思维，更多展示教师个人知识储备和教学能力，使学生失去了思考和表达的机会。并且，案例教学具有一定的操作弹性，教师可以在教学过程中根据教学需要进行灵活的角色转换，但一定要做到教师与学生之间的充分交流与互动，其中可以有争论，但绝对不能有强制与独裁。这既需要教师主动走到学生中间与学生平等分享自己的观点，也需要每一位学生积极站起身来与大家一同讨论自己的见解。在学生自由和主动表达观点的过程中，可能激发其对知识学习的浓厚兴趣和知识探究的强大信心。通过这种方式，可以打破传统教学的“金字塔”模式，推动传统师生关系变革，实现师生间的关联与平等，在突显和提升学生的主体地位的同时，也让学生成为知识生产者。

5.1.5 案例教学方法区分

综上所述，案例教学大致涵盖在国内得到探索与推广并相继发展成熟的情境教学法、案例教学法、行动学习法，以及整合多种教学方法所长、被逐渐认可与采纳的案例行动学习法。四种方法各有所长、相互渗透，为商学院培养满足新时代发展要求的商科人才提供方法论基础，下面就四种教学方法之间的区别与联系进行概括性比较，如表 5.1 所示，并在后文详细论述每一种教学方法的内涵、特点与注意事项。

表 5.1 四种案例教学方法的区别与联系

区分视角	情境教学法	案例教学法	行动学习法	案例行动学习法
概念	以真实和日常生活中常见的情境为基础，侧重创设出与真实环境密切相关的情境，以引导学生进行知识与能力建构	以教学案例为基础，通过与情境反复碰撞，在对案例素材进行系统性分析基础上归纳出相应的知识与理论	以实践活动为依托，以学习团队为单位，以真实案例为对象，以小组成员的角色扮演为手段	以高水平的决策型案例为载体，以团队活动为基础，以对案例所提供的企业实践活动进行深入分析为前提，以学生提出具有可操作性的解决问题方案为结果
目标	通过组织学生完成情境中的具体任务帮助学生掌握相关知识和技能	掌握有关的专业技能、知识和理论，提高分析问题和解决问题的能力	注重培养学生的实操能力，致力于激发学生思考，解决实际问题和发展个人及团队能力	全面提升学生分析、决策和解决复杂商业问题的能力，兼顾学习效果和学习效率
特点	以学生为课堂主体，通过学以致用，培养学生的综合素质，符合应用型人才培养的要求	具有教学目的明确、教学内容真实、典型且具有挑战性、教学过程开放和互动的特点	区别于个体学习的团队学习、建立在反思与行动相互联系的基础上、教学过程持续且动态	兼具分析及解决问题的功能，将案例教学和行动学习两种方法有机结合实现教学组织的可交互、具备可大规模推广的基础
适用	利用教学内容设计一些临时性教学情境、高校举办的各种商业模拟大赛、组织学生实地参观、体验，在现实场景中学习	案例教学法侧重实践技能培养，适用于职业教育、具有创新精神的研究型教师和具有一定知识储备、素质较为全面的学生	更广泛应用于企业和培训机构，因其较高的资源要求和实施难度导致在商学院的普及与应用存在诸多困难	综合案例教学方法与行动学习方法的特点与优势，弥补行动学习法在普遍推广上的不足，广泛适用于商学院教育
联系	四种不同的教学方法均需借助真实的管理情境，让学生通过思考与分析，制订解决实际问题的可行方案，从而更有效地培养学生的实践能力，并从中获取丰富的行业信息与经验，是对传统教学形式的颠覆与有效补充。不同于传统教学方法，案例教学鼓励学生的积极参与，是一种基于师生交往和生生交往的教学模式			

5.2 情境教学法

5.2.1 内涵与特点

情境教学法是指在教学过程中教师依据教学内容在课堂上引入或创设生动具体的教育场景，并将学生置于该场景之中，通过组织学生完成情境中的具体任务帮助学生掌握知识和技能的一种教学方法。工商管理类课程具有灵活性、实践性、创新性、应用性等特点，工商管理专业的学生未来从事的工作也具有动态性和权变性。不论是基于教学角度或是学生实践角度，在引导学生学习管理学知识时，传统教学模式表现出不适应性，隐性知识常难于结构化，甚至涉及的构念内涵及其相互作用关系在不同情境下可能存在一定差异。因此，工商管理学科需要突破传统教学模式，创设某一情境引导学生进行知识与能力建构，这也正是工商管理情境教学方法的核心。其中，教师创设的情境一般包括生活的情境、图画再现的情境、实物演示的情境、音乐渲染的情境、言语描述的情境等。情境教学法有助于帮助学生理解和吸收高级知识（结构化不良领域的知识），把握相关构念间或知识网络间的联系，并在其他具体情境中广泛而灵活地利用认知与经验解决新问题。这一教学方法充分体现了学生为课堂主体的教育新理念，通过学以致用，培养学生的综合素质，符合应用型人才培养的要求。

情境教学法有三种基本形式：一是教师利用教学内容设计一些临时性教学情境。学生在课堂上进行角色扮演，分角色地进行模拟实战演练，如总经理、财务总监、消费者等。在包含人物、情节、冲突和难题的仿真情境中，按照学生扮演的角色要求，提出观点或解决方案等，并通过感受该角色的经历加强学生对所演角色的个人关注点、问题、行为和参与等方面的体验。二是高校举办的各种商业模拟大赛，如创青春全国大学生创业大赛、ERP 沙盘模拟大赛、股票模拟交易大赛等，为学生提供仿真的情境以供学生学习和情境体验，充分发挥学生主动性和能动性。三是组织学生实地参观、体验，在现实场景中学习。例如，学校组织的企业实践活动，通过让学生在实际经营场景中执行特定的学习任务获得知识、掌握技能。

5.2.2 情境教学法注意事项

在实施情境教学法的过程中要关注以下几个方面的问题。

第一，情境模拟教学与传统教学方式应相辅相成。传统的教学方法在知识传授的系统性、扎实性和快速性方面独树一帜，是现阶段最为经济的教学模式，在目前的教学中仍然不能放弃。而情境教学将部分现实生活引入课堂，让学生在较短的时间内接触到一些管理活动，从而发现问题的突破口，从成功中吸取经验，从失败中吸取教训，学会摆脱困境，在危机中学会处理危机。

第二，情境教学遵循从简单到复杂、由易到难循序渐进的教学规律。教师在情境教学活动中应遵循从简单到复杂、由易到难循序渐进的教学规律。因此在创设实践模拟情境时应尽可能地依据学生的实际经验和认知，设计和构思好学习的框架，做到有层次、有梯度，问题与问题之间注意难易的衔接与过渡。

第三，情境教学法对教师提出了更高的要求。在创建模拟场景时，要注意课堂问题的深度最好略高于学生原有的知识水平，从而具有一定的思维容量和思维强度。在实践中，学生通过认真思考解决相关问题，有助于强化学生的思维逻辑。同时，教师要具备广泛的专业知识和深厚的理论基础，善于分析学生模拟练习中存在的各种问题并给予正确指导。另外，教师要有丰富的实践经验，教学主题要尽可能地贴近实际，所用的情境案例必须来自现实生活，以保证情境教学的真实性和有效性。并且，教师应思考如何激发学生对场景模拟的兴趣，为教学取得良好效果奠定思想基础。并营造尽可能真实的氛围，以便学生快速融入角色。

5.3　案例教学法

5.3.1　内涵与特点

依据《教育大辞典》（顾明远，1999），案例教学法主张通过组织学生讨论一系列案例提出解决问题的方案，使学生掌握有关的专业技能、知识和理论。在教育学领域，学者将案例教学法定义为教学中的案例方法，指围绕教学目标将真实情境整理成可供学生思考的案例，并通过讨论的方式提高学生分析问题和解决问题能力的一种方法。这些案例来源于实际的工商管理情境，常以书面形式呈现。因此，案例教学法的核心体现在两方面：一是特殊的教学资料；二是运用这些资料的特殊教学技巧。

案例教学法不仅是完成教学目标的一种方法，更是一种有效的教学模式。案例教学法在教学目的、教学内容和教学过程方面具有鲜明特点。

1. 教学目的的明确性

案例教学法的运用始终围绕明确的教学目的展开，从案例选取到案例讨论都以实现教学目标为核心参照。在前期选择教学案例时，要选择隐含事物发展原理、符合教学内容且具有代表性的案例，而非简单事件和情节的堆砌。在学生分析案例的过程中，教师的引导式提问，使学生在分析与讨论的过程中寻求真理，达到理论与实践相助相长的效果，培养学生分析解决问题的能力、严密的逻辑思维、创造力及团队合作意识，这也体现了教学目的具有明确性。

2. 教学内容的真实性、典型性和挑战性

案例教学法依托的案例内容具有真实性，真实客观的事件能够有效再现实际情境，激发学生的学习兴趣。并且，教学内容能够反映某一类现象和事实的本质属性，具有一定典型性，有利于学生对本质问题的把握，提高问题分析能力。同时，教学内容具有一定的挑战性，所选的案例并非相对简单且轻易得出结论的，而是那些看似简单但分析时不易定性的案例，一般包括 2～3 个比较难的问题，具有一定讨论价值，这样能充分提高学生的思维创造能力。

3. 教学过程的开放性和互动性

案例教学法主张教学过程的开放性和互动性。开放性体现在四个方面，即内容开放性、讨论开放性、参与人员开放性及地点开放性。具体是指，教学内容打破书本中固有知识和既有结论的局限，学习资源选取不同国家不同类型的案例，课堂讨论也是学生畅所欲言，形成判断并寻找策略。甚至可以突破空间限制，带领学生到案例现场以更直观、更真切的方式感受案例的背景、发生过程及变化趋势。另外，传统讲授法强调让学生独立地学习（听课、记录、课后作业），而案例教学法则更多强调师生之间以及生生之间的互动性，通过讨论和争辩打破“教师导语上课、结语下课”的固有模式，并依据课堂讨论的节奏和进度适时调整课堂规划。

5.3.2 案例教学法注意事项

案例教学法的优势体现在教学质量和教学效率方面，学生角度在于“思辨”“分析”“决策”，教师角度则在于“提问”“倾听”“评价”。但若想通过案例教学法取得更好的教学效果，对于教师和学生来说都具有一定挑战性。因此，在实施案例教学法的过程中要关注以下几个方面的问题。

第一，案例教学法具有一定的适用范围。一是案例教学法侧重实践技能的培养，适用于职业教育。目前，案例教学法较多且较适合应用于人文社会科学以及医学教育领域。二是案例教学法主要适用于具有创新精神的研究型教师。由于案例通常没有固定的标准答案，这就要求教师用研究的眼光，以及不断探索的精神来审视案例问题的决策方案。同时，面对学生多种多样甚至天马行空的提问和言论，教师需要凭借渊博的知识和开阔的创新性思维来驾驭课堂，以及引导学生。三是案例教学法适用于具有一定知识储备、素质较为全面的学生。案例教学法强调学生主动参与，因此，具有一定功底的学生更能适应这种教学模式，而这个功底就是学生在分析案例时需要的相关理论知识。故而，对本科低年级的学生或者未修相关课程的学生来说，可能无法适应案例教学法的教学模式。

第二，适度使用案例教学法。学生的积极参与是案例教学法的前提，教师的有效组织为案例教学法提供保证，精选的具有代表性的案例为课堂提供有价值的材料。但是，实现这三个方面的有机结合并不容易，甚至耗时较多却效果不佳。因此，案例教学法不可看作培养人才的唯一有效方法。但不能因为案例教学法受到诸多因素的制约而摒弃。相反，应该尽可能适度地使用案例教学这一有效的教学方法，并将其与传统教学方法或者其他教学方法相结合，互为补充，相辅相成。

根据学生的特点、课程建设的条件和可能，不断增加案例教学的分量，逐步提升案例教学的层次和水平，才能取得更好的教学效果。

第三，积极营造适合案例教学法的教学环境。由于案例教学法在诸多方面打破了传统教学的固有框架，在案例教学法实施过程中，领导和相关工作人员需要从规章制度等政策方面给予一定支持，包括更新育人质量评价观方式，以及建立与案例教学法相适应的内部运作机制等。具体来说，进一步做好案例的收集与整理工作，做好课程教学时间安排、场地安排和教学保障方面的服务工作。并逐步形成和推广案例教学的范例，做好教师案例教学的培训工作。同时，校方应协助教师更新学生关于学习方式的理念。正视学生的思维惯性，帮助学生摆脱对“标准答案”的依赖和偏信，让学生认识到事情解决方案的多种可能性，培养学生见仁见智、集思广益、取长补短的科学态度以及沟通能力和创造力。

5.4　行动学习法

5.4.1　内涵与特点

行动学习法，又称“干中学”，是一种以任务或问题为学习媒介，在解决问题的同时促使个人发展和组织变革的工具。1940 年英国管理学思想家雷格 · 瑞文斯首次提出这一方法，初期主要应用于煤矿业企业的组织培训中。随着美国通用电气公司对行动学习法的推广及学术界对组织学习理论研究的兴起，行动学习法被广泛地用于商学院的管理培训之中，并形成系统的培训模式。行动学习的三大构成要素分别是：参与者、团队和实践问题。换言之，行动学习以实践活动为依托，以学习团队为单位，以真实的案例为对象，以小组成员的角色扮演为手段，以解决实际问题和发展个人及团队能力为目标。

行动学习过程可解析为三个环节：批判反思、互动支持和执行应用（谢雅萍和梁素蓉，2016），它们相互衔接、相互促进，如图 5.1 所示。行动学习是一个反复进行、围绕问题展开的一系列活动。不仅仅强调在行动中获取新的知识和技能，更重视对问题的反思和总结，使个人和集体在学习中成长。可以说，行动学习是

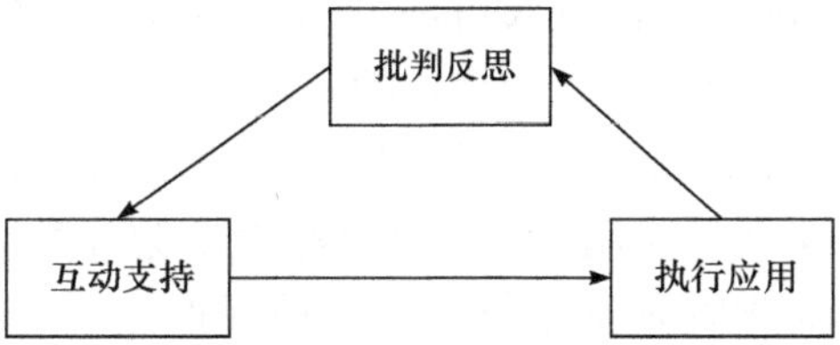

图 5.1　行动学习过程

资料来源：谢雅萍和梁素蓉（2016）

一个“干中学”与“思中学”相结合的过程。

作为一种保证小组成员能够在高效解决实际问题的过程中实现学习和发展的教学模式，行动学习具有以下特点。

1. 合作性

行动学习区别于个体学习，是一种团队学习，是一种在大家的相互合作、相互承诺、相互激发下进行学习的过程。这一点与案例教学法相比更强调小组或团队的作用，并且基于行动过程进行知识归纳与理论提升，替代了理论预设环节。行动学习通过一套完善的框架，保证小组成员能够在高效解决实际问题的过程中实现学习和发展。

2. 反思性

行动学习建立在反思与行动相互联系的基础上，其力量来源于小组成员对已有知识和经验的相互质疑和在行动基础上的深刻反思。特别关注从以往经验中进行学习，具有一定的反思性。在行动学习过程中，小组成员花费一定的时间用于反思，并将经验结构化，进而形成“学习—分享—质疑—反思—归纳—反馈”的循环（苏敬勤和高昕，2020）。

3. 动态性

行动学习中的实践问题或实践任务均没有统一且明确的答案，学生在学习过程中既需要对问题进行研判和决策，也需要其及时对实践结果进行测试、反馈与评估。学习期间，教师的主导作用被削弱，更多扮演引导与催化的角色，帮助学生多次尝试可行的解决方案，不断平衡行动与反思性学习之间的关系。并且，相较于案例教学法等相对静态的学习模式，行动学习法体现了教学过程的持续性和动态性。

5.4.2 行动学习法注意事项

行动学习法虽然最早用于企业培训，但行动学习法的特性十分适用于教育教学。荷兰商学院（Business School Netherlands，BSN）作为应用“行动学习法”最早和规模最大的商学院之一，二十余年的实践已经使其形成了一套完整而成熟的独特教育体系。近年来，行动学习法在国内商学院的 MBA、EMBA、EDP 项目中也得到了初步的探索与应用，如中央财经大学会计学院推出 EDP 行动学习课堂、华东理工大学商学院则基于行动学习项目推出了“三位一体”的教学模式等。

但是，行动学习法在国内商学院的教学活动中多处于探索阶段。受制于多重因素的限制难以全面系统地应用到现有课程体系中。行动学习法在国内商学院的进一步普及与推广，需要打破旧有的教学传统与评价标准，在应用行动学习法时应该注意以下事项。

第一，慎重选择行动学习项目，优化课程设计与教学实施。所选行动学习项目应真实且具有挑战性，否则学习者感受不到真实的压力及风险，也无法发现自己的不足。同时，至少要保证组织中有一名资深管理人员作为项目的支持者，从组织层面保证该项目的顺利进行。在课程设计与教学实施环节也应注意“生活化”与“活动化”问题。生活化与活动化的教学方式能够激起学生主动参与学习的意愿。但是，要注意教学活动与教学目标紧紧相扣，否则便容易流于“为活动而活动”及“有活动没有学习”的弊端。

第二，合理划分小组，明确组内分工，确保组内研讨质量。按照学生的特点、年龄结构、性别比例等因素划分若干小组，充分考虑小组构成人员的多样性和平衡度，以保证小组专题研讨在观察反思、概念抽象、探索实践等方面有所突破。同时，明确组内分工，在每个小组中推荐产生主持人、记录员、纠偏员、计时员和重点发言人，保证研讨按照结构化的规则和流程推进。小组活动是行动学习成败的又一关键所在，小组成员要共同制定小组活动的规则并认真执行，形成融洽的氛围，谨防小组活动流于形式，确保开展积极有效的小组活动。例如，各小组独立开展结构化研讨期间，可采用微信群分享与研讨现场相结合的方式保证研讨按规定动作完成。

第三，注重培养学生的实操能力，致力于激发学生思考。“干中学”的实践教学强调让学生亲自动手操作，主动归纳整理资料和经验，因而产生深刻的学习效果。但是，学习自“干中学”开始，却不能仅止于此，而是要提升知识的层次，超越“为实用而求知”，达于“为求知而求知”的阶段。同时还应致力于激发学生的思考，让学生从发现问题、确定问题到解决问题的历程中，重组及改造其经验，从而拓展新的认知领域。但是在运用问题思考教学时，却必须考虑学生的兴趣和生活经验、注意问题的难易度及引导学生的思考方向，以此才能达成教学目标。

5.5　案例行动学习法

5.5.1　内涵与特点

自 20 世纪初叶哈佛商学院首次推行案例教学以来，案例教学日益得到国内外商学院的高度重视，前文介绍的案例教学法和行动学习法等教学方法因其优势得到青睐。案例教学法的优势在于提升学生分析问题的能力，行动学习法的长处是强化解决实际商业问题的能力。从实操上看，案例教学法的教学流程相对可控，教学资源整合及学员组织相对容易，在商学院进行大规模推广的可行性较强。相较之下，行动学习法更广泛应用于企业和培训机构，存在无须获得准入的繁杂过程、时间集中、成本可控、员工组织方便等商学院不具备的优势，但其较高的资源要求和实施难度使之在商学院的普及与应用存在诸多困难。

以商学院的人才培养目标为基准点，为实现同时提升学生分析问题和解决问题的能力，提升学习效果和学习效率，基于对案例教学法与行动学习法两种方法在国内商科人才培养方面的优势互补与问题反思，经过多年的案例分析教学实践与行动学习实践，大连理工大学苏敬勤等将两种成熟的案例教学模式进行优势整合，提出了一种新型学习方法——案例行动学习法（苏敬勤和高昕，2020；苏敬勤和贾依帛，2020），并将案例行动学习法定义为以高水平的决策型案例为载体，以团队活动为基础，以对案例所提供的企业实践活动进行深入分析为前提，以学生提出具有可操作性的解决问题方案为结果，以全面提升学生分析、决策和解决复杂商业问题的能力为目的的教学方法。案例行动学习法力图将案例教学与行动学习的多种优势进行有机融合，通过一种整合的教学方法同步实现案例教学与行动学习的多重能力建构功能，以期通过推广一种兼顾人才培养效率与效果、操作性强并且满足新经济时代人才培养要求的教学模式。

简言之，可以将案例行动学习法直观地看作“案例行动学习法=案例教学法+行动学习法”（苏敬勤和贾依帛，2020）。但是，在实操上“案例行动学习法”较分别开展案例教学法和行动学习法具有更为明显的优势，主要表现在以下几方面。

1. 兼具分析及解决问题的功能

案例行动学习法以解决没有统一标准答案的实践问题为导向，强调学生在实践问题的牵引下通过结构化步骤和思考逻辑对案例资料进行系统分析和多轮讨论，最终确定适用于企业实践的可行性解决方案。在教学环节中，秉承案例教学法激发学生创造性思维的优势，同时强调在一定框架内解决特定的实践问题，实现分析问题能力与解决问题能力的交互建构。

2. 教学组织可交互

案例教学法与行动学习法都需要在保证讨论效果的基础上对学生进行合理分组。案例教学过程小组可以实现对个体分析结果的整合与补充。行动学习过程中组员间的批判和交流可以形成“学习—分享—质疑—反思—归纳—反馈”的循环（奥尼尔和马席克，2012）。案例行动学习法将这两种方法有机结合，实现了高度情境下隐性知识的验证与应用。并且两种教学方法的培养效果得到叠加，不仅从外在的教学组织实现可交互，内在的主体能力也得到提升。

3. 具备可大规模推广的基础

在教学案例素材方面，国内外已建立符合大中专院校教学实际的管理案例库，如中国管理案例共享中心案例库、哈佛商学院案例库、毅伟案例库等，为教学方法的大规模推广夯实基础。目前，通过国内外案例研究者及科研主管单位的不懈努力，教学案例采编逐渐标准化和规范化，不仅减少了案例开发者的主观性和随意性，还增强了案例教学的有效性。同时，多个案例库为全国高校万名教师提供案例教学服务，实现了案例全文的检索和下载，可获取的案例素材可为广大教师开展案例行动学习法提供便利。

5.5.2　实践原则

在整个案例行动学习过程中，为提升案例行动学习法的可操作性和教学效果，应遵循以下三点教学原则（苏敬勤和贾依帛，2020）。

1. 聚焦性原则

聚焦性原则要求学生始终聚焦于案例素材所涉的决策点，来提出前期决策问题的分析思路及后续解决问题的方案。

2. 中等强度控制原则

一是把控总体进程。案例行动学习法虽是一种开放性的教学形式，但仍然需要教师事先设置好总体教学进程，包括时间分配、教学环节安排等，便于教师在有限的时间内把握整个课堂进度。二是局部教学实施过程的适当干预。针对学生发言超时现象，教师应根据课堂进度在其发言时给予一定的提示或者打断。针对学生偏离主题的内容进行适度纠偏，但为把控课堂节奏，教师需在若干学生发完言后围绕共同存在的问题采用追问的形式进行纠偏，而不是针对每一个学生的发言内容。

3. 开放互动性原则

开放互动性原则指的是通过教师互动式提问及小组内部讨论与汇报的形式，使学生分别与教师、小组成员及跨组组员进行互动，有利于将已有观点在个体层面及群体层面进行多次碰撞，进而激发所有参与者的积极性，形成一种开放互动的学习氛围，最终更有效地帮助学生完成知识与能力的建构。

5.5.3　实践过程

作为一种新型教学方法，案例行动学习已分别面向本科生、研究生及教师等不同群体进行了多次课堂检验，并在全国范围举办了多场公开课，其流程不断得以规范化。

简要来说，案例行动学习包括“课前准备—课堂实践—课后评估”三个阶段，如图 5.2 所示。例如，课前在案例库中选取一篇合适的案例，对案例进行改编处理。学生据此可以迅速捕捉关键信息，了解企业所涉的内外部情境信息及具体的管理实践信息，为后续分析案例及提出解决方案奠定基础。在课前将学生进行分组，随后以小组为单位分析案例涉及的决策问题。在课堂实践阶段，教师先带领学生通过观看视频、放映幻灯片等方式对案例企业简单回顾，使学生进一步加深对企业决策点所涉内外部情境及决策信息的理解。在分析问题部分，由教师围绕事先设定的问题以提问和追加提问的方式，展开互动，抽丝剥茧地让学生逼近问题的答案。在解决问题部分，先是小组讨论，在前期已经明确的几个方案的基础上，快速形成小组共同的行动方案，并由各小组选出代表依次汇报。随后，教师进行选择性地追问与课后小结。最后，在课后评估阶段，对课堂实践过程进行复盘与反思，总结课堂教学中的经验和教训。

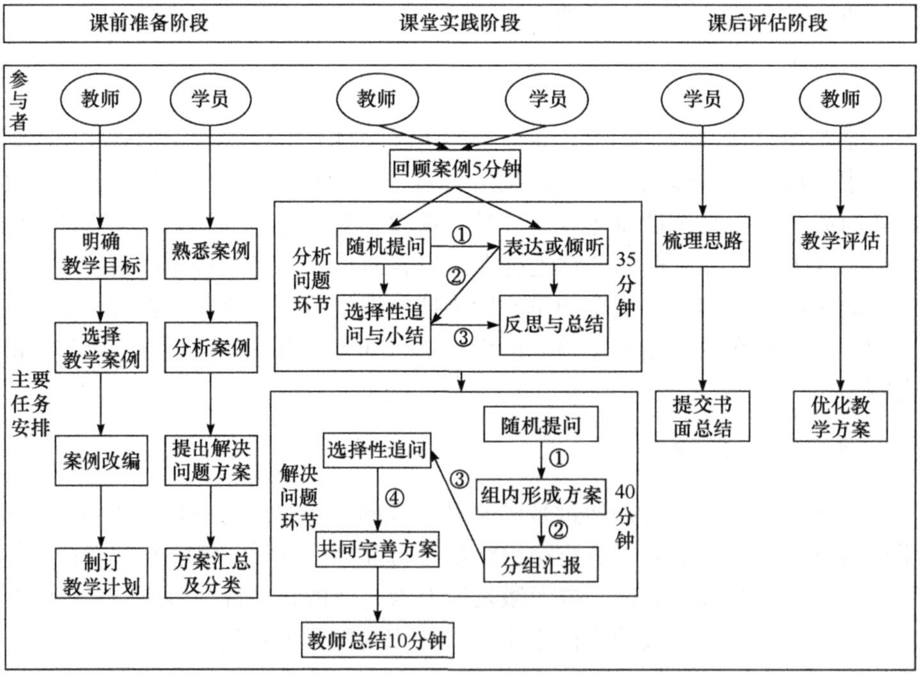

图 5.2　案例行动学习流程图

资料来源：苏敬勤和贾依帛（2020）

5.5.4　注意事项

案例行动学习法在推广和应用过程中也存在需要注意的若干问题。

第一，以短案例、微案例为载体，课程设计遵循效率原则。企业调研、课堂讨论、行动学习等多场景教学形式的叠加方式，虽然会提升学生的体验感和参与度，但多日的教学安排会产生一系列的效率难题。为了遵循效率原则，课程设计应标准化并与现有课程体系接轨。在课堂时间上，案例行动学习法也应参照当前课堂时间，在标准课时内完成既定教学目标。在案例选取上，最好选取决策型短案例、微案例，使学生在短时间内围绕核心脉络了解企业背景和问题，并快速聚焦到明确的决策点。

第二，组织师资培训，开发教学指导手册。由于案例行动学习法是一种新的教学方法，对于部分有案例教学经验的教师而言，掌握起来相对容易。因此，为了让没有案例教学经验的教师能够迅速掌握该种教学方法，一方面需要进行多轮师资培训；另一方面需要将有价值的且抽象的个人经验转化为辅导材料，开发包含原理、程序、方法、注意事项等在内的指导手册。

第三，大力推进校企合作，鼓励企业高管带问题进课堂。案例行动学习不仅要系统性分析案例素材以归纳相应的知识与理论，还要在“干中学”，以解决实际管理问题为最终目标。因此需要大力推进校企合作。一方面，强化教研团队对本土案例的采编。鼓励相关课程的教师入驻企业，嵌入到企业实际问题的解决流程中，并以此收集、采编鲜活的案例素材。另一方面，鼓励企业高管带问题进课堂。可以聘任或邀请具有一定知名度和管理经验的校友或优秀企业高管带问题进课堂，最大限度地给学生展现工作环境的真实问题，提高课堂教学的效果。

综上所述，案例行动学习法是在案例教学法和行动学习法的基础上开发的新的教学方法，经过教学实践，该方法基本实现了能够兼顾提升学员分析问题和解决问题的能力，且具有较强可操作性与可推广性的总体目标，具备向全国商学院进行大规模推广的条件。目前，该方法已经在国内数十所院校、近万名师生中得到推广和应用。考虑到其他几类教学方法均有大量相关介绍和指导，但尚缺少有关案例行动学习法的操作性强的实用型书籍，在后续章节中，将逐步拆解案例行动学习法这一系统工程，详细介绍案例行动学习过程中的课前准备、课堂实践以及课后评估等环节，以进一步提升案例行动学习法的可操作性，使这一全新方法真正落地。

第 6 章　案例行动学习的课前准备

第 5 章介绍了案例行动学习的基本概念、原则、过程和注意事项，并指出案例行动学习不同于传统的案例教学法，而是以高水平的决策型微案例为载体，能够全面提升学生分析、决策和解决复杂商业问题的能力，将案例教学和行动学习两种先进的教学方法融为一体，能够很好地弥补传统案例教学方法的不足之处（苏敬勤和高昕，2020）。整体上，案例行动学习是一项系统工程，其过程可分为课前准备阶段（图 5.2）、课堂实践阶段和课后评估阶段。其中，课前准备阶段决定着案例行动学习的起点和基础，本章分别从教师和学生两个角度介绍如何做好课前准备工作。

6.1　教师的课前准备

教师在案例行动学习的课前需要围绕教学目标和学生的知识背景等选择合适的教学案例、对案例进行适当的改编处理、制订课堂教学计划等。在案例教学的准备过程中，教师要始终以提升学生分析问题和解决企业实际问题的能力为目标，并且不断在教学实践过程中完善教学方式。

6.1.1　案例选取

选择教学案例是一件重要且困难的工作，需要从教学目标、学生特点、案例价值性等多个方面进行综合考虑。

1. 根据教学目标选择案例

呈现好的教学效果需要充分考虑案例行动学习的教学目标。案例行动学习法以全面提升学生分析、决策和解决复杂商业问题的能力为目的，不仅要提升学生分析问题的能力还要提升学生解决企业实际问题的能力。使用这一方法提高学生相应的能力通常需要将真实的企业管理情境作为教学场景引入课程教学，以激发学生的学习兴趣，并引导学生在主动思考、积极探究和研讨总结中提升应对问题、化解矛盾的策略和技巧（苏敬勤和贾依帛，2020）。鉴于此，所选择的案例应该具有较强的情境性和更高的问题聚焦性，能够兼顾分析问题和解决问题的功能。此外，课堂教学还应具有一定的管理理论教学目标，因此要求教师在选择案例时兼顾与教学理论契合度更高的案例。

2. 选择适合学生特点的案例

选择适合大部分学生的案例。面向不同的授课学生，需要依托不同的教学案例。本科生、学术型硕士生或博士生，以及 MBA、EMBA 等不同类型的学生在知识结构和背景上存在较大差异，可以选择不同的案例，或者对已有案例进行不同层面的改编。如低年级的本科生因为知识储备有限且不具备丰富的企业实践，在选择案例时可以选择情境相对单一或简单的案例，或者在改编案例时可以给出更多背景信息。大部分情况，案例行动学习法主要应用于 MBA 课堂。MBA 学生群体总体上对企业实践较为了解，但学生的背景及知识储备量差异较大，因此对于案例内容的理解也不尽相同，学生是否能够准确识别问题并理解与问题相关的案例事实是课堂教学得以顺利开展的重要因素，因此教师必须客观评价学生并选择适合大部分学生理解、分析的案例。

选择可以提高学生认知水平和能力的案例。MBA 学生大多期待在课堂中学习到能够应用于工作实践中的知识，因此使用的案例需要具备以下几点才能使学生产生共鸣，予以接受和认同：案例是否使学生感到真实可信；案例事件是否为他们身边真实发生或可能发生的事情；案例问题是否是他们经常遇到或可能遇到的管理问题。只有当所选案例与学生存在某种联系时，他们才会更乐于投入到案例学习之中，从而获得或提升能力。基于此，教师在选择案例时要慎重选择国外的案例，因为文化差异和经济运作中社会背景的不同，所遇到的问题重点也会存在差异（苏敬勤和贾依帛，2020）。

3. 选择具有较高价值的案例

不同的管理案例虽各有千秋，却有其自身的价值所在，根据教学目标的不同，高价值性的评价标准也有所不同，但存在三个基本的必备特点。

第一，选择大多数学生感兴趣的案例。不同于学术研究，案例行动学习的课堂需要生动、有趣的情节带领学生迅速进入决策状态，并且决策情境应当尽可能与学生相关，使其更愿意在课堂中投入情绪。这样不仅能营造高效的课堂学习氛围，还能使学生在课堂中收获能应用于实践中的能力。

第二，选择决策型微案例为教学载体，以此保障学生能够在短时间内聚焦明确的任务或决策点，同时满足案例行动学习法的教学需求。教学案例中，决策型案例对管理情境的描述往往隐含着若干真实的、富有挑战性的决策问题。相对于描述型案例而言，更能够吸引学生以决策者的视角对案例中的情境进行批判性思考，并提出相关解决问题的思路。因此，决策型案例不仅有利于培养学生的管理能力与探索精神，也更易激发学生参与课堂的内在动机，提升教学效果及效率（苏敬勤和贾依帛，2020）。

第三，选择篇幅较短的教学案例。精简的内容允许学生在短时间内围绕核心脉络快速了解企业的背景和问题。区别于普通案例内容翔实的特点，微案例因篇幅短小精悍，而更加适用于案例行动学习的教学课堂。具体而言，首先，微案例由于篇幅短及内容精炼，能够让学生迅速梳理、甄别企业涉及的内外部情境，以及管理实践相关的具体信息，以更好地提升学生在短时间捕捉关键要点的能力；其次，对知识点的相对聚焦有利于实现知识点与案例内容的有机和精准结合；最后，对于教师而言，微案例具有更高的灵活性和易用性等优点（苏敬勤和贾依帛，2020）。

因此，考虑到学生与教师的需求，在实施案例行动学习法的课堂时，通常建议教师选择具有较强情境性或故事性的决策型微案例作为主要的教学载体，达到在保障教学效果的同时兼顾课堂效率的目的，在理论和实操层面也具有更强的普及和推广价值。

比如竞争战略教研坊在以战略变革主题为 MBA 学生组织的一次案例行动学习中，选择了波司登的案例，意在提升学生在困境中制定战略变革决策的能力。波司登创始于 1976 年，专注羽绒服四十余年，是全国最大、生产设备最为先进的品牌羽绒服生产商。主要从事自有羽绒服品牌的开发和管理，包括产品的研究与设计、开发、原材料采购、外包生产及市场营销和销售。截至 2022 年 3 月 31 日，波司登羽绒服畅销美国、法国、意大利等 72 个国家，全球超 2 亿人次在穿。但是波司登也曾一度遭受竞争对手的残酷打击，“波司登该如何走出迷局？”对这一问题的分析和解答符合教师预设的教学目标，因此，经过筛选，最终选定波司登相关案例作为课堂讲授的原始素材，原因有三：首先，教师的目的在于教授学生通过分析管理问题掌握决策能力。与之相对应的高质量案例应符合下述要求：描述相对复杂、不规范的、碎片化的问题，案例资料集中于一种价值体系且事实支撑较多，分析方法结构性不明显且案例价值体系十分明确。波司登的案例恰恰符合上述要求。其次，案例企业“波司登”主营羽绒服业务，与学生的日常生活密切相关，并且目前处于中高层管理岗位的 MBA 学生经历了该品牌从风靡一时到逐渐淡出大众视野再到强势回归的过程，学生对企业发展更加熟悉，更能对这一案例产生认同感。最后，将案例改编为决策型微案例，符合使用案例行动教学法授课所需的高质量案例要求。

6.1.2　案例改编

为了在有限时间内提高学生的阅读质量，达到更好的教学效果，同时提升教学方法的可操作性。案例行动学习法要求教师应该遵循聚焦性原则，即要求学生始终聚焦于案例素材涉及的决策点，提出前期决策问题的分析思路以及后续解决问题的方案。这不仅能有效避免学生对素材进行过度发散式思考，围绕明确的目标，提高教学效率和教学质量，还有助于引导学生形成解决问题的方案，并在此过程中有效提升分析问题与解决问题的能力。

从上一小节的介绍中可知，开展案例行动学习法最好选取极具故事性的决策型微案例为主要教学载体。当已有的案例能够很好地满足案例行动学习的要求时，可以直接选取并使用已有的案例。但是大多数情况，完全根据现有案例的内容和逻辑开展案例行动学习课堂难度较大，或者存在不适应的问题，需要教师在课前围绕案例素材和教学目标对案例进行适当的改编。比如案例行动学习中为了聚焦学生的注意力，往往只给出一个核心的决策点，但已有的案例即便是微案例也可能不是完全聚焦于某一个点。更重要的是，在使用已有案例时，教师很难完全理解或融入案例作者的思维中，因此改编案例也是教师将作者的理解转化为个人理解的重要途径。哪怕是使用本人撰写的案例，当用于不同课程、面对不同学生群体时，也需要进行适当改编。

案例改编实际上就是根据课程的需要对案例进行再加工的过程，可以是对已有某一篇案例的再编，使其更适合案例行动学习对强决策情境的需求，也可以是针对某个企业的多篇案例进行压缩与再编。实际上，教师自己采编或参与调研的案例用于教学中的效果相对更为显著，而且改编的难度也更低。竞争战略教研坊举办的 6 次全国性案例行动学习公开课①，主讲教师均参与了前期的案例企业调研和案例撰写。因此较为容易就能够将已有的案例改编成为适合案例行动学习的案例。比如竞争战略教研坊对波司登的案例改编以 7 篇中国管理案例共享中心入库案例为原始素材，分别为《“传承”还是“重塑”？——波司登品牌活化之道》（张心悦等，2019）、《“羽”众不同：波司登的价值创造之路》（李远慧，2019）、《战略牵引、“羽”众不同：波司登如何乘势而上？》（秦伟平等，2019）、《“逆流而上，顺风而行”——波司登的品牌传播》（颜卉和安梦鑫，2019）、《温暖全世界：梦想如何照亮波司登战略创业之路》（黄海昕等，2019）、《渠道之网如何织出波司登新装》（林海芬等，2019c）、《“羽”众不同波司登：演一场不落幕的戏》（谭庆美和耿佩璇，2019）。结合案例行动学习对案例决策情境的需求，以及案例作者因为参与波司登调研而形成对波司登的深刻了解，最终将上述 7 篇教学案例改编成为精炼的千字案例，用于案例行动学习课堂教学。

---

① 2019 年 11 月 26 日，飞贷案例行动学习公开课（主讲老师：大连理工大学苏敬勤教授）；2019 年 12 月 23 日，雅迪案例行动学习公开课（主讲老师：大连理工大学苏敬勤教授）；2019 年 12 月 24 日，波司登案例行动学习公开课（主讲老师：浙江工商大学程兆谦副教授）；2020 年 5 月 12 日，雅迪案例行动学习公开课（主讲老师：大连理工大学黄海昕副教授）；2020 年 5 月 19 日，波司登案例行动学习公开课（主讲老师：西南科技大学张心悦副教授）；2021 年 5 月 24 日，竹叶青案例行动学习公开课（主讲老师：安徽财经大学杜晶晶教授）。

具体来说，案例改编的第一项工作为明确思考题。最终用于课堂教学的案例体量十分短小精炼，其内容往往只能支撑一个十分明确的案例主题，因此启发思考题通常表现为一个明确的决策型问题。通过对波司登多篇案例的梳理，以及案例作者对波司登发展历程的准确把握，以教学目标为指导，最终将启发思考题确定为：您认为君智战略咨询给出的激活波司登品牌的方案是什么？您又会给出什么方案？需要注意的是，在启发思考题中已经点明了波司登面临的问题为“品牌老化”。相比较之下，原有案例中问题的设置范围相对宽泛，通过回答这些问题能够快速且清晰地了解到波司登的基本信息与渠道概念等一系列相关管理理论。但以上只能满足锻炼学生分析问题能力的目的，对于更关键的“如何训练学生决策能力”这一目的则效果甚微。因此，改编案例的关键一点在于，以决策型问题为重点将问题缩减至 1～2 个关键决策型问题。

改编案例的第二项重要工作在于结构和内容的调整。虽然已经选定篇幅较小的微案例作为教学载体，但其仍然承载了企业发展变革的诸多丰富信息，需要通过改编进一步聚焦，保证课堂上对于决策的讨论时间更加丰满。改编后的案例与原案例在内容结构方面的区别主要体现在以下三个方面：第一，原案例存在一定的固定格式，而改编后的案例不存在固定格式。第二，原案例的语言华丽，更具故事性；改编后的案例语言简单且凝练，以准确表达含义为目标，整体言简意赅。第三，原案例在内容上更为充实，对于企业一段时间的发展做出简要介绍，通常包含转型和未来发展两个可能的决策点；改编后的案例通常只会根据需要选择一个关键点，并补充做出决策需要的各种信息。通俗来讲，原案例描述的是企业在一段时间内的发展状况，而改编后的案例仅专注于企业需要决策的某一个点。

具体来说，改编后的案例通常应包含以下几方面内容：第一，对案例企业的简短介绍，通常几句话即可，同时将原本极具故事性的语言改编成简洁明了的风格。改编后的案例开篇为：“1976 年创业，从 1995 年到 2007 年香港上市，连续 13 年中国羽绒服行业排名第一，波司登和它的创始人高德康毫无疑问是最好的‘中国创业’故事之一。”短短几句话便交代了波司登的过往发展与成就，与下文其面临发展困境形成鲜明的对比。随即笔锋一转，点明问题所在：“然而，他也有烦恼……”第二，对决策情境的描述，这也是案例主体的重中之重，毫不夸张地说，千字案例中有八成的笔墨都是服务于此的。同时注意将原本复杂的结构，比如倒叙结构、插叙结构等，转变为最简单的顺叙结构。在改编后的案例中，作者对于波司登的内部现状、竞争对手与市场环境进行了详细的描写，从品牌扩张到业务聚焦，案例将波司登面临的决策困境淋漓尽致地展现在了学生的面前。对决策情境的描述与教师的课堂教学设计相辅相成，对于决策情境的描述需要足够支撑学生进行分析思考并做出决策。第三，简短的案例结尾。“如何才能重新赢得主流消费群体？公司高层请来了本土咨询界的翘楚——君智战略咨询，经过数月详尽的调研和分析后，君智战略咨询协助波司登确立了新的战略方向和方案”这一结尾自然而然地引出了案例的启发思考题，即君智战略咨询到底给出了怎样的战略方向和方案。全文一脉相承，逻辑连贯，在短短的千字内便将波司登的故事展现在学生的面前。

波司登羽绒服——如何走出迷局?

1976 年创业，从 1995 年到 2007 年香港上市，连续 13 年中国羽绒服行业排名第一，波司登和它的创始人高德康毫无疑问是最好的“中国创业”故事之一。

然而，他也有烦恼：羽绒服产品的季节性很强，每年 10 月到次年 2 月是旺季，3～5 月是淡季，无法产生稳定的销售现金流。

上市募集到了可观的资金，让波司登看到了品牌扩张的希望，开始施行“四季化、多品牌、国际化”战略。第一步是把手里的波司登、雪中飞、康博、冰洁和上羽等七大品牌差异化定位，特别是前三个品牌完全分开，实现产、供、销一体化，独立经营。

第二步，大力拓展非羽绒服装品类，以代理、收购、自主投资等方式，建立女装、童装到商务男装的产品线，包括波司登男装、波司登童装、摩高、杰西与瑞琦等品牌。国际化则从英国起步，设立旗舰店，收购了在英国有 88 家门店的一家知名男装营运商，随后在美国开设门店、在意大利设立公司。

新战略推动了企业规模的快速发展。2013 年，波司登的门店数量超过 1.3 万家，销售收入达到 93.25 亿元，净利润 10.79 亿元。然而，在风光之下，危机已然显现。无论是男装还是女装，都有强大的竞争对手。

屋漏偏逢连夜雨。从 2012 年起，整个服装行业遭遇“库存”危机，一些著名品牌均受到很大打击，波司登也无法幸免。2013 年之后营收和盈利能力连年下跌，2015 年营收相比 2013 年减少 30 亿元，利润只有原来的十分之一稍多。

压力之下，波司登着手业务聚焦，退出童装业务，砍掉大多数女装品牌，2014 年关掉 3000 多家门店，2015 年幅度更大，关掉 5000 多家，2016 年继续关掉 1000 多家，国际化也暂停了。终于，公司稳住了阵脚，先是在 2015～2016 的财政年度利润止跌回升，然后在接下来的一年里，实现了营收和利润的双增长。

但是，这些只是运营层面的优化，接下来怎么走呢?

寻寻觅觅之间，波司登与君智战略咨询就企业发展战略达成高度一致，于

2017 年底签约合作。

摆在君智战略咨询面前的局面，可谓错综复杂。

几乎所有的服装品牌都在卖羽绒服，一到冬天，就摆满了街边的每一家店面。它们的品牌普遍具有知名度，价格又不高，设计上也不乏特色。

高端则不仅有奢侈四季服装品牌的羽绒服，更有专业生产羽绒服的强势品牌以高端专业的形象享誉世界，无论是财务表现还是资本市场的认可程度，都呈现良好的发展态势。随着我国综合国力与居民消费能力的增长，部分国际品牌认识到中国市场的巨大潜力，开始在国内开设旗舰店、展开与淘宝的合作等计划。

至于波司登，形成了鲜明对照的是，顾客群年龄普遍较大，不受年轻人欢迎。很多年轻人的评价是设计不够新颖，是“爸爸妈妈才会穿的羽绒服”。另外，为了消化库存，波司登经常搞一些价格促销，年纪大的顾客固然喜欢，但年轻人就不怎么喜欢了。

如何才能重新赢得主流消费群体？公司高层请来了本土咨询界的翘楚——君智战略咨询，经过数月详尽的调研和分析后，君智战略咨询协助波司登确立了新的战略方向和方案。

启发思考题：您认为君智战略咨询给出的激活波司登品牌的方案是什么？您又会给出什么方案？

资料来源：林海芬等（2019c）、张心悦等（2019）、李远慧（2019）、秦伟平等（2019）、颜卉和安梦鑫（2019）、黄海昕等（2019）、谭庆美和耿佩璇（2019）

6.1.3 制订教学计划

制订教学计划能帮助教师熟悉每个知识点在课堂中出现的情境和时间，合理安排教学重点，有助于把控整体课堂进度。

1. 制订教学计划前的准备工作

其一，教师要根据案例内容了解相关事实，对有关信息进行透彻分析，加强对教学案例的熟悉度与把控度。教师要熟悉和精读案例，对案例的情节、过程及主要人物的观点和对话做到生动的、有情境感的、脱离书面资料的描述。教师对案例事实和数据越熟悉，在教学中便越能够把握主动权。此外，教师还应对超出案例情节的相关情形加以了解，掌握更多的背景状况，争取对案例的内容有所扩展，案例改编便包含对案例内容的扩展工作。

其二，准确把握教学重点。由于案例教学的时间限制，教师应该优先安排案例中更为重要的讨论题。根据教学目标的不同而设置不同的教学侧重点。当教师将教学重点放置在传授知识与理解概念上，其他教学形式也许更加适合。案例行动学习法的重点在于通过识别与分析问题，制订备选方案和决策。在教学重点的准备过程中，必须考虑教学目标与学生特点等因素，避免仅凭教师的主观想象便确定教学重点，造成学生需要的没有作为重点，学生掌握不了的或已经掌握的，反而成为课堂重点。

2. 教学计划的主要内容

案例行动学习法的课堂教学计划通常涉及几方面内容，包括锁定案例企业需要解决的核心问题、划分小组并设计小组合作模式、制订课堂时间分配计划并设计板书、预设课堂的开始与结束。下面分别作一般性介绍。

首先，锁定案例企业需要解决的核心问题。教师需要预先分析案例并确定案例企业需要解决的核心问题，随后围绕该核心问题多方面收集信息，直到能够支撑课堂讨论该问题的各个环节为止。

其次，划分小组并设计小组合作模式。根据课堂学生数量预先设定小组数量（以每组 5 人左右为最佳），并设定学生需要在课前从事的准备工作，包括每名学生都要阅读案例并查阅相关资料；小组内讨论案例企业面对的核心问题是什么；小组内学生各自提出解决方案和思路，并进行归纳与汇总。

再次，制订课堂时间分配计划并设计板书。时间分配计划中的内容包括引题设计、企业需要解决的核心问题介绍、课堂讨论、课堂展示时间等。通过对课堂时间进行提前设计，能够帮助教师更好地利用课堂实现教学目标。另外，板书的设计能更好地呈现教师的教学思路，教师需要预先将重点内容、次重点内容、非重点内容加以划分，并设定不同内容在黑板上的不同位置，通常重点内容使用频次最高且会一直保留在黑板上，因此需要选择更为突出的位置。

最后，预设课堂的开始与结束。好的课堂开始往往能使学生快速进入主题，不仅能抓取学生的注意力，同时为课堂重点问题的分析与讨论留出更多的时间。因此教师应该找出合适的教学切入点，以呈现良好的课堂展示。此外，好的案例行动学习课堂理应是“虎头虎尾”，好的结尾能够起到点睛之效。可以设计为教师对不同组学生讨论结果的点评与总结，也可以设计为不同组学生互评并总结。形式不固定，根据学生和课程特点选择，以能够让学生更清晰地掌握教学内容为基准。

针对上述《波司登羽绒服——如何走出迷局？》的案例可从以下四个方面制订案例行动学习法的课堂教学计划。

首先，确定案例企业需要解决的核心问题“波司登品牌老化的表象之下，究竟是什么问题？”，为了达到更好的课堂教学效果，教师需要针对波司登变革前，品牌老化现象产生的相关信息进行多方面了解，获取企业自身管理、运营数据、国内外竞争对手信息、潜在竞争者、消费者、政策等内容，以实现对案例企业波司登的全方位把握，确保在课堂上对案例的灵活使用。

其次，划分小组，布置思考题。划分小组数量不定且每组人数不定，需要教师根据班级具体人数确定，建议每组人数不超过 8 人，5 人左右为最佳。思考题在前文已经论述。

再次，制订课堂时间分配计划，并提前设计板书。情境引入与案例回顾不宜占据过多的时间，引导学生分析问题并给出决策方案是课堂教学的重点所在，应予以最多的时间。而最后的课堂总结也不应过于细致。教师可以提前设计课堂板书，如通过主问题引出子问题的过程可以通过图 6.1 的板书模块实现；通过企业内外部环境分析确定战略落地思路则可以设置为图 6.2 所示的板书形式。

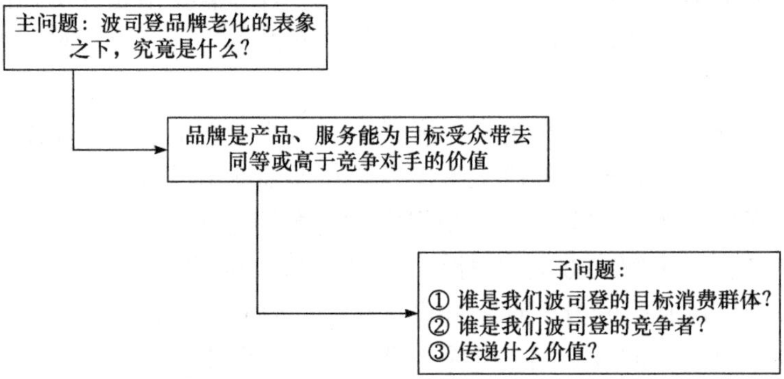

图 6.1　问题引入板书示例

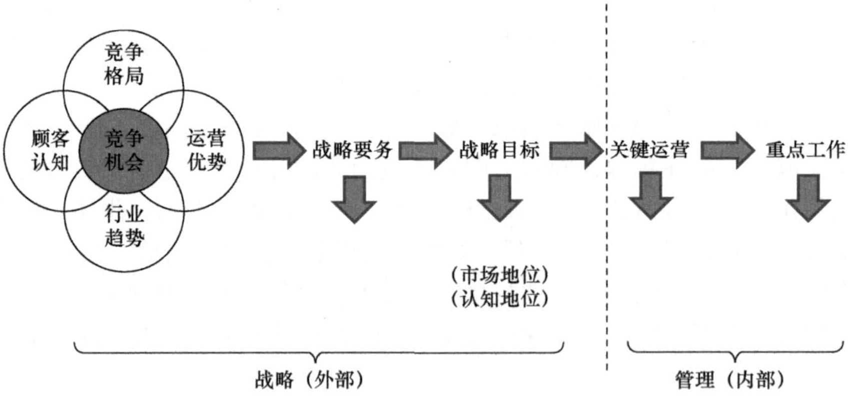

图 6.2　战略落地板书示意图

最后，预先设定课程的开始与结束。为了在课程的开始引导学生快速进入决策情境，教师可以选择贴近于学生日常生活的简单问题切入，如“说到羽绒服，头脑冒出的第一个品牌是什么？”“在过去几年里，你买过‘波司登’吗？”“如果你曾买过，你会再买‘波司登’吗？”等一系列简单问题，既可以活跃课堂氛围，又能够帮助学生快速进入案例分析状态。课堂的最后，对各小组的讨论结果做出总结和评价，以向学生展示波司登事件的后续发展来结束课堂。

6.2　学生的课前准备

案例教学是一种情境式教学模式（苏敬勤等，2012），案例行动学习的课堂通过案例分析过程中个体的独立探究和与团队成员的互动讨论过程，提高学生分析和解决问题的能力。案例分析过程中，学生通过阅读案例，做好课前准备，通过个人与团队的协作，对案例中描述的管理情境问题进行分析、判断，最终做出决策。

6.2.1　个人分析与准备

践行案例行动学习教学法，需要建立在充分阅读和思考，以及大量查阅相关资料的基础上。充分的阅读和思考能使学生准确定位于案例企业需要解决的核心问题，大量查阅相关资料有助于学生提出有效的问题解决策略，为后期小组内集体讨论提供基础素材。为提高学生个人案例分析的效率，建议将问题解决策略思考过程书面化，该书面化过程能进一步帮助学生梳理思路和找到有效信息的因果关系。一般来讲，个人案例分析包括三个步骤：锁定案例中企业面对的核心问题；查阅相关资料并分析问题；提出解决问题的方案。具体如下。

1. 锁定案例中企业面对的核心问题

教师通常会将案例素材提前发放给学生进行自我阅读，并同时给出一些问题让学生思考。学生在拿到案例后需要进行多次阅读，包括粗读和精读至少两遍阅读，并在过程中锁定案例企业面对的核心问题。一般来说课堂中使用的大多是经过教师改编后的案例，具有更强的问题聚焦性，学生可以借助教师给出的思考题确定关键问题。当学生拿到没有经过改编的案例时，则需要花费更多的时间和精力阅读以准确定位企业面临的核心问题。

2. 查阅相关资料并分析问题

确定核心问题后，学生需要根据问题所涉及的理论和背景广泛查阅资料。查阅相关理论资料可以帮助学生厘清问题发生的本源，并尝试在理论层面解决问题，从而实现管理理论学习的目的；查阅背景资料可以帮助学生更好地理解企业产生运营问题的原因，并有助于切实可行地提出解决思路。对问题分析的过程中，学生需要遵循案例“是什么—为什么—如何做”（what，why，how，简称 2W1H）的框架对案例素材进行深入的剖析，并将分析思路及结果进行详细记录，为进一步提出问题解决方案提供思路和素材。

3. 提出解决问题的方案

案例行动学习法以案例教学中的案例事实分析为基础，强调“以参与者提出具有操作性的解决方案为结果”，解决方案多被一般案例教学所忽视但却是行动学习的本质要求。为满足这一本质要求，学生需要在课前按照“设计方案框架—提出方案内容—完善方案内容”（framework，content，improve；FCI）的步骤制订个人初步的解决方案并形成书面报告。报告要有清晰、严密的逻辑，并且要尽可能地有利于课堂陈述。

6.2.2 集体学习与准备

集体学习的目的在于通过交流，获取互补的信息与思维，在增进学生之间合作的同时使其了解不同的观点，并在讨论中逐步完善自己的思路。本书以案例行动学习教学法的课堂实践为立足点展开，集合了传统案例教学方法分析问题的优势和行动学习方法解决问题的优势。其中行动学习方法解决问题的优势体现在课前准备工作中的学生集体学习阶段，培养学生以团队的力量就企业实践中的重要问题展开探索，并通过深度情境嵌入下的质疑、反思、行动不断提升解决实践问题的能力（苏敬勤和高昕，2020）。因此，详细介绍教学前的集体学习过程十分重要，下文主要从两个方面概述教学前小组集体学习的注意事项。

1. 集体讨论中完善思路

集体讨论环节以小组为单位开展。首先，小组长要组织组内成员以企业面对的核心问题为焦点展开讨论，组长事先确定组内讨论的方式，这里提供 3 个一般化的讨论模式：第一，向导式分析。组长以企业困境为核心进行问题拆解，不断抛出具体的问题引导组内学生思考，并提出见解。该种模式中组长起到关键性作用，适用于组内大部分学生前期个人分析准备不充分时。第二，半结构引导式分析。组长率先围绕企业问题分享解决方案，由组内其他同学提出不同意见并阐述自己的解决方案。这种以组长为引，不断有同学指出前面同学不足并阐述自己方案的模式，能极大地促进小组讨论的进度与活跃度。第三，开放式分析。组内每名同学按照一定顺序分享自己的解决方案，其他同学在听取过程中不断反思、对照自己的方案，也可以随时指出当前分享者的不足，组长仅需发挥维护秩序的作用。这种模式需要组内学生均具有较强的活跃度，乐于且积极主动地分享自己的思路并参与讨论。以上三种模式各有优势，需要根据组内学生的特点和个人准备情况进行选择。

不管选择哪种讨论模式，小组内的每位学生都要分享前期准备过程中的个人观点，以及构建的初步解决方案，并在倾听他人发言时进行多次自我批判与反思。例如，其他人提到的思路是否正确、有哪些好的观点是自己没想到的、有哪些要点能够补充以完善自己提出的解决方案等。通过这种不断倾听、批判、反思的循环过程，持续性地完善自己的知识体系，调整内在认知逻辑和寻求答案的方式，最终在抽丝剥茧般逼近问题答案的过程中，实现学生知识与能力自我构建的状态（苏敬勤和贾依帛，2020）。这里强调将已有观点放在个人层面进行反复碰撞，组长通常且最好不要做出过多的干预与评价，只需发挥引导、调动组内学生积极性的作用即可，以充分激发学生主动参与的精神与多次的自我构建行为。

事实上，集体讨论这一步骤不仅有利于学生扩展思维视角、培养团队合作能力，还能够实现其知识与能力的自我构建并扩大到群体构建层面。此外，个体还可以在听取小组内其他同学汇报时，不断反思，持续补充与完善原有思路（苏敬勤和贾依帛，2020）。

2. 进行方案汇总及分类

集体讨论的过程中，在组长的组织下，通过组员间讨论和方案分享，实现案例行动学习过程中质疑、反思和动态修正解决方案的功能（苏敬勤和高昕，2020）。方案汇总则是在个体层面与团体层面，多个层次形式的组织互动学习基础上进行的，包括对案例提供的企业实践活动展开深入的个人分析、组内不同学生提出具有可操作性的互补思维与方案等。组长则需要在集体讨论后收集、整理并汇总组内所有学生的决策思路，并形成报告以便在课堂上与其他小组交流使用。报告整理的形式多种多样，由组长自行选择，这里提供两种常用方式以供参考。

其一，汇总组内所有学生的报告，将所有方案按照观点的相似性进行分类，供课堂讨论使用。该种方式相对简单和易于操作，且整理后的报告简单明了，能够最大限度地还原组内学生的不同思维方式。

其二，通过小组成员将已有观点与思维逻辑放在群体层面进行反复碰撞，在反复讨论过程中融合不同的观点，形成组内统一解决方案。第二种方案对组长的素质提出了更高的要求，且需要组长承担更多的工作量，其报告呈现的是通过团队力量探索、质疑、反思并动态完善的问题解决方案，是组内成员认为的最好的决策思路。无论何种方式都可以发挥提高组内学生团队合作能力、互补思维方式及完善已有认知的作用，最终实现锻炼其在实践中做出决策的能力。此外，这一步骤的实施能节省大量的课堂讨论时间，从而保证教师更好地完成课堂教学任务。

综合来看，小组集体学习模式是对个人学习模式的补充，两种形式的课前学习模式相互叠加构成多层次知识与能力的强化过程。其中涉及个体层面批判与反思已有思维方式的行动，又涉及以小组为单位进行群策群力以形成多维或统一解决思路的过程。以案例行动学习教学法为立足点的课前准备工作，不仅在解决问题的过程中更加关注对学生个人能力的培养，最大限度地避免小组成员间“搭便车”的现象，还能培养学生团队合作精神及沟通协调能力，提升其分析和解决问题的能力（苏敬勤和贾依帛，2020）。

6.2.3 学生课前分析示例

1. 个人分析

承接上文的教师课前准备实例，以案例《波司登羽绒服——如何走出迷局？》为例。在教师发放案例并布置“您认为君智战略咨询给出的激活波司登品牌的方案是什么？您又会给出什么方案？”的作业题之后，学生首先要进行个人分析，包括确定案例企业面对的核心问题、查阅相关资料并分析问题、提出解决问题的方案三个步骤。

1）确定案例企业面对的核心问题

学生在自我阅读过程中快速了解案例素材、掌握企业基本信息，并确定企业面对的核心问题。比如“1976 年创业”成立波司登品牌，“从 1995 年到 2007 年香港上市，连续 13 年中国羽绒服行业排名第一”波司登成为羽绒服行业的代名词，“上市募集到了可观的资金，让波司登看到了品牌扩张的希望，开始施行‘四季化、多品牌、国际化’战略”，表明波司登开始转变发展策略，但好景不长，“2012 年起，整个服装行业遭遇‘库存’危机……2013 年之后营收和盈利能力连年下跌，2015 年营收相比 2013 年减少 30 亿元，利润只有原来的十分之一稍多”，表明波司登曾布局多元化战略，但由于竞争环境等多方面原因，企业的业绩开始急剧下滑。对此，“波司登着手业务聚焦，退出童装业务，砍掉大多数女装品牌，2014 年关掉 3000 多家门店，2015 年幅度更大，关掉 5000 多家，2016 年继续关掉 1000 多家，国际化也暂停了”，业务聚焦的转变使其稳住了阵脚。然后分析整个市场，探寻后期发展思路：“几乎所有的服装品牌都在卖羽绒服……高端则不仅有奢侈四季服装品牌的羽绒服，更有专业生产羽绒服的强势品牌以高端专业的形象享誉世界”，发现羽绒服市场规模增长，四季品牌、国际高端品牌大举进入，市场竞争异常激烈。反观企业“顾客群年龄普遍较大，不受年轻人欢迎。很多年轻人的评价是设计不够新颖，是‘爸爸妈妈才会穿的羽绒服’”，面对竞争与自身劣势，波司登需要做出发展选择。综上“品牌老化现象下的发展选择”便是企业需要面对的核心问题。

2）查阅相关资料并分析问题

在确定核心问题后，学生需要就“品牌发展”“战略变革”等相关管理理论和波司登的发展情况、行业与市场环境等背景进行广泛的资料收集与阅读。该过程进一步帮助学生理解波司登遭遇这一问题的原因，以及解决该问题的理论基础。随后，遵循“是什么—为什么—如何做”的框架设定解题思路，what 即波司登是一个著名但老化的品牌，why 即波司登设计落后且频繁促销，how 则是学生需要深度思考才能提出的解决思路与变革策略。波司登首先要解决的核心问题是“波司登品牌老化现象下，究竟是什么问题？”，学生在个人分析阶段思维往往是发散的，可能会提出没有抓到主流人群的需求、产品落后、竞争对手强劲等不同的思路。

3）提出解决问题的方案

而针对如何解决这一问题，则根据学生的认知观点不同而存在不同的策略。比如针对没有抓到主流人群需求的原因，对应的策略可能是通过各种方式探寻消费者在认知层面的需求，然后将公司价值与其对接，在品质、设计、营销等方面实施配套策略；针对竞争对手强劲的原因，应对的策略可能是通过各种方式收集竞争对手与潜在竞争对手的信息，并归类以获取关键竞争点，从而有针对性地制定反竞争策略。有同学可能会提出关键问题根植于多个问题的积累，是一个综合性问题（为简要方案介绍，省略 FCI 步骤设计）。以上均是学生在进行个人分析时可能产生的思路，没有对错之分，仅作为下一步集体学习的素材。

2. 集体学习

集体学习建立在个人分析的基础上，讨论过程中不仅能拓展个人思路，还能实现优势互补。为保障集体学习的效率和效果，小组组长在组织学生进行集体学习前需要先确定恰当的讨论方式，具体方式需要根据参与讨论的学生的基本情况确定，本书依照案例行动学习法的教学特点选择开放式分析做详细介绍。

每位同学都要基于前面的个人分析思路进行汇报，其余同学在听取其他人汇报时记录补充，如当前同学从客户需求和产品老化两个方面剖析了核心问题，而自己仅想到产品老化方面，那么通过集体学习过程便会拓展思路，提升多方面考虑问题的意识。在汇报完成后就自己没有考虑到的顾客需求点与对应同学展开讨论，扩宽思维。

随后组长需要针对组员的汇报情况进行汇总与分类，假定该小组有 5 名同学，每名同学的汇报思路简要概括如表 6.1 所示。

表 6.1　小组内学生决策思路概述的汇总

序号	决策思路的概述
1	波司登忽略了客户群的需求，并且目标客户群模糊。应该清晰界定客户群并升级产品设计
2	企业资源有限，但不仅要做四季化还要多品牌发展，肯定会使品牌定位模糊。应该聚焦产品
3	波司登的产品太过时，没有竞争力，客户都是非消费主力的老年人，时间长了自然品牌度模糊。应该找到主要消费人群，然后依照这群人的喜好设计羽绒服款式
4	波司登的定位不清晰，而且竞争对手很强。应该缩减业务确定主营业务，在价格上压制对手
5	企业运营模式不恰当而且用户定位不清晰，导致产品不受欢迎。应该调整当前多品类发展的模式，并清晰界定主流消费群体，了解其需求，进而调整产品

集体学习过程中，组长可以以表 6.1 的形式汇总组内学生的决策思路，而后进一步整理并分类。合并具有相似内涵的思路，最终整理出四种类别的思路，包括需要精准定位主流客户群并了解其需求、调整企业当前多品类运营模式、重新设计产品以摆脱“爸爸妈妈才会穿的羽绒服”的评价、摆脱竞争对手。随后在组内进一步讨论这四类思路的联系与区别，经过讨论与思维碰撞，最终确定产品的设计属于精准定位主流客户群并了解其需求后的副产品，可以归于一类，最终得到一个完整的解决思路，即波司登需要从内外两方面入手，不仅要调整内部运营模式还要考虑外部顾客需求和竞争对手特点，进而做出战略选择。

当然，不管是整理出四种类别的思路，还是通过进一步讨论整理出一条相对完整的决策思路，都将为教师正式开展案例行动教学课程奠定基础，确保课程的丰满，以及学生获取知识的饱满度，因此需要学生认真对待。

第 7 章　案例行动学习的课堂实践

承接上一章课前准备的内容，本章将重点介绍案例行动学习的实践过程，对教师应承担的角色、学生发挥的作用、课堂学习流程展开详细的讨论，辅之以《未来已来：雅迪电动车如何调整新赛道？》和《波司登羽绒服——如何走出迷局？》两个教学案例，力求帮助教师和学生理解案例行动学习法的内涵和真谛。需要说明的是，案例分析是案例行动学习的核心，但与第 9 章与第 10 章涉及的案例分析比赛中的案例分析存在相似之处，因此，将在第 10 章系统描述案例分析的过程和具体实例。

7.1　理论与案例准备

从企业调研收集案例素材到编写中英文管理案例并收纳入库，数以千计的教学案例可供教师选择。案例课堂的顺利开展需要以充分的课前准备为依托。第 6 章已经就如何选择合适的教学案例，如何改编以更好地适应课堂需求做出了详细的论述，加之学生在课前的个人构建环节共同构成了案例行动学习顺利开展的前提条件。与传统的授课和案例教学模式有所不同，案例行动学习法对教师和学生都提出了新的、更高的要求。只有遵循案例教学的基本原则，以教师和学生为主体，突出学生的主动性作用和教师的辅助性作用，经过目标清晰、逻辑连贯的教学和多次自我构建与群体构建的交互，管理案例才能通过案例行动学习法发挥它的价值和作用。

案例行动学习法始终以解决特定问题为导向，注重学生在课堂中在决策问题的牵引下通过结构化步骤对案例素材进行系统分析，并在多次讨论过程中最终一致确定出偏向于企业实践的落地方案的能力。因此，在教学环节中，案例行动学习在保留案例教学激发学生创造性思维优势的同时，更强调在一定的结构性框架内共同解决一个特定的管理问题，这也体现了兼顾提升学生分析并解决企业实际问题能力的功能。管理案例是教学的主要应用场景，案例行动学习法既需要以个体层面来批判与反思已有的思维方式，又涉及以小组为单位进行群策群力以形成统一的解决思路（苏敬勤和贾依帛，2020）。案例行动学习法的流程如图 5.2 所示。本章就“课堂实践阶段”展开讨论。补充雅迪的教学案例正文如下。

雅迪成立于 2001 年。渠道遍布全球，出口包括美国、德国等 88 个国家，连续四年全球销量第一。致力于打造新一代绿色科技出行生活方式，引领行业升级，成为电动车行业真正的领航者。但雅迪也曾困于“伤敌一千，自损八百”的电动车行业价格血战，而后通过战略转型，布局高端市场，摘掉了“千年第二”的帽子，成为行业第一。然而面对竞争者的相继模仿和并未提升的利润率，雅迪董事长董经贵又产生了新的困惑：雅迪未来的路要怎么走？改编后的案例正文与启发思考题如下：

未来已来：雅迪电动车如何调整新赛道？

雅迪的故事开始于 2001 年，其前身是创始人董经贵在无锡成立的摩托车生产企业。

随着国家“禁摩令”出台，摩托车行业进入寒冬。董经贵偶然地接触到电动车后，产品的环保、便捷、安全等种种特点让他意识到电动车的广阔前景，当即决定转行，踏入电动车竞争市场。

雅迪一直注重产品品质，在 2004 年就斥巨资从日本引进自动化生产线以提升品质。凭借摩托车供应商基础和组装技术规范化、注重技术研发的底子，雅迪电动车在关键的结构件和覆盖件上采用的都是专业的摩托车部件，并不断开发新的电器件进行迭代更新……过硬的品质使雅迪电动车的销量很快突破 100 万辆的销售关口，并以质量好、性价比高的优势迅速发展，积累了良好的口碑，在行业内处于领先阵营。

2004～2012 年被称为电动车行业发展的“井喷”时期：国家法规明确了对电动车合法化认证、不断发展的电池续航技术、更高的消费者认可度、江浙区域经济的聚集效应，这些都推动了本土电动车行业的整体兴起，一大批不同规模与经验及能力的厂商不断涌入市场。电动车品牌遍地开花、鱼龙混杂，行业市场竞争不断升级、愈发激烈。最初，摩托车生产背景让雅迪依然得以凭其质量傲视群雄，但 M 公司的入场，让雅迪渐渐陷入困境。

M 公司是一家做自行车起家的电动车企业，也是做市场营销的高手，它对市场的判断更加准确。不同于雅迪采用的摩托车配件生产的“高品质理念”，M 公司用的大多是自行车配件，成本低，价格自然也更能获得消费者的青睐；同时 M 公司以“炫酷”“时尚”为宣传卖点。很快，M 公司的销量就超越了雅迪。

为占领市场，M 公司发动了多轮价格大战。不出一年，“低价”成为全行业的焦点，所有企业每天都在研究怎么降价、促销——“只要 998”“只要 688”

等，“以旧换新，最高折价 1000 元”的销售口号在企业的终端门店频繁上演。“质量控”的董经贵不愿降低成本、偷工减料，硬扛着在可允许的范围内用最好的材料，却眼看着利润被越挤越少。

2014 年底，价格战进入白热化，雅迪不得不“拼了”：将三四款热销车型的出厂价直降200～300元，经销商每卖出一辆车，就送价值800元的净水器……雅迪仿佛走进了死胡同，所有决策都被 M 公司牵着鼻子走，“一切以 M 公司为参考”，生怕再被 M 公司蚕食更多的市场份额。董经贵的立场也不再坚定，一会儿认为“要保证品质，不能过分降价”；一会儿又讲“M 公司销量又突破多少了，该降价还得降价”。

表面看来，雅迪生产规模不断扩大，销量也在上涨；但实际上与 M 公司的市场份额差距却越来越大，始终摆脱不了“千年第二”的阴影。2012～2014 年连续三年，雅迪净利润率只能在 3%徘徊，“利润如刀片一样薄”。

为了摆脱价格血战的困境，雅迪请来了专注于解决中国本土企业竞争难题的咨询公司——君智战略咨询。经过详尽的调研和分析后，君智战略咨询认为当品类普及之后，消费者的需求必然呼唤产品升级换代，电动车行业“更高端”的战略机遇已经显现。君智战略咨询针对雅迪的战略转型给出了方案：建议雅迪放弃三轮车及特种车业务，聚焦电动两轮车的中高端车型，做“更高端”的电动车，拓展全新消费人群。

2015 年，雅迪在君智战略咨询的助力下启动“更高端”战略。

此时，M 公司选择沿用原有优势，继续以“低价”为武器冲击雅迪。2015 年 6 月，M 公司在全国发起“击穿底价”活动，大有清场之势。此次，雅迪未被 M 公司牵着鼻子走，而是坚持聚焦“更高端电动车”，削减低端车型，提高中高端产品比例，辅以品牌宣传、推广、终端服务等组合拳，顶住了冲击。然而，M 公司持续发动价格战，力度也越来越大。如此一来，雅迪受到很大压力——2016 年 331.9 万辆的总销量甚至比 2015 年的 332.1 万辆还轻微下调。

雅迪也有些吃不消了，加推了很多中低端产品。2017 年 2 月，M 公司推出了 1599 元的小红果车型，全国统一行动，经销商完成销量任务及新品陈列额外给予奖励。同月，雅迪开始执行特价政策，推出近十款车型，全部特价换购不限量消费，换购价从 1299 元、1399 元到 1599 元不等，后续又推出了 999 元的换购价。M 公司也不甘示弱，立刻推出 998 元车型产品。残酷的价格战再现市场。

面对这种情况，董经贵董事长陷入了深深的困惑：不是要做“更高端的电动车”吗？怎么还走回头路，又去做低端车，又去追求销量了呢？

启发思考题：您认为雅迪应该重新重兵布局中低端市场，还是继续聚焦深化高端战略？您又将给出怎样的具体解决方案？

资料来源：由竞争战略教研坊成员苏敬勤、黄海昕等根据竞争战略教研坊采编的有关雅迪的案例改编而成

7.2　教师的角色与作用

案例行动学习法本质上属于情境教学方法的一种，既遵循案例教学的基本原则，又对教师和学生提出了独特的要求。概括来看，案例行动学习的顺利开展需要把握“学生的主动与主导性作用”和“教师的辅助与引导性作用”相结合的原则。在我国的教育背景下，传统的教育观念往往倡导教师在教学活动中的绝对主导地位，认为教师决定授课内容与授课进度，在课堂中指引学生的学习，是学生与知识之间的媒介，传道授业解惑，具有决定性的重要作用，而学生处于相对被动的状态，教师已经事先将绝大部分教学所需准备齐全，而学生往往以信息接收者的姿态出现。但是案例行动学习法的本质决定了教师与学生的角色翻转，即学生必须在整个案例授课过程中发挥主动与主导性作用。明确教师与学生的角色定位有利于帮助教师更顺利地把握案例行动学习的内核。

概括而言，教师在案例行动学习法的教学过程中发挥着辅助与引导性作用，但这绝不意味着教师成为可有可无的角色，相反，教师依然是教学中的核心引领者，案例行动学习会发挥怎样的作用在很大程度上取决于教师。无论是课前准备环节，对教学目标与教学计划的反复斟酌，还是对管理案例的改编与对学生的掌握与了解，课堂实施环节，如何通过问题引入或案例回顾帮助学生快速进入学习状态，理解决策情境，还是掌控整节课的走向与进度，确保学生的讨论没有偏离案例主旨与教学目标，对每一位学生参与情况与发言质量的把握，抑或是课后对自身教学工作与学生学习状况的评估与改进都需要教师付出极大的心血与精力。具体来看，为了发挥学生的主体作用，体现案例行动学习法的互动性、启发性与灵活性，教师的主要作用体现在：第一，辅助，包括课前划分学习小组、安排课前作业、为学生提供决策所必需的各类信息资源、确保课堂顺利开展的其他必要条件；第二，引导与控制，也是教师发挥的主要作用，包括以教学目标为依托，把握教学的重点不偏移核心与关键问题、控制课堂进度并合理规划学生个人构建与群体构建的时间安排、指导学生的多次群体构建行为、通过追加性提问或随机性提问向学生质疑与挑战以引发学生的纵深思考，最终帮助学生经过严密的分析得出科学的决策。

7.2.1　教师的辅助作用

辅助作用是保证案例课堂顺利开展不可或缺的重要内容，需要引起教师的重视。教师的辅助作用主要表现为对课堂活动的串联和为学生提供决策所必需的各类信息资源两个方面。

一般来说，无论是国内案例还是以哈佛、毅伟案例为代表的国际案例，抑或是为特定课堂改编后的案例，在案例的正文中作者都会展示决策所必需的各类决策背景和信息资料，即便受限于正文的篇幅限制，作者往往也会在使用说明中陈列补充阅读资料，教师可以在课前整理相关资料发予学生，也可以要求学生在课程开始之前查阅相关资料以更好地读懂案例内容，理解决策情境。但是即便如此，管理问题往往错综复杂，牵扯的信息甚为广泛，除却学生没有做好充分课前准备的情况，学生也很可能会在课堂中就某一信息或问题向教师提问，此时教师便需要向学生补充一些必要的信息，即刻解答学生的疑惑。我们可以十分形象地说，教师发挥着“时刻向学生补充必要信息资料”的“活字典”作用。这一点对于教师的课前准备工作提出了更高的要求，教师不仅需要熟练掌握案例的基本内容与理论的相关内核，而且需要了解核心理论的外延和最新前沿动态，企业更为广泛层面上的信息或更为具体的细节内容。如果教师使用的课堂案例是自己通过企业调研采编与开发而后改编得来的，那么这一角色便能得到更加充分的发挥。因为在与企业成员深度访谈的过程中，面对面的交流和实地观察调研能够帮助教师建立对于企业和受访者更为全面和深刻的认知，那么在案例行动学习法的课堂中对一些访谈细节的描述也可以帮助学生更快地进入案例情境。

在为学生提供决策所必需的各类信息资源这一方面，教师尤其需要注意，只有当学生在课堂中问起案例正文中确实没有涉及、较为细节、偏僻或前沿的理论或问题时，教师才可以为其解答，切记不可越俎代庖。在信息搜集与整理工作上，教师只发挥备用和辅助的作用，只有学生在课前认真查阅信息，并对其展开整理与思考，才能够确保个体构建环节的高质量完成。学生在课前的准备工作做得越充分，课堂中的群体构建环节越能顺利开展，案例行动学习课堂的效果也就越好。

对课堂活动的串联表现为从话题引入、案例回顾、进入决策情境到个人构建和群体构建的多次交互，最终课堂总结各个环节之间的顺利过渡，是流程上的作用。当学生刚刚接触案例行动学习法时，往往会无法有效区分新的教学方法与传统的案例教学之间的区别，进而对于课堂的行进流程感到陌生和无所适从，此时需要教师发挥“润滑油”的作用，串联各个环节，确保案例课堂平稳顺利地开展。

此外，教师应当避免出现以下两种情况。其一，喧宾夺主。多年的职业习惯和对以往教学方式的熟悉可能会使教师不自觉地演变为课堂的主导者。往往表现为在学生发言的过程中打断、插话而后长篇大论，夸夸其谈，或在学生产生争论时以师长的身份自居、对学生的发言评头论足和横加干涉等。一旦发生这种情况，学生便会自然而然地将自己放置在听课者的位置之上，从而导致案例行动学习法的失败。其二，无所作为。这种情况的发生源自教师对自身角色定位的理解偏差。无论是对课堂进度的把握，还是在学生质疑时给出令人信服的回答等都需要教师为案例行动学习的课堂做好充分的准备，在课堂行进中灵活应变和机动调整。"引导而非替代"绝不等于无所作为。

概括而言，案例行动学习法集成了案例教学与行动学习之长，通过一种整合的教学方法同步实现案例教学与行动学习的多重能力建构功能，打通案例开发的最后一个关键节点——面向学生的案例使用效果提升，从而跨越商科理论与实操应用的鸿沟，满足新经济时代对商学院人才培养提出的更高要求（苏敬勤和高昕，2020）。案例行动学习法也对教师提出了更高的要求。教师不能干预学生太多，以免反客为主，也不能放手不管，而是要在两者之间寻找一种有效的平衡，起到积极辅助的作用，帮助学生通过多层次构建环节完善知识体系。引导、控制、辅助是教师需要把握的角色要点。

7.2.2 教师的引导与控制作用

引导与控制作用是案例行动学习的课堂中教师发挥的主要作用，需要教师时刻铭记于心并付诸教学实践。具体表现为围绕教学目的和核心理论展开关键决策问题讨论、控制课堂的进度与秩序并合理规划学生个人构建与群体构建的时间安排、指导学生的多次群体构建行为、通过追加性提问或随机性提问向学生质疑与挑战以引发学生的纵深思考，最终帮助学生经过严密的分析得出科学的决策等。

1. 围绕教学目的和核心理论展开关键决策问题讨论

无论是描述型案例还是决策型案例，每一篇管理案例都会有明确涉及的核心理论与适用课程。例如，《山从平地起：小仙炖的战略创新之路》（林海芬和海淼，2021）核心理论为战略创新，而《林家铺子：数字化转型铸造防疫护盾》（林海芬和刘相彤，2021）核心理论为动态能力和数字创新。无论是学生的个人构建还是小组的群体构建行为都需要把握核心理论与关键决策问题。分析案例面临的问题和困境需要开拓思维，综合考虑多种因素的影响，但也要紧密围绕核心理论展开，这是一个T字形的过程，对决策背景和问题原因、决策方案的思考需要学生广泛铺开自己的思维面，不放过任何一个可能造成重要影响的因素，即T上面的一横，但这必须建立在核心理论的支撑之上，始终以核心理论为轴心，合理发散，精准聚焦，即为T下面的一竖。只有遵循这种方式，学生才能不偏离案例的主题，发挥教学案例最大的使用价值。但是这一过程的实现需要教师的引导和控制。因为学生很可能会在小组讨论的过程中因为纠结于细节问题或不重要的问题而导致讨论主题的偏离等。有时案例中涉及的关键理论知识点不会直观地体现在案例正文中，这就需要教师引导学生从案例中提取主要事实，将其与所学理论加以匹配，使得理论自然涌现，并在接下来的个人构建与群体构建环节，保持轨道的准确性。当学生的思考重点发生偏离时，教师应及时纠正。

以《未来已来：雅迪电动车如何调整新赛道？》为例，案例对雅迪与竞争对手 M 公司之间的价格战进行了详细的描述，其中蕴含“先动优势”“蓝海战略”“战略定位”“战略配称”等知识点。雅迪没有选择继续在低端与竞争对手打价格战是因为高层管理者对愿景的追求，是企业家精神的体现。雅迪没有选择两头兼顾是因为企业家的注意力与企业的资源与能力是有限的，雅迪需要将有限的资源放置在最有价值的环节。而选择做“高端”的关键在于价值定位和价值传递。因此，虽然“蓝海战略”等也有涉及，但“竞争战略”才是案例涉及的核心理论，教师需要引导学生紧紧围绕“战略定位”与“战略配称”的相关知识点展开。当学生无法在给定的时间内发掘出关键理论点时教师应该加以提点。

2. 控制课堂并合理规划学生个人构建与群体构建的时间安排

计划、组织、领导、控制是管理者的基本职能，其中控制职能对于企业的正常运转发挥着不可替代的重要作用，于教师而言也是一样，对课堂时间、进度和纪律的控制能够保证一节案例行动学习课堂按照教学计划的顺利开展。一节案例行动学习的课堂一般在 90～100 分钟，其中包含课堂引入环节、课堂讨论环节、课堂展示环节、引导分析问题和解决问题环节与教师总结环节，如何掌控课堂的进度和时间分配，使学生能够在有限的时间内高效率地完成对理论与知识的个人构建和群体构建是对教师的一大重要考验。一般而言，课堂引入环节只需 5 分钟即可，分析问题和解决问题是课堂的重点环节，需要分配更多的时间，最后建议预留 10 分钟的时间用于课堂总结即可。

对课堂秩序的控制主要体现在营造紧迫的决策氛围和热切的课堂讨论氛围。仅凭一人之力很难全面深刻地思考问题，对于一些重难点思考题，以充分热烈的讨论为基础的群体构建行为能够帮助学生集思广益，取长补短，而学生的参与热情与学习主动性依托于良好且有秩序的课堂氛围。“有序”除去对课堂秩序的要求，也蕴含对合理控制讨论时间与节奏的诉求。对于浅显的引入性问题不需要花费太多的时间，对于涉及案例主题与关键知识点的思考题则应提供更多的时间以确保充分的讨论。另外，确定唯一的讨论主题或圈定主题的范围可以保证讨论的质量与效率。一次只由一人发言、避免学生的走神与打闹等基本的秩序要求与传统课堂无异。

以《未来已来：雅迪电动车如何调整新赛道？》为例，对于雅迪过去的发展历程，从创业一路走来，学生只需简单概括，归纳总结其中的要点即可，无须在这一环节浪费过多的时间和精力。因此，如果学生久久地徘徊在雅迪过去的成长经历，讨论过于细节的内容，教师便需要加以打断，带领学生进入案例分析中更为紧要的部分，也就是雅迪该如何突围。另一篇案例《波司登羽绒服——如何走出迷局？》也是如此。对于波司登过去的战略与面临的竞争对手的挑战并不是分析的重点，这些只是学生做出决策的依据信息。案例行动学习法的侧重点在于未来的决策。

3. 对个人构建和群体构建行为的引导

个人构建和群体构建是案例行动学习法的基本模式（苏敬勤和高昕，2020）。在学生的多次自我构建和群体构建过程中，教师需要发挥重要的引导作用。而提问与总结发言是达成这一目标的两个十分有效的手段。

案例行动学习法倡导教师采用随机性提问和选择性追加提问的方式。随机性提问可以很好地检验学生对于案例的理解程度与课前准备情况。但随机性提问应当建立在教师对学生学习状态的掌握之下。对于哪位学生发言了、次数多少、质量如何等问题教师需要做到心中有数。随机性提问也是教师对基础薄弱的学生进行个别辅导的一个有效契机。而选择性追加提问则是将案例讨论引向纵深的有效方式。如果只浮于表面地看待决策问题，学生必然难以提出合理的决策方案，因此，教师应当通过引导使得学生渐进式地深入思考问题。例如，某位学生提出了两种可能的解决方案，如果方案的方向是正确的，教师便可以通过询问学生“你认为每一种方案的利弊为何？是否可行？”等问题引导学生继续思考更加深入的问题。以《波司登羽绒服——如何走出迷局？》为例，曾经的羽绒服王者品牌“波司登”现如今却被消费者视为“爸爸妈妈才会穿的羽绒服”，在其品牌老化的表象之下，本质到底是什么问题？为了探究表象背后的核心问题，教师可以通过随机提问和追加提问的方式，促使学生思考和表达自己的观点，一步一步拨开迷雾，挖掘出问题的答案。

总结既是对内容的精简与归纳，更是不断升华的过程。总结不应当只发生在案例行动学习课堂的最后阶段，在每一个小节完成时教师都可以对这一部分的内容加以总结，或邀请学生做出总结，总结也是承上启下的方式之一。总结的过程中需要注意两个要点。其一，总结是否应该带有点评的效果。对于学生发言或争辩的过分点评可能会打断学生对问题的深入思考，让原本热烈的课堂氛围变得冷淡。而不加点评又可能会造成学生的混乱。因此，如何把握点评的程度需要教师思考，笔者建议教师为学生提供适当的诱导和提醒，在必要的时候为学生答疑解惑，在充分讨论的基础上予以适度的归纳和评论。其二，总结本质上是一个“引而不发”和“集大成”的过程。总结不是对教师思维的反映，也不是对一两位发言学生的观点概述，总结应该囊括学生的整体思维和认知，是班级学生集体成果的展现。当学生通过个人构建和群体构建后仍然不能形成统一的认知时，教师可以综合不同的看法和决策，向学生展示一个共性与特性并存的结论性总结。此外，学生由于学术素养不如教师那般深厚，在措辞与表达上往往更为口语化，需要教师将其“翻译”为更加理论和学术性的语言。

以《未来已来：雅迪电动车如何调整新赛道？》为例。教师在最后的课堂总结时，至少应包含如下内容：根据竞争战略理论，企业首先要做的便是确定独特的战略定位，这是后续一系列的决策的基础。战略定位之后，企业需要确定关键的战略要务。在雅迪的案例中，战略要务包括品牌认知和创新体系两个方面，随后便是展开系列的战略配称行为。即从产品规划、产品设计、产品开发等方面构建高端的价值体系；依据认知建立—认知传递—认知升级—认知深化的逻辑，深化高端价值认知。概括而言，雅迪的案例背后蕴含着“先动优势”“战略定位”“战略配称”的关键理论知识点。

7.3　学生的角色与作用

案例行动学习对于学生而言是不同于传统学习方法的新体验。使用的案例往往能够保证学生在日常课程中沉浸在真实的管理情境之中进行知识建构，从而匹配了行动学习对于学生进入企业这一虽体验感更强但过于繁复的应用场景需求（苏敬勤和贾依帛，2020）。因此，针对这一新体验，有必要在明确教师的角色定位后讨论一下学生在案例课堂中扮演的角色及承担的作用。教师对于学生角色定位的理解与把握也有助于教师更加顺利地了解学生的掌握程度并开展课堂教学。概括而言，学生发挥“主动和主导性”作用。

7.3.1　学生的主角定位

传统的课堂之中，教师发挥主导作用，学生习惯于通过倾听而后思考获取知识。教师则是通过将知识点揉碎的方式按照一定的逻辑和系统性实现教学的目标。为了发挥学生在教学过程中的创造性作用和积极性，让愈发多有价值的中国企业实践走进教学课堂，打破企业实践和管理理论之间的藩篱，案例教学方法自引进后便受到了国内商学院的广泛欢迎。但是需要注意的是，虽然当前主流的案例教学方法更加注重培养学生基于已有理论框架分析问题的能力，却也因此缺乏行动学习关注的以团队力量探索、质疑、反思并动态完善问题解决方案的过程，而行动学习虽然有助于解决当前案例教学中理论与实践脱节的问题，但因其较高的资源要求和实施难度使之在商学院的普及应用过程中形成了诸多障碍，制约了教师采用行动学习的积极性。从商科的人才培养目标来看，学生不仅要在案例教学中提升分析问题的能力，同样也需要在行动学习中提升解决问题的能力，且MBA 等企业经营管理人才的现实需求对后者的诉求更甚。得益于哈佛商学院案例库、毅伟案例库等平台提供的高水平、高质量教学案例，授课教师在管理学各个学科领域中均可以广泛选择教学素材以匹配理论知识（苏敬勤和高昕，2020）。这些案例跨越不同的产业，源自形形色色的、具体的、广泛的管理实践领域和行业，描述的是在企业中真实发生的故事。

案例行动学习法在优秀的决策型案例资源基础上进行节选和改编，使之契合关键决策问题的场景需要，在保留案例教学中通过分享和补充培养个体分析能力的同时，结合行动学习所强调的通过质疑、反思与行动培养团队解决问题的能力，进而实现个体与小组两个层面的心智建构。当前，商业环境的急剧变化对商科人才培养的有效性提出了更高要求，在此趋势下，多种情境化教学方法的叠加与融合将是促进商科缄默知识显性化的有效措施（苏敬勤和高昕，2020）。

综上所述，案例行动学习法具有实践性、针对性、启发性和互动性等优点。而这些优点的实现必须以学生为主角。案例行动学习法的目标也决定了学生必须作为主角主动性地参与其中，通过反复地个人构建和交互性地群体构建实现对知识的认知和积累。因此，教师必须以学生为课程设计的出发点，以学生的所需为逻辑起点拟订教学计划、选择案例素材并加以改编、组织实施。

7.3.2 学生的主导作用

在案例行动学习的课堂中，无论是课前准备环节，还是课堂实施与课后评估环节，学生都需要发挥主导性作用。学生的自我构建环节表现为“个体学习—个体分享—个体反思—个体归纳”的过程。个体学习背后蕴含对案例的反复解读，对所需资料的查阅与整理，是学生独立思考决策情境、挖掘关键决策问题、剖析背后的分析并给出决策方向的过程。这一过程的实现基于学生前期大量的学习与工作，需要学生充分发挥自己的主动性。而个体学习又构成了个体分享的基础。自我构建的完成质量进一步影响着不同范围内群体构建的开展，由此最终影响整个案例行动学习课堂的教学效果和质量。因此，学生有没有保质保量地完成自我构建环节，而后积极主动地参与到群体构建的过程之中，决定着教学目标的达成与否。可以说，整个案例行动学习的过程就是在教师的引导下由学生推动着完成的。

概括来看，要想上好案例行动学习课堂，教师与学生需要始终把握“学生是主角且发挥主导作用”的核心思想。在案例分析环节完成学生的个体构建，通过对案例内容的学习与思考，在教师的随机提问与适当追问下进行观点分享与反思，进而完成案例分析部分的框架搭建，表现为“个体学习—个体分享—个体反思—个体归纳”的自我建构过程。在问题决策环节完成学生的群体建构，学生在组内通过群策群力归纳出本组方案并进行汇报，而后通过组间提问与教师追问的形式开展多层次的观点碰撞，最后在教师的引导下讨论出最符合实践意义的解决方案，从而形成“小组分享—小组质疑—小组反思—小组归纳”的小范围群体建构与“组间分享—组间质疑—整体反思—整体归纳”的大范围群体建构。同时，学生也在小组学习与观点碰撞的过程中完善了自身的认知框架，实现了“个体—群体—个体”的能力建构循环强化（苏敬勤和高昕，2020）。总而言之，对学生而言，无论以什么样的形式、什么角色和形象来参与分析问题和解决问题的环节，最重要的就是把案例教学当成自己的事情，以积极主动的心态和行为参与到案例教学的过程中来，才能学有所获。

关于学生在案例行动学习的课堂中扮演何种角色的问题，本书认为包括以下两个层面的内容。

其一，学生在组内的角色。小组的组织形式可以由教师指定，也可以由学生自由选择产生。同样的，小组组长可以由教师在课前指定，也可以由小组内部民主产生。组长通常需要担负以下责任：首先，明确小组的任务和目标，将大的目标进行合理的分解，在每一次小组讨论前明确本次讨论的目标，并告知组员，把握讨论的进度和频率。其次，明确小组讨论的程序或流程。小组讨论以学生的“个体学习”为基础，是小组成员之间相互沟通、相互交流的过程，那么如何讨论、如何发言、如何记录等问题是组长需要提前考虑清楚的内容。再次，对组员的管理，包括营造讨论的氛围、鼓励发言、记录组员表现等。最后，建立在对组员了解之上的合理分工。组长可以选择让最为合适的人担任相应的角色以扬长避短，也可以选择让有所欠缺的人承担相应的角色以锻炼和学习。而组内成员则需要在两个方面做好自己的工作，即态度层面与行为层面。态度层面，尊重、理解、支持组内工作，积极参与组内讨论；行为层面，发言要具有逻辑性，论点清晰，论据充足，合理把握发言时间。

其二，学生在案例行动学习的课堂上扮演的不同角色。同样以态度和行为为两个区分维度，将学生划分为态度认真且行为积极、态度认真但行为消极、态度怠慢且行为消极三种类型。态度认真且行为积极的学生往往会在课前充分准备，在课堂中积极发言，在课后认真复盘；而态度认真但行为消极的学生出于多种原因虽然认真对待案例行动学习的课堂却鲜少发言，针对这一类型的学生，教师可以通过随机提问的方式鼓励其表达自身；态度怠慢且行为消极的学生往往表现为课前不认真参与小组讨论，课上走神，课后应付作业等，针对这一类型的学生，教师应当批评指正其行为。通常在课堂的开始可能会出现教师提问而无人回答的现象，但是随着课堂的行进，课堂氛围的营造，学生便会进入佳境，此时，教师应善于带动学生尽快进入情境之中。以《波司登羽绒服——如何走出迷局？》为例，教师可以在课程刚开始便询问学生：在购买羽绒服的时候会考虑什么因素？是否听说过波司登这个品牌？对这个品牌有什么样的印象？如果买过以后是否还会继续购买？等等，这种贴近生活的问题一般没有什么难度却可以激发学生的参与兴趣，当课堂渐入佳境，"冰山"也将逐渐融化。

综上所述，学生是案例行动学习课堂的主角，发挥主导性作用。只有学生主动参与，积极准备，才能够在课堂中学有所获，教学案例才能够更好地发挥本身的价值。

7.4　课堂学习流程

课堂学习流程没有固定的程序，尤其案例行动学习对于教师和学生都留有较大的自由发挥空间。第 5 章已经提到，在设计案例行动学习法的课堂流程时，为进一步提升该教学方法的可操作性，教师应遵循聚焦性原则、中等强度控制原则和开放互动性原则（苏敬勤和贾依帛，2020）。只要遵循这三点基本原则展开，教师便可以根据教学与学生的实际情况，综合考虑学生素质和时间因素等制定适合的教学流程。

课堂学习阶段的主要目的是在分析问题及解决问题两个环节中，分别采用教师互动式提问，以及小组成员内部方案讨论等形式，使每个学生的已有观点进行多层次碰撞，最终在教师引导下共同设计出解决问题的方案，随后，教师梳理出最终方案所涉知识的理论，使学生更好地理解与掌握相关理论。其中，教师应注重在教学过程中营造一种良好的氛围，促成民主、和谐、平等的师生关系，并为学生进行互动交流提供更多的机会与时间（苏敬勤和贾依帛，2020）。具体包括案例回顾与问题提出、问题分析、问题解决、教师总结四个关键环节。四个环节环环相扣，层层递进，后一阶段以前一阶段的分析结果为基础，缺一不可。

7.4.1　案例回顾与问题提出

教师首先带领学生简要回顾案例素材（可以通过多媒体手段，如观看视频等来增加趣味性），介绍企业背景信息并提出核心决策问题，这里可以将决策问题分解为若干个分析问题及一个需要提供解决方案的问题，以此使得学生的思维层层递进，逐步挖掘出解决问题的要点与方向，这一环节教师可以将时间控制在 5 分钟左右（苏敬勤和贾依帛，2020）。

以《未来已来：雅迪电动车如何调整新赛道？》为例。

雅迪从事电动车生产，而电动车贴近于学生的日常生活，因此，教师可以从生活实际出发，通过“你知道哪些电动车品牌？”等问题进行话题引入。案例行动学习法不同于传统案例教学之处在于将目光更多地放置在企业的未来决策方向上，对于企业发展历史与过去的梳理只是为了支撑决策。这个案例旨在引导学生思考“雅迪如何突破旧赛道，摆脱价格战的桎梏”这一问题。因此，我们首先梳理雅迪成长的故事线：创始人董经贵在无锡成立摩托车制造企业后，雅迪经历了从最初的摩托车制造企业因“禁摩令”而转入电动车行业，到实现从“0～100万”的突破式成长。同时，本土电动车行业兴起，一时之间，电动车品牌遍地开花，做自行车起家的 M 公司进入电动车市场。随后，因深陷竞争对手发起的价格血战，雅迪被 M 公司牵着鼻子走，因不愿降低品质以减少成本，利润被越挤越少，企业陷入发展困境。在君智战略咨询的助力下，雅迪启动“更高端”战略。面对 M 公司发起的低价冲击，雅迪坚持调整产品组合，但是面对 M 公司持续的价格车轮战，雅迪被迫加推中低端产品。通过对案例的回顾我们可以看到，雅迪再次陷入了发展困境：前有堵截，残酷价格战再现；后有追兵，竞争者相继模仿。课堂行进至此，教师便可以顺势提出本节课的核心决策问题：思考雅迪要如何突破现在的发展困境？这是学生需要解决的问题。

以《波司登羽绒服——如何走出迷局？》为例。引入性问题可以帮助学生快速融入案例情境，活跃氛围。波司登是我国国内的老字号服装品牌，学生即便没有购买过波司登的羽绒服产品，也大多听说过这一品牌，这有利于教师通过引入话题快速活跃课堂氛围。教师可以通过询问以下问题让课堂气氛变得火热，帮助学生快速融入：在这节课之前，你知道“波司登”吗？在你的印象里，“波司登”意味什么？等等，这些问题对于后续的案例分析也具有启发性价值。

随后，对案例的故事线进行梳理，找出关键事件点：从 1976 年创业到成为羽绒服行业的代名词，波司登经历过一段辉煌的王者时期。但是 2010 年，竞争环境发生改变，整个服装行业遭遇危机，波司登也被迫业务聚集，砍掉多个旗下子品牌，关停多家门店。随着羽绒服市场规模的逐渐增长，波司登却面临着内外交困的发展现状：竞争对手带来强烈冲击，从事四季服饰的品牌开始涉足羽绒服这一品类，国际高端品牌也大举进入中国市场；波司登依靠折扣引流，整体定价偏低；顾客也偏离主流，曾经的羽绒服王者品牌，现如今却被消费者视为“爸爸妈妈才会穿的羽绒服”。由此概括提出案例的核心问题：一个著名的但老化的品牌该何去何从？进一步引导学生思考，在波司登品牌老化这一表象问题之下，究竟什么问题才是本质性的？

7.4.2　问题分析

围绕事先设定的几个分析问题，教师通过随机提问的方式让学生在规定的时间内陈述自己的观点，使课堂充满挑战性与趣味性，避免“搭便车”现象的产生。在这个过程中，教师可以根据课堂时间尽量使更多的学生获得表达的机会，并要求大家合理分配发言时间。随后对于涉及的每个分析问题，教师可以进行选择性的追问与小结。其中，小结部分遵循的逻辑为，先确定分析框架，然后以事实为依据进行总结，而不是直接以理论为纲进行分析，这有利于使学生通过自我反思来逐步接近问题的答案，这一环节教师可以将时间控制在 35 分钟左右（苏敬勤和贾依帛，2020）。

分析问题环节的理论逻辑为：在分析问题环节，通过教师围绕事先设定的问题进行随机提问，以及追加提问的方式，能够促使学生将自己在课前准备的初步观点在表达与倾听其他人发言时进行多次地批判与反思，并不断补充与完善自身知识体系，调整内在认知逻辑和寻求答案的方式，最终在抽丝剥茧般地逼近问题答案的同时，完成知识与能力的自我构建。此环节强调的是将已有观点放在个人层面进行反复碰撞，而教师在提问之后通常并不予评价，来充分激发学生主动参与的精神与多次自我构建的行为，分析问题环节的建构机理如图 7.1 所示。

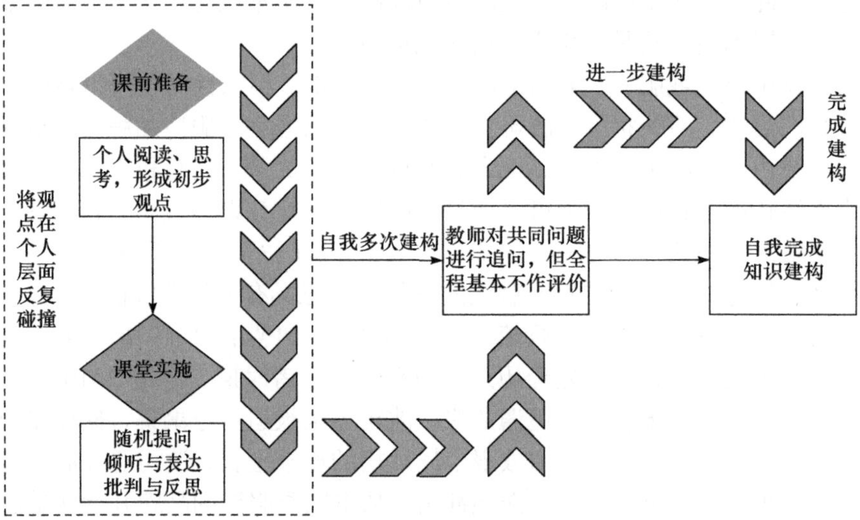

图 7.1　分析问题环节的建构机理

资料来源：苏敬勤和贾依帛（2020）

虽然我们建议教师在案例行动学习的课堂之前将案例发予学生并布置启发思考题，但如果教师没有在上课前将案例发予学生，那么这一阶段就是学生熟悉案例、进入角色和独立思考的阶段，教师需要适当延长这一部分的时间。如果事先已经收到，那么这一阶段就是学生对案例内容回忆与再梳理的过程，这种情况下，教师可适当缩短学生的思考时间。

以《未来已来：雅迪电动车如何调整新赛道？》为例。

案例正文的最后给出了雅迪未来发展的两条道路：重兵中低端或深化高端。因此，分析问题环节的重点在于：雅迪在低端和高端之间要如何选择？为什么做出这样的选择？教师应该紧紧围绕这两个子问题，按照逻辑顺序引导学生的思考和讨论。如果教师安排了学生做课堂小组汇报，可以先请学生进行展示。

选择方向 1：重兵布局中低端。

布局中低端意味着雅迪需要构建“低端”能力体系，联系“先动优势”的知识点。教师引导学生的分析思路为构建低端需要降低成本、构建低端运营体系，由此重构供应链与运营体系。这一选择一旦失败，雅迪将永远无法摆脱“行业老二”的标签，对 M 公司亦步亦趋。如果成功，便会出现“双雄争霸”的局面，雅迪还是无法摆脱价格战的泥潭，最终与 M 公司“两败俱伤”，陷入恶性循环。而且雅迪重兵布局中低端，与 M 公司纠缠不休也会造成消费者的价值认知混乱，并不能在消费者心目中建立独特的价值认知，雅迪很难通过这种战略选择获取真正意义上可持续的成功。即便打赢了 M 公司，也只是昙花一现，转瞬即逝。因此，这一方向的弊端远远大于利好，应该予以舍弃。另外，需要注意，教师需要牢牢遵循案例教学的原则，以学生为主体，只有在学生感到十分困惑或讨论方向偏移时，教师才需予以帮助，这一过程是教师引导学生主动发现理论，主动思考的过程。

选择方向 2：深化聚焦高端战略。

深化布局高端电动车市场意味着雅迪需要构建“高端”能力体系，联系“战略定位”这一知识点。教师引导学生的分析思路为定位高端需要提高品质、构建高端运营体系，由此带来供应链与运营体系的重构。如果失败，雅迪将无法立足于国内电动车行业，被 M 公司蚕食市场份额的同时会造成雅迪“高不成低不就”的局面，既不能在高端做出名堂来，也没有足够的资源与能力支撑雅迪和 M 公司的价格血战，最终失去竞争力。但是这一战略一旦成功，雅迪将会成为行业标杆，坐稳行业龙头的市场地位，抢占消费者的价值认知，高端电动车也意味着可观的利润和可持续的发展，由此促进雅迪的良性循环。因此，综合权衡两种战略选择可以看出，高端化转型才是雅迪的应选之路，绝境中反击，在消费者的心智中建立“雅迪是高端电动车”的认知，以此走出价格战的困境，实现企业的可持续成长。选择深化聚焦高端战略也是从“红海战略”中跳出进入“蓝海战略”的过程。依据资源与能力建立差异化的价值定位，领先于竞争对手而非被竞争对手牵着鼻子走才是企业的愿景所在。

以《波司登羽绒服——如何走出迷局？》为例。

在确定了核心问题之后，教师应该首先引导学生思考在波司登品牌老化这一表象问题之下，到底什么问题才是本质性的。这里教师可以为学生提供思维线索以促进分析。企业品牌是产品、服务能为目标受众带去同等或高于竞争对手的价值。那么波司登这一品牌的价值是什么？这又涉及三个具体的子问题：①谁是波司登的目标消费者？②谁是波司登的竞争对手？③波司登要向目标消费者传递什么样的价值？根据对这三个问题的思考与回答，波司登要做的就是（分析问题的思路）：①确定目标消费群体；②与目标消费者的认知做连接，传递区别于竞争者的价值点。

7.4.3 问题解决

解决问题环节需要以小组讨论的形式展开，一是提升学生参与性与团队协作能力，二是集体决策可以做到更好地知识互补，提高最终方案的整体水平与效率。具体过程为：首先由小组组长主持，让各组成员围绕“设计方案框架—提出方案内容—完善方案内容”的步骤对前期归纳好的几类方案进行反复讨论，快速形成小组共同认可的主要思路与大致内容，并在此基础上群策群力完善方案细节，最终确定该小组的行动方案。随后各小组选出代表依次将方案在3分钟内进行汇报，在此过程中，教师也可以根据大家存在的共同问题进行选择性追问，并在听取各小组汇报后，围绕“事实—观点—框架—内容”的步骤，引导学生发现案例中的核心要点及关键信息，并基于对核心要点的分析，讨论且设计出最符合实践意义的解决方案，这一环节教师可以将时间控制在 40 分钟左右（苏敬勤和贾依帛，2020）。

解决问题环节的理论逻辑为在解决问题环节，由于提出落地的解决方案难度较大，在此环节则更需要以小组讨论且汇报的形式开展。其中，在小组讨论期间，通过小组成员将已有观点与思维逻辑放在群体层面进行反复碰撞形成组内统一的解决方案。这一步骤有利于学生扩展思维视角、培养团队沟通与合作的能力等，并实现其知识与能力的自我构建扩大到更广泛的群体构建。而在小组汇报时，个人在听取其他小组汇报内容后则可以不断补充与完善原有思路，并在教师选择性追问的引导下，进一步提炼出案例素材中涉及的核心要点及关键信息，最终共同设计出最符合实践意义的解决方案且再次经历了由群体构建向大范围补充构建的过程。因此，学生在解决问题环节中能够完成知识与能力的多层次构建，来最大限度地提高教学质量。建构机理如图 7.2 所示。

在小组成员全部充分准备的前提下，开展小组讨论将事半功倍。在讨论中，组内成员各抒己见，充分表达自己的想法与意见，陈述自己的理由与依据，说明自己的决策和方案，并就不同的方案进行分析比较，展开辩论，集思广益，达成共识，每组争取形成统一的决策方案。但是当组内难以达成统一意见时，也不能勉强达成一致，如同第 6 章中提及的，组长可以将各种不同的意见和方案同时保留，在后续的班级讨论环节加以商榷。这个阶段通常由教师主持，但是在某些情

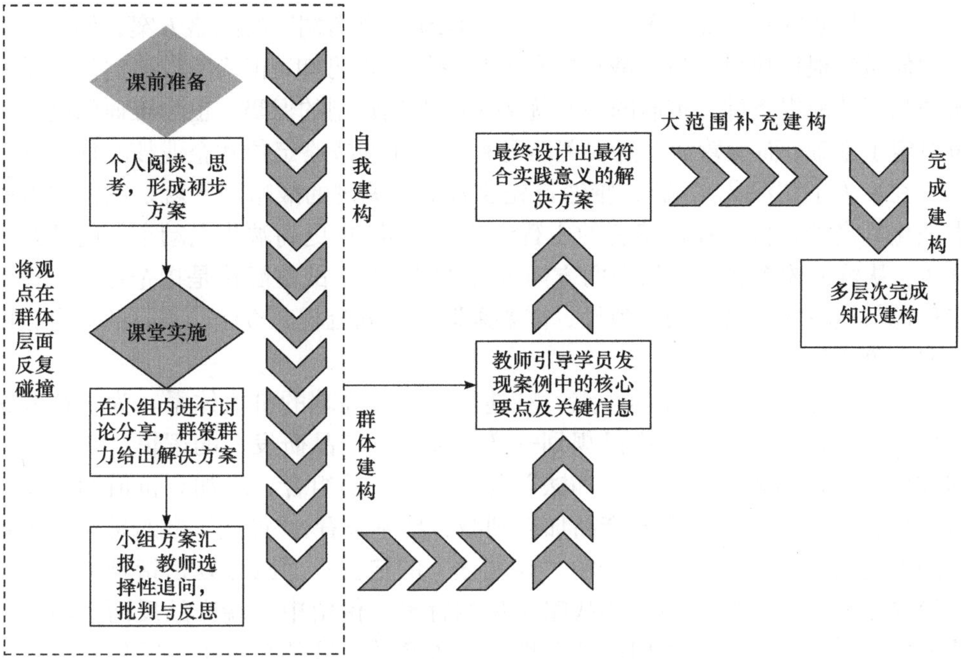

图 7.2　解决问题环节的建构机理

资料来源：苏敬勤和贾依帛（2020）

况下，也可以由学生主持。首先由各小组选出发言代表，在全班同学面前展示讨论的结果，随后由其他同学做出补充或批判发言。除了代表发言的方式，根据具体情况的需求，教师还可以采用典型发言、自由散漫等方式进行全班交流。这一阶段是课堂教学的高潮，是形成教学结果的重要环节，也是全班学生经验与知识共享的过程。

一般来说，在课程的初始阶段，教师引导中控制的成分更多，而在课堂的后半阶段，采取较为放手的方式进行引导则更为有效。这是因为，课程刚刚开始的时候，学生之间不够了解，还没有形成良好的讨论气氛。如果这时放手过多会让学生感到不知所措，出现冷场。同时教师要注意以教学目标为核心适当进行引导，如果控制得过多，必然会压抑学生的主动性和创造性。在关键点与难点出现时，可以予以适度的强调和讲解，否则有可能在教学过程中出现卡壳的现象，既浪费时间，也会影响学生的情绪。课堂引导就如同带一支队伍，教师要尽力做到出发时有多少人，到达目的地时还有多少人。也就是说，当学习的过程完成后，所有的学生都能达到预期的学习目的。

以《未来已来：雅迪电动车如何调整新赛道？》为例。

引导学生在“重兵布局中低端”与“深化聚焦高端战略”两个战略方向做出决策后，对雅迪的案例分析进入到第三个环节，即解决问题环节，这里学生需要回答一个核心问题：如果雅迪要设计一个深化“更高端”的战略方案，你觉得应该如何做？根据战略定位与战略配称的理论知识点可知，正确的战略定位是雅迪布局高端的前提条件，雅迪的核心优势是高端化转型的保障，也为雅迪的高端定位奠定了基础，而运营活动是妥善匹配和平衡新的战略定位和企业核心优势的关键所在。为了“深化高端”，雅迪首先要解决的关键的战略问题就是在消费者心中强化其高端定位，在消费者的心智中建立“雅迪=更高端化电动车”的认知。其次，从价值体系和价值认识两方面进行战略配称。战略配称是指企业为实现战略目标与战略实施之间的一致性，需要采取一系列流程、方法、工具的集合，以获取竞争优势。

第一，也是十分重要的一点，雅迪需要构建高端的价值体系。为了达成这一目标，雅迪可以遵循“产品规划—产品设计—产品研发”的逻辑。在产品规划方面，雅迪需要合理运用“加法”与“减法”的组合，增加有价值的环节，对不存在价值或低端价值的产品加以削减，具体来看，“加法”指的是对豪华款产品的全面升级，以此契合新的“高端化”的定位；而减法则是指雅迪应当减少简易款车型，因为这与新的战略定位相背离，保留中低端产品反而会增加消费者的混乱感。这也是为何诸如劳斯莱斯等高端品牌几乎从不会降价与打折的原因所在。如果想要在消费者的心智中建立“雅迪是做更高端的电动车的品牌”这一认知与观念，雅迪必须对中低端的电动车产品加以舍弃。而雅迪也正是这样做的，雅迪打造了全新的铂金版制造体系，开发新款智能锂电车。在产品设计方面，自主创新与研发是高端化转型的基础。雅迪可以通过与全球资源的紧密合作，加强高端自主专利的产品设计，提高企业的创新与研发能力。将国际时下的流行元素和色彩融入设计当中，让电动车摆脱传统观念中的“土”形象，变得更加贴合消费者的审美与时尚。在产品研发方面，电动车核心关键件的研发是重要的突破口，包括石墨烯电池、宽频动力电机、侧挂电机（G6）等。对这些关键零部件的研发与突破能够帮助雅迪牢固树立“高端化”的战略形象。同时，雅迪也在不断融合和应用智能技术以提高产品的研发能力。需要注意的是，产品规划、产品设计与产品研发三个环节环环相扣，共同支撑雅迪的高端战略定位。

第二，深化高端价值认知。在完成高端价值体系的构建之后，雅迪需要将消费者的认知与心智和企业的高端价值体系匹配起来。具体来看，深化消费者高端价值认知的过程包括“认知建立—认知传递—认知升级—认识深化”四个阶段。这一过程其实也是企业将所做的内部工作“外显”的过程。首先，雅迪进行了终端改造，对旗下的 8000 家门店进行“软件”和“硬件”的升级，在环境和购物体验上为消费者营造“高端”的感觉。同时，雅迪通过投放“更高端的电动车”这一营销广告与更换产品代言人两个战略配称树立高端化的品牌形象。认知建立完成后便进入到了认知传递阶段。雅迪主要通过“密集式宣传战法”“主打主流频道广告”“提供口碑支持”等方法传播“更高端”的定位。通过战略性市场活动，包括骑行体验活动（试骑、试驾等），消费者能够更好地体验到雅迪的全新定位，由此完成对消费者的认知传递。随后公司便进入到了消费者认知升级这一阶段，为此，雅迪立下了“信任状”，通过“出口 77 国”支撑其高端品牌形象并在全球召开新品发布会，对品牌热点事件加以宣传和传播。通过 4S 店级智美终端、免费上门服务、丢车包赔服务、人车保险、一键报修、一城多站、1200+网点、为电动车提供汽车级五星保养服务、人车保险等高端化服务深化消费者心智中已经建立的雅迪“更高端的电动车”这一认知。

总结来看，为解决“布局更高端”这一问题，雅迪首先应变更自己的战略定位，通过调整品牌认知与创新体系两大战略要务完成相应的战略配称。这也是解决雅迪面临的核心问题的主要逻辑。教师可以在课堂中根据学生的知识构建程度通过随机性提问和选择性追问等方式激发学生的批判和反思。

以《波司登羽绒服——如何走出迷局？》为例。

明晰了波司登面临的核心问题的方向后，接下来学生要思考的就是具体如何解决，即如何链接目标消费群体的认知。如果教师在课前安排了汇报作业，这里便可以邀请小组做课堂展示，如果没有，那么便可以展开课堂讨论后邀请学生回答。综合来看，要解答“波司登该如何走出迷局”这一问题，可以从两个层面的内容着手考虑：竞争机会与战略配称。如果将竞争机会比作一把螺丝钉，那么战略配称就是将竞争机会这枚螺丝钉紧紧嵌入消费者心智中的一把铁锤。这一逻辑可以概括为确定目标消费群体的顾客心智后，挖掘竞争机会，通过一系列的战略配称充分把握机会。

波司登的竞争战略落地逻辑可以概括为通过对现有竞争格局与未来行业趋势、公司运营优势、顾客认知等的纵深思考与分析，从中挖掘出属于波司登的竞争机会，确定战略目标（包括市场地位与认知地位），明确关键的战略要务，随之在内部管理环节调整关键运营，确定转型的重点工作，即战略配称的过程。

问题 1：什么样的竞争机会。

发掘竞争机会的过程可以通过对案例资料的深度挖掘实现。首先分析服装行业内的竞争格局。销售羽绒服的企业可以大致划分为两类，四季服装，这类品牌的产品线涵盖春装、夏装等诸多种类，羽绒服只是它们的产品之一；另一类则是专业从事羽绒服生产的企业，如鸭鸭等，波司登也属于这一类型的企业。专业生产羽绒服的企业与波司登正面竞争，而波司登也面临着四季服装愈发不可忽视的冲击。通过对市场的细分，将其划分为经济型、中高端、奢侈型三种细分市场。进一步对竞争对手展开分析发现，在四季服装这一维度，经济型、中高端与奢侈型均有品牌涉足且经营良好，波司登相比于这些四季服装企业，具有自身独特的竞争优势。但是在专业从事羽绒服生产这一领域，波司登与鸭鸭等品牌多年时间一直盘踞在经济型产品这一层面，而国际品牌位列奢侈型羽绒服市场，由此可见，专业生产羽绒服的中高端市场仍然是一片空白，尚属“蓝海”。波司登自成立以来，专注于羽绒服的设计与生产 42 年之久，产品畅销 72 国，是全球超 2 亿人的选择，作为“全球热销的羽绒服专家”，波司登拥有足够的能力进驻中高端市场，这也就构成了波司登的竞争机会。

问题 2：如何抓住这个机会。

从本质上来讲，波司登应该遵循以下三点原则：聚焦于主航道、聚焦于主品牌、收缩其多元化。从案例中可以看到，募集资金上市后，波司登“开始施行‘四季化、多品牌、国际化’战略。第一步是把手里的波司登、雪中飞、康博、冰洁和上羽等七大品牌差异化定位。第二步，大力拓展非羽绒服装品类，以代理、收购、自主投资等方式，建立女装、童装到商务男装的产品线，包括波司登男装、波司登童装、摩高、杰西与瑞琦等品牌”。原有的多元化战略对于波司登的转型造成了不小的负担，从“经济型”向“中高端”的转型需要波司登聚焦于“中高端”这一主航道，将重点放在羽绒服这一主品牌，进而砍掉没有价值的多元化，进行战略收缩。在这些原则的指导下，学生下一步要解决的问题便是具体的战略配称问题，为了转型“中高端”，波司登需要从哪些方面入手做出调整，如何配置资源。波司登可以从产品、价格、渠道、运营、研发、终端、广告与公关八个方面把握竞争机会，构建战略配称。

具体将每一个方面展开来看。第一，产品。从“经济型”向“中高端”的转型首先便要对产品做出调整，通过更高端的设计、更高质量的制造来提高公司产品的品质，使其与“中高端”这一战略定位相符，同时区别于鸭鸭等经济型羽绒服品牌，从产品方面建立消费者认知的差异。第二，价格。从“经济型”向“中高端”的转型最直接地意味着价格的跃升。“经济型”“中高端”“奢侈型”三个细分市场最显著的差异便是产品的定价。同时为了符合“高价值、高价格”的消费者认知，波司登需要全面升级价格段，使产品定价符合“中高端”的定位。同时需要注意的是，互联网与数字化潮流下，波司登需要统一线上渠道与线下渠道的产品定价，使得不同购买渠道同款同价。第三，渠道。随着新兴技术与网络的发展，新的营销渠道不断涌现。渠道是影响产品销售的重要因素，好的销售渠道能够帮助公司事半功倍，波司登需要拓展主流渠道，与时俱进。第四，运营。在运营层面，波司登需要把握的核心在于聚焦羽绒服这一主业，剥离其他的服装业务。波司登既然选择了定位于“中高端羽绒服”，那么生产其他的经济型服装品类只会造成消费者的认知混乱，对于深化新的战略定位产生不利的影响。第五，研发。高端产品需要研发投入和研发水平的支撑。波司登可以在全球范围内设立研发中心，提高自身的研发、创新能力。第六，终端。通过全球旗舰店提升终端形象。打造专业终端，在门店体验上让消费者直观地感受到“高端”。第七，广告与公关。登录高势能媒体实现品牌的大范围传播，借势全球品牌造势，如时装周等。

总结来看，波司登这一案例同雅迪案例一样，依然遵循“战略定位—战略要务—战略配称”的基本逻辑。而解决问题环节主要表现为对战略要务和战略配称的思考与布局。在课堂实施过程中，前端的案例教学部分，教师主要以随机提问和追问等形式激发学生的独立思考能力并提升课堂参与度，以此培养学生对于具体商业实践现象的分析能力和决策能力建构。后端的行动学习部分则以小组为单位，通过群策群力和组间分享与互评，鼓励学生通过质疑、反思实现动态解决能力的群体建构（苏敬勤和贾依帛，2020）。

7.4.4　教师总结

通常先由教师对课堂教学的全过程进行归纳、评估，对各组或对全班形成的共识性方案进行概括。对一些拥有答案的案例，有时可以把案例的真实处理情况或结局交代给学生，但这种交代不是简单地说明一个结果。而是重在讲清理由以此帮助学生以案论理。教师的总结往往采取“引而不发”的方式，以留给学生进一步思考的余地。把握好总结的分寸是十分重要的，如果总结得不到位，便会使学生感到疑惑不解，不够过瘾；若是过度总结，又会产生越俎代庖的效果，阻碍学生的自主深入思考。对于度的把握需要教师在实际的教学中加以摸索。对于有经验的管理者，搞好总结还有更深刻的意义，即内化提升。就是通过总结，帮助学生思考从案例教学的内容和过程中，学到了什么、得到哪些有价值的启示、是否通过案例学习掌握了处理问题的新思路和新方法、将如何在今后的工作中加以应用。只有完成到这一步，学生才可以将所学知识转化为自己的东西，将理论与实践结合起来。在案例行动学习的过程中，理论应用贯穿始终，并最终以课堂小结的形式进行深度提炼与强化（苏敬勤和贾依帛，2020）。

以《未来已来：雅迪电动车如何调整新赛道？》为例。

整个案例分析过程符合“提出问题—分析问题—解决问题”的逻辑思维，实现了案例分析、问题决策与解决问题三种能力的交互建构。前端的案例情境设置主要服务于案例分析与问题决策能力建构过程，以文字、视频等为载体将学生代入真实的企业发展环境，针对课程主题相关知识点进行层次递进的问题设置从而引导学生逐步形成分析框架。后端的决策情境设置则为解决问题能力建构提供了场景模拟，引导学生在迁移已有知识和经验的基础上进行创造性的运用，并通过分享、质疑与反思动态完善解决方案。理论应用则穿插其间，既体现在问题分析和决策过程中对既有知识点的灵活选择与利用，也体现在解决方案提出后对所用理论的高度提炼与拓展（苏敬勤和贾依帛，2020）。

在归纳总结环节，教师需要对案例涉及的理论知识点做出总结，把案例所涉及的问题提炼到更广泛、更高的层面上。最后，教师可以向学生展示雅迪真正的选择与发展情况，让案例教学回归到真实的企业运营情境中。

具体来看，雅迪这一案例主要涉及的理论知识点为“战略定位”与“战略配称”，同时涵盖了“蓝海战略”“先动优势”等理论知识点。其中，战略定位描述了企业通过何种方式和途径为哪些客户提供什么产品和服务的决策，以获取和保持经营优势，实现公司的战略目标。业务、价值、对手和客户都可以成为战略定位的思考切入点。战略配称指企业为实现战略目标与战略实施之间的一致性需要采取的一系列流程、方法和工具的集合，以获取竞争优势。雅迪没有继续从事低端电动车生产的原因在于企业家精神、企业愿景和“蓝海战略”。不能同时兼顾低端与高端电动车的原因在于企业的资源与能力是有限的，要将其发挥在最有价值的地方。而转型高端的关键在于正确的价值定位和有效的价值传递。

雅迪故事的后续：2016 年，雅迪成为国内电动车行业第一家上市企业，中高端车型同比上升 80%，占据了高端电动车市场 70%的市场份额。2017 年，雅迪成为国内电动车行业的龙头老大，年销售量突破 400 万辆，创造行业新高，占据整个电动车市场份额的 13.3%。2018 年，雅迪的年销售量同比增长 25%，率先突破 503 万辆，在电动车行业的市场份额也提升至 14.1%，蝉联行业首位。2019 年，雅迪成为中国民营企业 500 强中唯一一家上榜的两轮电动车制造企业，创造行业历史，其产品出口至 83 个国家，在全球拥有 2155 家经销商，超 2 万家门店，营业额 119.7 亿元，是全球首个突破百亿元的电动车品牌。2020 年 1 月，雅迪成为中国国家女排的官方供应商，同年 3 月获得 2020 年德国红点奖产品设计大奖，两个国家级企业实验室及 5 个技术研发中心累计获得专利 700 余项。新冠肺炎疫情下，兼具经济与效率的“一人一车”出行方式广受欢迎，电动车行业的市场规模扩大，而拥有生产资质的厂家从过去的 1000 家也迅速缩减至约 180 家，低质竞争者的数量下降，新零售、5G、物联网技术快速发展，对于雅迪而言，未来已来。

以《波司登羽绒服——如何走出迷局？》为例。

在确定转型“中高端”之后，波司登从公关、产品、价格、渠道等多方面做出了相应的战略配称。2018 年 10 月波司登发布与三位国际知名设计师的联名系列产品，同年 11 月推出应用了世纪之布 GORE-TEX 面料的高端户外系列羽绒服产品，2019 年 10 月波司登正式公布全新万元登峰系列羽绒服，并在随后的 11 月发布“波司登×高缇耶设计师联名系列”产品，产品全面升级，突出专业羽绒服品质。在研发方面，持续开发新技术，2018 年，公司采用了分格充绒技术，兼顾保暖与时尚。2019 年 11 月发布的登封系列具有众多技术加持，包括 RECCO

生命探测仪、FITGO-TECH 自动系带系统、防水压胶工艺与航天保温材料等。公关方面，波司登整合全球资源，多次参加全球极具影响力的时装周活动，如 2018 年的纽约时装周和 2019 年的米兰时装周。波司登的主销价位也在不断上升，截至 2018 年 1 月底，公司 1000～1800 元价格段销量占比超过 60%，1800 元以上定价销量占比为 24.19%。在“大竞争”时代，竞争战略大有可为。

第 8 章　案例行动学习的课后评估

从“闭环逻辑”的角度来看，跟随第 6 章的课前准备和第 7 章的课堂实施环节，第 8 章自然应对案例行动学习的课后评估加以论述。课后评估环节的主要目的在于使学生和教师这两个案例教学的主体能够获取本次案例教学的信息反馈，从中吸取经验和教训，有利于教师和学生的教学改善。具体可从两方面展开：一方面，要求学生围绕课堂学习内容将个人分析问题及解决问题的思路进行再次梳理且形成书面总结，并提交给教师。这个过程有助于学生对教学过程中所构建的管理思维方式与决策行为能力进行再次复盘与反思，最终将科学管理知识与工具进行内化。另一方面，在每次教学结束后，教师应及时回顾课堂教学的各个环节以进行自我评估，总结课堂教学中的经验和教训，为持续改进案例行动教学构筑坚实的闭环管理系统，并不断进行教学内容和教学技巧等方面知识与能力的建构，从而有效实现“教学相长”与“传道授业解惑”的目的（苏敬勤和贾依帛，2020）。本章将从“对学生的评估”和“对教师的评估”两大模块展开，流程如图 8.1 所示。

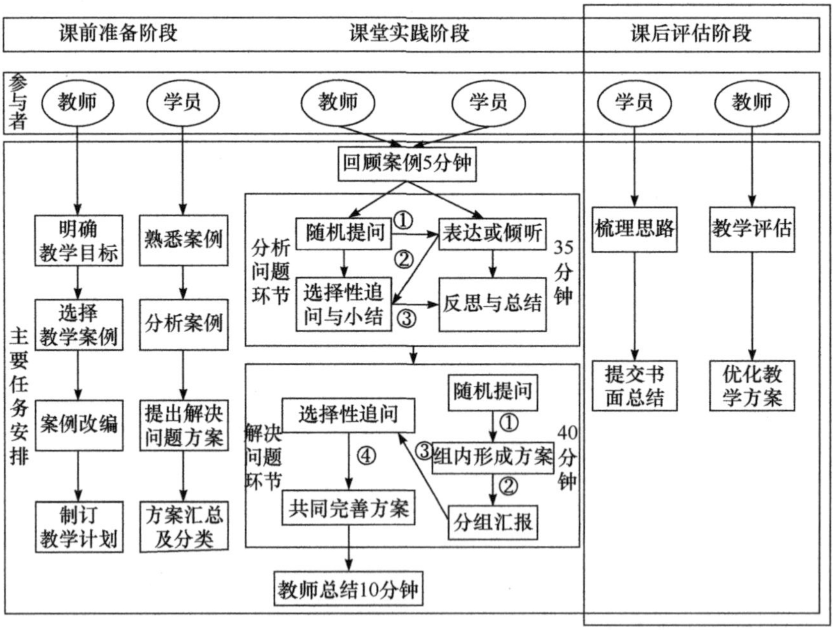

图 8.1　课后评估阶段图示

资料来源：苏敬勤和贾依帛（2020）

8.1　对学生的评估

对学生的评估有利于检验学生的学习效果，将评估结果反馈给学生则能够帮助学生有针对性地改进自己的不足。从案例行动学习的角度来看，学生需要经过自我构建、群体构建及两者之间的交互，以此锻炼自身的管理思维方式和决策行为能力。对学生的课后评估主要包含两方面价值：一是教师要求学生在课后提交的案例分析报告是敦促学生自我反思与复盘的有效形式。案例分析报告的撰写过程也是学生结合课堂学习内容将个人分析问题及解决问题的思路进行重新梳理并将管理理论与工具内化于已有知识框架的过程。二是对学生在课前与课中所做的工作与表现做出考核与评价，以此监督学生认真对待案例行动学习的课堂。本节将遵循“课前准备评估—课堂学习评估—课后评估”的逻辑展开论述。需要注意的是，评价与考核的方式多种多样，各有所长，教师可根据教学情况做出取舍。

8.1.1　课前准备评估

充分的课前准备是高效率课堂教学的基础。如果学生没有做好课前准备，可能会打乱教师的整个教学计划，延长前面引题的时间，压缩分析问题和解决问题的时间。或者教师按照教学计划开展教学，没有做好充足准备的学生可能会跟不上教师的教学思路。此外，学生需要在课前准备环节完成初次自我构建和群体构建过程。初次自我构建完全基于学生个人对案例的理解与思考，是案例行动学习过程中十分重要的一环。而群体构建则是学生之间想法的第一次交流与碰撞。学生想要在案例行动学习的课堂上学有所获，教师想要更好地达成教学目标，就都必须做好课前准备。

课前准备的评估内容包括两个方面：一是学生个人构建行为。包括是否主动补充相关资料，深入思考案例内容等。二是小组的群体构建行为。包括每一位学生的参与程度、组内学习与讨论的成效，是否能够准确地识别核心问题，对问题产生的原因进行剖析并提出合理的决策方向，等等。如果小组讨论的结果只是对案例进行了简单的回顾，对问题的思考和分析也浮于表面，那么教师应当酌情扣分。如果学生的汇报逻辑思路清晰、完整且透彻，即使只是对案例的某一个问题做出了纵深的分析，教师也应当考虑适当加分。对于组内学生参与程度的考核，教师则可以采用组内打分、记录分工等形式进行。

对学生个人准备情况的评估可以通过以下两种方式打分：一是通过随机提问检查学生的发言情况，如果发言简单而没有进行深度的分析，则说明准备不够充分；二是通过检查准备材料来认定准备情况，如果资料寥寥或只是对最基本的信息进行了查阅，那么也可以判定为准备得不够充分。

总而言之，案例行动学习的课堂要求教师与学生必须重视课前准备环节。教师可以通过向学生强调课前准备的重要性、告知课前准备环节学生需要完成的工作、将准备情况计入课堂考核成绩等方式敦促学生做好案例教学的课前准备。

8.1.2 课堂学习评估

课堂学习是案例行动学习的重中之重，通过案例回顾、分析问题、解决问题、教师总结四个环节完成授课。对学生课堂学习情况与表现的评估也是对学生进行评估中十分重要的一个环节，目的在于相对应地提升学生的能力。将自己的观点清晰且富有逻辑地表达给班级学生、将案例内容与所学理论知识结合起来等都是对学生能力的考验。概括来看，教师可以从以下几方面展开对学生的课堂表现评估。

1. 洞察能力

真实的管理情境往往是复杂且动态变幻的。虽然案例抽象并简化了真实的管理情境，但仍需要学生以动态、全面的视角看待问题。因此，能够准确洞察复杂情境之中企业面临的核心问题是学生需要具备的第一项能力。提出问题是后续分析与解决问题的根基所在。以《波司登羽绒服——如何走出迷局？》为例。表象问题十分明确，即品牌老化的企业应该何去何从。在对其背后的本质性问题进行分析的过程中，学生可以从品牌这一关键词切入，企业品牌是产品、服务能为目标受众带去同等或高于竞争对手的价值。根据这一理论定义，提炼其中的关键词为目标受众、竞争对手、价值。因此得出三个具体的子问题：谁是波司登的目标消费者？谁是波司登的竞争对手？波司登要向目标消费者传递什么样的价值？根据对这三个子问题的思考与回答，我们便可以明确波司登面临的核心问题为不再适应市场与企业发展的战略定位问题。

2. 分析能力

准确提出问题仅是案例分析的第一步，是否能够抽丝剥茧、拨开问题面前的层层迷雾是案例行动学习的课堂考查学生的第二项能力。分析能力的基础在于信息检索与利用。案例行动学习的课堂以决策型微案例为教学载体，虽然案例正文对于关键的决策信息给予了必要的描述，但仍然需要学生自行检索更多的信息以支撑后续的决策。因此，学生需要具备从不同渠道检索信息、筛查信息的真伪与价值等能力。对问题的分析需要具备逻辑性与理论运用能力。案例行动学习的目标之一即通过对案例的学习掌握某一关键理论知识点。例如，通过对案例

《SocialWiki：一个线上知识谱系项目的共建历程》（林海芬等，2020a）的学习掌握项目管理职能相关知识点；而《渠道之网如何织出波司登新装》（林海芬等，2019c）则主要针对渠道管理相关内容的教学。遵循一定的逻辑对问题进行剖析需要学生透过问题的现象寻找背后的本质，将所学知识与理论应用其中以解决问题。在波司登的案例中，战略定位本质上表现为选择与竞争对手不同的经营活动或以不同的方式完成类似的经营活动等，是由内部引导性战略主题和战略性相关的价值活动所集成的匹配式系统。因此，对竞争对手与消费者心智的分析是解决波司登品牌老化问题必不可少的环节。

3. 决策能力

经过对问题的洞察与深入剖析，能够提出创新且具有可行性的决策方案是学生需要具备的第三项重要能力。突破常规即为新。创新能力衡量学生打破束缚，跳出固有思维定式的能力。企业面临的困境与难题是复杂多变的，是多种因素综合作用产生的，如果学生的思维一直被所学的理论知识框住，那么也就失去了创新性思维的能力。独到的见解往往可能成为解决问题的关键所在。决策方案的可落地性要求学生以所学理论为纲，结合案例企业的实际情况，提出切实可行的行动方案。提出可行性方案要求学生时刻考虑企业的资源与能力。概括来看，案例行动学习法的关键内容在于分析问题和解决问题。不同的思维方式和视角可能会产生不同的决策方案，如以内部视角为主与以外部视角为主产生的决策方向就是相悖的，需要学生综合考虑每一个决策方向的利与弊，最终做出有利于企业发展的最优决策。在雅迪的案例中，其面临着三种完全不同的选择，那么学生便需要仔细斟酌雅迪自身是否能够支撑选择后可能出现的结果与连锁反应等。虽然布局高端在短时间内可能会让雅迪处于腹背受敌的境地，但一旦成功，便能够帮助雅迪彻底摆脱价格战，成为电动车行业的领跑者，而从中低端转向高端的过程也是雅迪跳出“红海”，创造“蓝海”的过程。

4. 表达能力

良好的思维能力帮助学生思考问题并通过不断的交流与反馈完善自身，而表达能力则是将心中所想传达给教师和其他同学的过程。课堂发言的时间是有限的，因此学生需要在有限的时间内清晰地向教师和其他同学传达自己的观点并说明理由。在这个过程中，需要把握“重点突出和条理明确”的原则。学生的发言可以采用总—分—总的结构。如果是表明自己的观点，则可以以一句对核心观点的概括为起点，随后分论理由或具体的内涵，在发言的最后，再次总结核心要点以达到强调的效果。如果是评价他人的发言，则可以首先阐明同意与否的立场，随后分论具体的原因。同时，在具体阐述原因或对策建议等内容时，要善于运用

“首先，其次，最后”“第一，第二，第三”等表达顺序的连接词。此外，学生需要注意发言的语速、语气与礼貌等问题。语速不宜过快，以免听者无法准确识别，毕竟表达的第一要义在于让别人领悟到表达者自己想要传达的内容。但语速也不宜过慢，在代入决策情境之后，理想效果的情况下，学生往往会身临其境地站在决策者的视角思考问题，那么就必然带有一些紧迫感。此外，还要尽量避免口语化的表达，尝试使用更为专业的理论术语等方式表达自己的观点。

此外，案例行动学习法中，群体构建环节一般是在团队讨论和全班交流的过程中完成的。在团队合作中，如何让自己在得到有效的锻炼的同时，又能够与团队成员和谐共处，亲密合作，是对学生处理人际关系能力的考验与锻炼。能否有效与他人沟通，理解他人表达的内涵，并在沟通中完成群体构建环节也是对学生表达能力的考验。

概括而言，案例行动学习法是对学生综合素质的训练和培养。其中，对洞察能力、分析能力与决策能力的锻炼必不可少。课堂评估在教师对学生的评估中占较大比例。在案例行动学习的课堂中，学生人数一般少于传统的案例课堂，每一位学生都会制造展示自己姓名的名牌，由此，教师可以顺利地掌握每一位学生的信息。教师通过随机性提问与追加性提问记录学生的个人表现，通过对小组案例分析与方案制订的成果评估小组的工作，与课前准备评估环节的两个层面一脉相承，分别记录学生的个人得分与小组得分，作为评估学生课中学习效果的重要凭据。

8.1.3　课后评估

前文已经提及，课后评估表现在学生通过对案例与课堂内容的再次梳理将所学内化于现有知识体系的过程。案例行动学习的课堂对学生课后的评估包含两方面的内容：一是学生个人的课堂学习心得与总结；二是以小组为单位提交案例分析报告。

教师需要在课前明确对学生评价的评分结构，并在课堂中明确地展示给学生，在课后根据结构对每一位学生的学习情况做出评价，并将其反馈给学生，以达到有针对性地提升的目的。例如，按照“个人课前准备 10%、小组课前准备 10%、个人课堂表现 25%、小组课堂表现 25%、案例分析报告 30%”的结构对学生进行评价，其中个人课堂表现包括是否积极参与、有无主动发言、发言质量如何等多方面。无论何种评分结构，只要明确、成体系且与学生的水平和教学目标相契合即可。但需要注意的是，教师必须在课堂伊始就向学生明确考核方式与各项占比，这表明了教师对成绩的要求和各组成部分的相对重要性。如果学生对评分结构有意见和分歧，教师可以酌情做出修改，并说明修改理由。

案例分析报告并非必要选项。要求学生在课后提交案例分析报告更适用于案例内容复杂、难度较高、涉及关键或核心理论知识点的案例。那些内容相对明确、简单的案例则不需要提交案例分析报告，只口头总结和课后交流即可。案例行动学习的课堂一般以小组为单位提交案例分析报告。由于案例行动学习课堂中提交的案例分析报告与案例分析比赛中提交的案例分析报告基本逻辑相通，因此，这里仅简要介绍案例分析报告的内容。一般来说，案例分析报告涉及评价标准与构成部分两方面的内容。

1. 评价标准

案例分析报告是对学生案例分析思维的高度凝练，教师可以从以下几个方面评价一篇案例分析报告的优劣：其一，格式。格式与文字表达等细节问题是衡量一份案例分析报告质量的重要因素。格式是教师看到案例分析报告后的第一印象，其整齐与否会直接影响教师印象的高低，如一份格式工整、字体大小与行间距合适的报告会让人感到赏心悦目。其二，逻辑性。达到通过阅读摘要能快速掌握案例分析报告的关键要点和核心内涵的效果。在剖析问题及其原因，并提出决策方案时是否逻辑严密、表达清楚是对一篇案例分析报告逻辑性的考验。格式做得再好，若是内容一塌糊涂也没有用，但若是内容翔实，格式混乱也会影响教师的感官体验。因此，格式的工整与内容的逻辑性缺一不可（傅永刚和王淑娟，2008）。

2. 构成部分

一篇案例分析报告应包含三方面的内容：一是封面。包括报告名称及姓名等个人信息。二是摘要。摘要应该明确陈述案例企业面临的主要决策问题，简要概述对原因的剖析结果和可能的决策方向，阐明后续的分析思路与逻辑路径。达到只阅读摘要也可以大体了解案例分析报告核心内涵的目的。目录则可以辅助摘要，更加清晰地向教师展现报告全文的结构。三是报告正文。案例分析报告应该遵循“问题提出—问题分析—问题解决”的基本逻辑展开。此外，学生可以借助图表更加清晰地表达，尤其是在运用某一理论模型的情况下，用模型图能够更好地实现理论与实际的结合。

8.2　对教师的评估

作为案例教学的一个重要主体，对教师的评估也是不可或缺的。案例行动学习法作为一种启发性、开放式的教学模式，对教师提出了更高的要求。虽然学生在案例行动学习的教学中发挥主导性作用，但教师也需要保持机动，发挥引导和辅助作用。在每一次课程结束后，教师都需要就课前准备环节与课堂教学中的每一个具体环节进行自我评估，如选取的案例是否合理、案例改编是否能够满足教学的需要、梳理课堂流程是否按照事先设定的教学计划开展，对于突发性事件教师应如何评价、对教学计划的不足之处如何加以完善、提问的设置是否合理等。概括而言，教师需要总结课堂教学的经验与教训，为持续改进案例行动教学构筑坚实的闭环管理系统（苏敬勤和贾依帛，2020）。学生有自我构建与群体构建，教师也需要进行教学内容和教学技巧等方面的知识与能力的建构，以此才能与学生共同成长。本节同上节一样，遵循“课前—课中—课后”的逻辑展开。

8.2.1　课前准备评估

第 6 章中提及，教师的课前准备工作包括三方面内容，即案例选取、案例改编和制订教学计划。课堂实施环节则是对这三方面工作最好的检验。因此，在课后教师有必要对案例选取、案例改编及教学计划的制订进行评估。

1. 案例选取

前文提到，教师在选取授课案例时应当遵循三个基本原则：根据教学目标选择案例、选择适合学生特点的案例、选择具有较高价值性的案例。在课堂讲授的过程中，教师可以从以下两方面评价案例是否合理：一是学生对案例表现出的兴趣浓厚与否。如果学生在课堂中表现平平，课堂氛围一般，讲到案例企业的相关事件时，学生也难以提起兴趣，那么教师便应该思考其选择的教学案例是否难以引起学生的共鸣，从而导致学生的平淡反应。二是学生是否难以理解案例的内涵。比如教师在授课过程当发现，有一些关于分析和解决问题的提问根本无人回答，或是学生课前提出的方案存在偏离主题的问题，那么教师便需要思考案例的难度是不是与学生的情况不相匹配，以此才导致学生难以把握核心和重点，分析起来十分吃力。反之，如果在课堂教学过程中，教师发现学生往往不需要自己的引导便能够轻而易举地挖掘出核心问题及背后的原因，轻松地给出决策方向，那么教师便需要思考是否案例设置得过于简单。过难或过易的案例都不利于学生的分析和思考。此外，如果学生总是偏离核心理论，教师也需要考虑是否案例与教学目标之间的契合度较差。总之，案例的选取十分重要，会直接影响学生的课堂参与感与教学效果，教师需要通过反思与反馈不断提高自身选择恰当案例的能力。国内外各案例库每年都会收录大量高质量的管理案例，教师可以有效地利用这些宝贵的教学资源。

2. 案例改编

选择一篇适合教学主题的管理案例只是成功的第一步，对案例的改编工作也会影响教学效果，尤其在案例行动学习课堂中，往往很难找到一篇已有的案例完全符合课堂需求，因此或多或少地需要对案例进行改编。改编过程也是教师熟悉案例、理解案例的过程。对案例的改编工作通常包括对启发思考题的改编与对案例正文的改编。教师的课后自我评估也可以从这两方面展开。具体如下：其一，设置的启发思考题是否合理。如果在启发思考题中直接告知学生案例的核心问题，那么学生便会失去自己挖掘关键问题的乐趣，相关能力也得不到锻炼。反之，如果启发思考题完全不涉及案例的核心要义，那么启发思考题也就失去了启发学生思考的目的和价值。针对这一点内容，教师可以从学生的课前学习情况检查思考题的设置是否合理。以《波司登羽绒服——如何走出迷局？》为例，案例中给出的思考题为“您认为君智战略咨询给出的激活波司登品牌的方案是什么？您又会给出什么方案？”。从“激活波司登品牌”这几个字样可以看出，问题指明了波司登存在的问题为“品牌老化”，但这只是表象问题，其背后的本质性内涵需要学生通过对案例的分析得出，既指明了学生的分析方向，也保留了学生自主探索的过程，这便是一道合理的思考题。其二，案例正文是否完整有效。虽然改编后的案例篇幅较短，但仍然需要包含关键的决策信息，因为这能帮助学生代入决策情境。对于这一点的考量，教师可以从学生的课堂表现得出。如果学生持续询问与决策相关的信息，则表明案例正文的内容可能不够完整。

3. 制订教学计划

教学计划是教师对课堂流程的预先设计。教师在课后对教学计划的评估可以从三个方面展开。第一，教师对教学案例的熟悉度与把控度。包括教师是否了解案例内容涉及的相关事实，是否对有关信息进行了透彻的分析，当学生提出与案例信息相关的问题时是否能够很好地解答，等等。案例行动学习的课堂为学生留有充足的自由发挥空间，这就要求教师必须将案例的核心内容与教学主旨烂熟于胸，能够根据学生的表现和行为灵活机动地调整教学计划。从问题提出到分析后解决是一个连贯的逻辑思维过程，教师要保证课堂教学一脉相承的连贯性。如果课堂中出现了卡顿或留白的时间，那么教师便需要反思自身是否对于教学案例的熟悉度与把控度不够。第二，问题设计是否合理。前文已经反复论述过教师的随机性提问和有选择性地追加提问是推动课堂行进的有效手段。因此，教师需要在课后对所提的问题以及学生的回答加以回顾，总结提问的经验和教训，不断提高自身提问的水平。第三，课堂时间分配与板书计划的评估。案例行动学习的课堂往往在 90～100 分钟，其中分析问题与解决问题的环节是课堂的重心所在，笔者建议 90 分钟的课堂中，分析问题和解决问题的过程应当占据至少 60 分钟的时间。因此，教师需要在课后进行复盘，如教学计划中的时间安排是否能够满足教学需要。而板书设计应该简洁明了、重点突出。

8.2.2 课堂实施评估

前文已经明确教师在案例行动学习的课堂中发挥引导和辅助作用。引导作用包括围绕教学目的和核心理论展开关键决策问题讨论、控制课堂进度并合理规划学生个人构建与群体构建的时间安排、指导学生的多次群体构建行为、通过追加性提问或随机性提问向学生质疑与挑战以引发学生的纵深思考，最终帮助学生经过严密的分析得出科学的决策；辅助作用包括课前划分学习小组、安排课前任务、为学生提供决策必需的各类信息资源、确保课堂顺利开展的其他必要条件等。具体教师可以从以下几个方面评估自身的工作。

1. 控制层面

控制层面包括教师对学生的控制和对课堂进度的控制。案例行动学习的课堂中，学生之间的群体构建行为是必不可少的，而这建立在良好的课堂纪律和热烈充分的课堂讨论之上。教师可以对课堂流程加以回顾：在挖掘关键与核心问题、分析问题产生的原因并给出决策方案的过程中，是否保持了良好的课堂纪律，讨论氛围是否热烈，学生之间是否进行了充分的建议交流和辩论，等等。当有学生发言时，其他学生是否保持倾听者的姿态，并积极参与到讨论中来。实际上，教师需要一方面严肃课堂纪律，保证案例课堂按照教学计划顺利开展；另一方面需要为学生预留充足的发挥空间，把握好“放”与“收”之间的尺度。在课前准备的教学计划中，教师需要预先设计每一环节占用的课程时间，课后教师需要对此进行复盘，如课堂进度是否按照教学计划有序地开展，是否存在突发事件，后续发生类似事件如何处理；分析问题与解决问题环节的时间是否得到了保障，如果压缩又是为何，等等。

2. 引导层面

教师对学生的引导体现在把握教学重心不发生偏移、通过随机提问和追加提问将学生的思考和讨论引向纵深或提供新的观点等。基于此，教师可以在课后针对教学全过程展开复盘，具体包含案例分析的整体逻辑是否存在问题，是否遵循“背景分析到提出问题，随后通过分析解决问题”的基本逻辑，以及对于细节的反思。“提问”是教师发挥对学生的引导作用的重要手段，不同的提问方式、不同的语言表述等可能会对提问的效果造成差异。如果在课堂中教师提出了一个问题而无人回答，教师便需要思考：问题的表述是否清楚、问题的难度是否适中、问题是否按照循序渐进的方式提出等。

8.2.3 课后总结

学生的反馈是教师后续改进的方向，教师可以通过以下三种方式与学生沟通和交流，获得学生对于课堂的体验和反馈，以便在日后的案例行动学习课堂中不断地改进和完善。其一，要求学生在提交的案例分析报告后面附加自己的课堂学习心得与案例带来的启示和希望案例课堂改进的地方等，但这种方式学生很可能会隐藏自己内心的真实想法。其二，课后面对面地沟通与交流。与学生进行个别交流，听取学生对于本次案例行动学习课堂的反馈意见，非正式的沟通和交流对于教师和学生而言都更为自在，可能会让教师获得意外的收获。其三，采用问卷调查的方式。匿名的问卷调查获得的反馈信息可能更加真实，但需要注意问卷不宜过为冗长。

以《波司登羽绒服——如何走出迷局？》为例。

作为教师，需要在课后从以下几个方面进行反思：案例的选取是否合理？思考题的设计是否得当？教师的组织是否到位？学生的参与程度如何？案例分析是否深刻？讨论氛围是否和谐？总结提炼是否有高度？根据学生提交的课后作业，学生对案例的理解与掌握程度如何？这样的反思具有批判性和总结性，有助于教学经验的理论化。2020 年 5 月 19 日，竞争战略教研坊在完成了《波司登羽绒服——如何走出迷局？》案例行动学习的公开课后，对参与本次课堂的学生对案例行动学习的满意度展开了调查。调查共包含 13 个问题，有 88 名学生参与此次调查。调查结果对于案例行动学习法的教学改进提供了宝贵的指导意见。部分数据如图 8.2 所示。

根据调查结果：超过半数的学生希望通过案例行动学习的课堂提高面临具体商业问题的分析能力，将近 32%的学生希望提升解决问题的能力；超过 51%的学生认为 2000 字左右的案例正文篇幅是最适宜的，35.23%的学生认为 1000 字左右的篇幅更为适宜。由学生对上述问题的回答可知，案例行动学习以微案例和短案例为依托，对于提高学生分析及解决企业实际管理问题的能力有较大的帮助。在学生感知的案例行动学习的优势方面，思考分析过程提升思维能力、具体了解企业及其运作方式、丰富的互动环节增强参与、加深对理论知识的记忆与应用分别获得了 79 票、60 票、52 票、47 票，均超过了参投学生人数的半数。

值得注意的是，在“最吸引的环节”这一问题中，“开发解决方案”这一选项得票最多（35 票）。“同学交流研讨”（25 票）与“教师讲解案例”（22 票）分居其后。这也从侧面体现出学生对于提高自身解决问题能力的迫切需求。

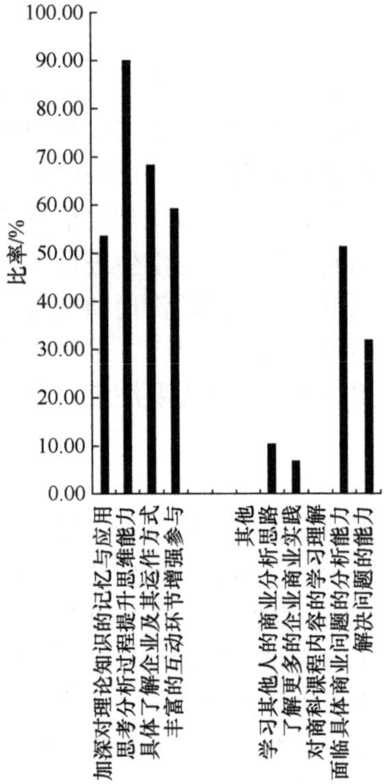

(a) 希望提升的能力/案例行动学习的优势

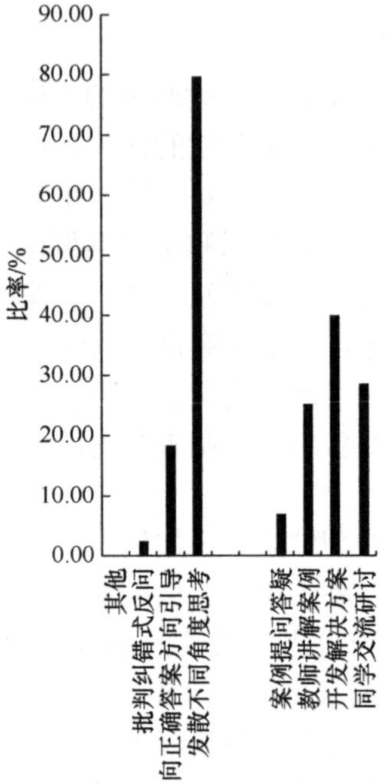

(b) 内容的偏向性/最吸引的环节

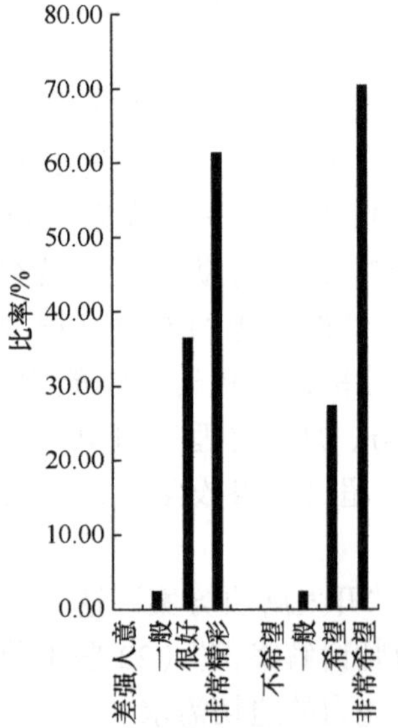

(c) 企业家点评效果评价/是否希望企业家进课堂

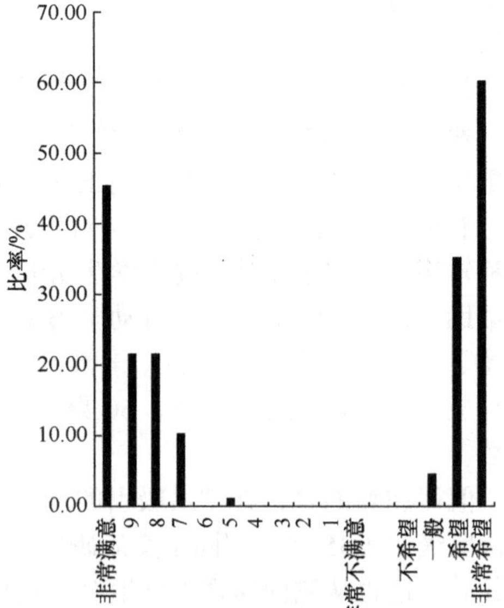

(d) 课堂整体效果打分/是否希望所在学校开设

图 8.2　竞争战略教研坊案例行动学习调查数据

有将近八成的学生认为案例行动学习课程中的提问内容应该更加偏向于“发散不同角度思考”，18.18%的学生认为在于“向正确答案方向引导”。67.05%的学生认为案例行动学习课堂中教师的提问频次应该适中。23.86%的学生认为应当稍增加一些。这对于教师改进教学实践具有指导性意义。在关乎课堂实际表现的问题中，超过六成的学生认为“运用了前边案例分析思路，提出了有价值的解决问题方案”。而在参加此次案例课程的 11 组队伍中，学生选出的表现最佳的 3 个队伍分别是同济大学、上海交通大学、重庆工商大学。

62.5%的学生对波司登的案例表现出兴趣，多达 28.41%的学生认为十分感兴趣，没有学生选择 “不感兴趣”这一选项。对于“是否希望企业家进课堂？”这一问题，仅有 2 名学生给出了“一般”的选择，其余 86 人均表示希望或者非常希望波司登的企业家能够走进课堂。对于“企业家点评效果评价”这一问题，61.36%的学生认为非常精彩，36.36%的学生则给出了“很好”的评价。这两个问题为日后案例行动学习法的完善与改进提供了方向。在问题“课堂整体效果打分（1～10 分）”中，78 名学生给出了 8 分以上的高分。并且 60.23%的学生表示非常希望所在学校开设案例行动学习课程，35.23%的学生则选择了“希望”这一选项。综上，案例行动学习法对效率与效果的兼顾已经得到了广大参与学生的认可，而学生对课堂的反馈对于教师改进教学意义重大。

综上所述，案例行动学习法能够有效地提高学生分析问题和解决问题的能力，为企业培养更加优秀的管理人才后备军。案例行动学习课堂的顺利开展需要教师和学生的共同努力与高效配合，只有教师与学生一同做好课前准备，上好每一节案例行动学习课，并在课后及时评估与反馈，不断改进与完善，案例行动学习法才能发挥它的价值与效用。

第 9 章　案例分析比赛概述与过程

案例行动学习法主要用于课堂之内，是在教师的精心设计、组织与引导下完成的，而案例分析比赛则是一种课堂之外的案例使用形式，往往由学生组队自主完成，教师只是提供指导。案例分析比赛能够有效发挥学生的主观能动性和独立性，因而被高校广泛采用。本章旨在介绍案例分析比赛的内涵、国内外案例分析比赛的起源与发展，以及案例分析比赛的过程。

9.1　案例分析比赛概述

9.1.1　案例分析比赛的内涵

工商管理情境教育体系主要由企业实践、企业家进课堂、案例教学、角色扮演和模拟教学等教学模式构成。其中，案例教学虽然在学习分析问题的思路、提高解决问题的能力、改善思考方式和锻炼沟通能力等方面的效果远远优于传统讲授模式，但其教学模式仍局限于课堂之中，需要教师的引导与辅助。正如理工科学生需要走进实验室通过实验检验理论一般，工商管理专业的学生同样需要一个有效的形式将所学管理理论带到实践中加以检验。因此，案例分析比赛成为加强案例资源在教学中共享与利用的有效形式。案例分析比赛将案例教学延伸至课堂之外，是一项以学生为主体，通过比赛形式开展的案例分析与讨论活动。

相较于由教师引导的案例课堂，案例分析比赛作为一场几乎完全由学生主导的实践活动，是对学生信息收集能力、分析与解决实际管理问题能力、创新能力和沟通协作能力等的综合考验，促使学生在这一过程中自觉查阅资料，强化相关专业知识的学习，并关注专业领域的最新学术动态，能够激发学生的主动性、独立性和创造性；以比赛为目的，通过制定一定的奖励机制对学生进行有效的激励与引导，更能调动学生参与的积极性；另外，大赛的评审除了学术领域的专家外，还有来自知名企业的管理者，他们能够从企业家的视角对参赛学生进行点评并提出建设性意见，有助于开阔学生的思维和视野。因此，案例分析比赛被视为案例教学的有益补充，其不仅是实践训练学生的有效平台，而且是检验案例教学成果、推广案例教学模式、培养高素质管理人才的重要途径。

案例分析比赛的举办对于举办院校、合作企业，以及参赛学生而言都具有积极的意义。从举办院校的角度来看，举办案例分析比赛有助于检验本校案例教学的成效，进而推动其良性发展；案例分析比赛为来自五湖四海的学生搭建了相互学习的平台，促进了高校之间关于案例教学经验的交流；案例赛事的成功举办也可以提升学校的影响力和知名度。从合作企业的角度来看，案例分析比赛不仅提供了一个挖掘和发现高素质管理人才的平台，也有利于扩大企业的影响力。而对于广大的商学院学生而言，案例分析比赛有助于其对所学理论的理解、吸收与灵活运用；为具有优秀管理才能的学生提供展示自我、实现价值的舞台，促进其未来的职业发展；此外，案例分析比赛通过链接企业与学校，为学生提供了接触外界真实商业环境和与企业管理者沟通的机会。其中，对于学生的能力提升可谓十分显著，在系统运用管理知识、识别关键问题、提高分析问题和管理决策与落地执行方面的能力及案例行动学习相似，对于训练多情境、多媒介的沟通能力则更为有效。

9.1.2 国际案例分析比赛

案例分析比赛最早起源于美国，已有 30 多年的发展历史。1981 年由两位 MBA 学生首创的 JMMBA-ICC 是世界上最为悠久的案例分析比赛。经过十几年的发展，案例分析比赛逐渐走向全球化。华盛顿大学于 1999 年举办的首届 GBCC 聚集来自世界各地的本科生共同进行商业案例研究，是最早一批国际化的案例分析比赛代表。随着案例教学在全球商学院的广泛流行，案例分析比赛作为商科教育的“实战演练场”也愈发得到接受与推崇，各种形式的案例分析比赛蓬勃发展。国际上早期的案例分析比赛多由世界知名院校主办，旨在为商学院学生提供实践交流、展示自我的平台和机会，如麦吉尔大学主办的麦吉尔管理国际案例大赛、南加州大学主办的马歇尔国际案例大赛等。经过多年的沉淀与更新，这些比赛已独具特色，自成体系。而一届又一届赛事的成功举办也见证并检验了比赛的公正性与权威性，其价值得到了全球商学院的认可。以下从赛制、规模、奖项设置等方面介绍三个经典的国际案例分析比赛。

1. JMMBA-ICC

JMMBA-ICC 每届大赛都会邀请来自全球的 MBA 学生团队参与其中，包括 4 名 MBA 学生和至少 1 名教练。历年参赛学生来自多伦多大学、麦吉尔大学、芝加哥大学等，以及非洲、欧洲、亚洲等地的高校商学院。为期一周的比赛以若干尚未发表的商业案例为素材，采用“循环赛—半决赛—决赛”的晋级形式。比赛案例大多是从年度案例写作大赛的顶级参赛作品中挑选得到，其中极富特色的

“直播案例”①因其真实性与复杂性而极具挑战性。每支参赛队伍仅有 3 个小时的时间用于案例阅读与讨论，并在最终的展示环节（15 分钟）以 PPT 的形式对团队的案例分析思路、提出的战略性建议、灵活的实施计划进行简短的介绍与说明。

超过 200 名企业高管组成了 JMMBA-ICC 的评审阵容，这些评审专家凭借他们与众不同的商业背景、经验和观点，客观地评价每支参赛队伍的案例分析成果与现场表现，并提出相应的问题和意见，再依据既定的评审标准进行打分。获得前三名的参赛队伍除有丰厚的现金奖励外，还可以凭借他们在比赛中呈现出团队精神的队伍，以及拥有杰出领导才能并持续对团队做出贡献的指导教练来角逐里奇尔·奥特卡特（Richare Outcault）团队精神奖，以及皮埃尔·布鲁内特博士（Dr. J. Pierre Brunet）教练奖。除了紧张的比赛日，JMMBA-ICC 还设置了轻松的社交活动环节，如晚餐、观光、运动项目和比赛最后的主题派对，这些活动不仅为来自全球各地的参赛学生搭建了彼此交流互动、建立友谊的桥梁，更提供了能够与担任评审的商业人士进行交流与学习的机会。

2. 人人商业全球案例大赛

人人商业全球案例大赛（Everyone’s Business Global Case Competition，EBGCC）由 2019 年南加州大学马歇尔商学院主办的国际案例大赛更名而来。此前，南加州大学马歇尔商学院自 1997 年首次举办案例国际大赛以来，已经举办了 22 届。不同于 JMMBA-ICC 面向 MBA 学生，EBGCC 则面向全球顶尖商学院的本科生。主办方每年会邀请国际顶尖商学院派出的包含 4 名本科生和 1 名教练组成的参赛团队。比如 2020 年获得冠军的是西班牙伊萨德商学院，亚军为杜克大学的富卡商学院，季军为香港科技大学商学院，同年参加比赛的还有卡内基梅隆大学泰珀商学院、乔治敦大学麦克唐纳商学院、北卡罗来纳大学基南弗拉格勒商学院、范德比尔特大学欧文商学院和华盛顿大学奥林商学院等。比赛包括预赛、挑战赛和决赛三轮。每个参赛队伍分别有 15 分钟的展示时间及 15 分钟的问答时间，而决赛中每支队伍需要进行 30 分钟的团队展示，并面临评审的随时提问。EBGCC 赛事全程只围绕一个商业案例，而每一届使用的案例都是由大赛主办方与企业赞助商合作开发的，往往是企业面临的现实业务挑战，因此案例内容一般涉及市场营销、经济与国际问题、技术等领域。完成案例分析、制订一套完整的商业行动计划、提出建议、准备演讲等一系列任务需要在 24 小时内完成。

评审包括 CEO、高层管理人员和顾问在内的行业专家，他们会根据分析的深

① 由一个组织提供的其在正常业务中面临的真实经营挑战，参赛队伍的案例信息仅包括公司提供的支撑材料及简短的提问环节。

度、全面性、相关性、独创性、说服力和整体表现力，对每支队伍进行评价打分，并针对演示内容提供反馈意见。EBGCC 会授予大赛前三名相应名次的奖杯，其中夺冠队伍能够持有象征荣誉的马歇尔杯，直到下一届冠军诞生。除此之外，大赛还为最受大众喜欢的队伍以及最佳的演讲者设置了额外的奖杯。

3. GBCC

GBCC 同样是一项领先的国际案例赛事，从 1999 年开始至今美国华盛顿大学福斯特商学院已经连续举办了 21 届，全球累计 60 多个国家曾先后派出最优秀的本科生团队参赛，是世界上颇具影响力的案例分析比赛。以往 GBCC 每年都会邀请世界各国共 12 支队伍汇聚西雅图角逐大赛冠军，每队由 4 名本科学生组成，而近几年 GBCC 进一步扩大了参赛规模——2019 年第 21 届大赛迎接了来自 10 个国家的 16 支参赛队伍，2021 年举办的第 22 届 GBCC 成为有史以来规模最大的一届比赛，共有来自 19 个国家的 24 支队伍参赛。

除规模改变外，GBCC 也更新了比赛赛制。从 2017 年开始，GBCC 分为了热身赛与正式赛，并采用了一长一短两个案例，其中正式赛中依旧按照分组晋级的形式。赛事主办方将 12 支队伍分为 4 组，先后进行热身赛和正式赛。热身赛要求每支队伍在 4 个小时内完成对短案例的分析和讨论，并提出各队的战略建议，热身赛的展示阶段包括 2 分钟的开场展示和 8 分钟与评审的问答时间，每组优胜者可以选择后续比赛的出场顺序；正式赛分为两轮，通过 15 分钟展示、15 分钟问答和 10 分钟评审点评组成的现场环节产生小组优胜者进入决赛。由业界领先的高级管理者组成的小组担任 GBCC 的评审工作，并依据各队伍的现场表现和所提方案的可行性、创造性等评选出大赛冠军。GBCC 不仅包括紧张激烈且富有挑战性的比赛环节和丰富多彩的社交活动，还设计了企业参访环节，为参赛学生提供了亲身参观全球领先企业的机会。

以上这些经典国际案例分析比赛由国际顶尖商学院主办，且拥有悠久的发展历史。案例教学在全球快速流行与发展的 20 多年中，新的国际案例分析比赛不断涌现，为更多的商学院学生提供了锻炼的机会，如由英属哥伦比亚大学尚德商学院主办的尚德全球案例分析大赛（Sauder Summit Global Case Competition）、由佛罗里达大学赫文纳（Heavener）商学院主办的赫文纳国际案例分析大赛（Heavener International Case Competition）等凭借高质量赛事受到了国内外学生的广泛关注。

同时，国际上出现了一批由知名管理咨询公司、会计事务所等非院校组织发起或赞助的案例大赛，如毕马威全球案例分析大赛、罗兰贝格国际案例大赛等。不同于学术为主的商学院，战略咨询公司及会计事务所这类组织具有更加丰富的实战经验，因此由两方合作发起的案例分析比赛能够充分发挥集成优势，为参赛学生提供实际应用管理理论和技能平台的同时，挖掘和培养高校中的咨询人才。

9.1.3 国内案例分析比赛

国内案例分析比赛最早出现在 20 世纪 80 年代，最初案例分析比赛的参与范围主要局限在某些高校内部，规模较小，其中一些赛事保留至今并且影响力不断扩大，辐射到了更为广阔的学生群体。随后，在我国工商管理案例教学与开发事业蓬勃发展的背景下，案例教学日益成为商学院广泛接受的教学形式，呈现欣欣向荣的态势，各种各样的案例分析比赛也随之诞生，为国内商科学生提供了更多接触真实商业情境、锻炼自身能力的机会。国内逐渐涌现出一批区域性或全国性比赛，甚至有些案例分析比赛吸引了海外高校的关注与参与，成为国际性赛事，如表 9.1 所示（表中数据截至 2021 年 12 月）。

表 9.1 国内具有典型性的案例分析比赛

名称	范围	对象	人数	次数	主办方
北京大学光华管理学院案例大赛	全国	全日制在读	3 人	9 届	北京大学光华管理学院
普华永道杯·决战 24H 商业挑战赛	国内外	在校本科生	初赛 2 人 决赛 4 人	12 届	上海财经大学会计学院
湖南省高校 MBA 企业案例大赛	湖南省内	在校研究生	4 人	7 届	湖南省教育厅
贝恩杯咨询启航案例大赛	国内外十所知名高校	本科生及硕士	4 人	16 届	贝恩咨询公司、北京大学咨询学会
汇丰商业案例大赛	亚太地区受邀高校	本科生	5 人（含 1 名指导教练）	14 届	香港大学亚洲案例研究中心
泰德商业案例分析大赛	全国	在读本科生及研究生	3～4 人	8 届	中国共产主义青年团山东大学委员会、山东大学经济学院等
康腾全国高校学生商业案例分析大赛	湖北省及省外受邀高校	在籍本科生及研究生（含博士研究生）	2～4 人	27 届	中国共产主义青年团湖北省委员会、湖北省学生联合会等
“毕马威”企业文化案例分析大赛	粤港澳及受邀高校	在校本科生	4～6 人	18 届	中山大学岭南学院
SYSBS-IVEY 全国商业案例大赛	国内受邀高校	本科生及研究生	4 人	4 届	中山大学管理学院、加拿大韦仕敦大学毅伟商学院

续表

名称	范围	对象	人数	次数	主办方
全国管理案例精英赛	全国	在读 MBA	≤11 人（含 1～2 名指导教师）	8 届	全国工商管理专业学位研究生教育指导委员会、中国管理案例共享中心、中国管理案例中心联盟、中国管理现代化研究会管理案例研究专业委员会

案例分析比赛根据覆盖范围的大小，可以分为校内赛、区域性比赛、全国性比赛及世界性比赛。其中校内赛在国内高校中应用最为普遍，具有规模小、灵活性强等特点，我国各高校举办的校内赛风格不一、规则不一，也没有统一的标准和形式，但目的一致，即通过给本校学生提供课外实践平台，加快学生理论知识的吸收和转化，提高相应的技能和能力。相比之下，区域性比赛、全国性比赛与世界性比赛面向来自不同学校、地区甚至国家的学生群体，不仅赛事本身具有更高的规范性、权威性和更大的影响力，也能够促进不同教育背景下参赛队伍之间的交流与学习。不同案例分析比赛面向的参赛群体不同，如全国管理案例精英赛主要面向 MBA 培养院校，汇丰商业案例大赛仅面向高校本科生，泰德商业案例分析大赛与康腾全国高校学生商业案例分析大赛的参赛对象则包括本科生与研究生。以下介绍几项典型赛事。

1. 全国管理案例精英赛

由全国工商管理专业学位研究生教育指导委员会、中国管理案例共享中心、中国管理案例中心联盟及中国管理现代化研究会管理案例研究专业委员会联合主办的全国管理案例精英赛是一项针对 MBA 学生的全国性赛事，因其参赛规模之大、覆盖范围之广和高度的规范化与专业化，被认为是国内最具代表性的案例分析大赛。全国管理案例精英赛开办于 2013 年，除因新冠肺炎疫情停办一年外，每年都如期举办，截至 2021 年 12 月已成功举办 8 届，涉及战略管理、市场营销、创新创业等诸多不同的知识领域。与前文提及的众多国内案例赛事相比，全国管理案例精英赛在诸多方面存在其独特之处，包括广泛性、共享性和开放性等。

（1）广泛性。大赛分不同赛区展开并设有校园突围赛阶段。其中校园突围赛采取大规模、全员动员的逐级选拔制，所有 MBA 培养院校在读 MBA 学生都可以参与到校园突围赛阶段的比赛之中。分赛区则涵盖了东北、华北、西部、华东、华中、华南等全国 MBA 第一至第九批培养院校。在国内，能够如此广泛地动员全国范围内的 MBA 师生参与其中的活动，全国管理案例精英赛是其中一项。

（2）共享性。历届比赛案例均选自中国管理案例共享中心入库的全国百篇优秀管理案例。中国管理案例共享中心案例库是目前国内最大的中文案例数据库，全国百篇优秀管理案例是其中的重要组成部分，代表着国内案例撰写的最高水平。大赛的分区赛及总决赛统一使用案例库中的优秀案例。经过大赛学术委员会的精心设计与适当改编后用于比赛。这些比赛案例反映了当前社会热点的企业问题，总结了我国企业的成长轨迹，给 MBA 学生以思维的启迪。此外，依托中国管理案例共享中心的优质专家资源为各分赛区及总决赛选派评审，实现了专家资源共享。

（3）开放性。全国管理案例精英赛的开放性不仅体现在内容和比赛形式上，还体现在大赛与企业、商学院、教师、学生各方的广泛联系之中。不仅学生在比赛中获益，指导教师的案例教学能力在比赛中也能得到极大的提升。此外，案例是管理课堂的实验室。管理实践发生在企业日常经营活动之中，许多富有启迪的学术研究成果都来自丰富的企业实践。而大赛为商学院与企业实践之间搭建了沟通和交流的桥梁。大赛对企业界的参与始终保持开放的心态，在对大赛的学术性保持尊重和认可的前提之下，积极与企业界接触、交流与合作，如聘请企业界评审等。

2. 北京大学光华管理学院案例大赛

北京大学光华管理学院案例大赛最早始于 2013 年，是由北京大学光华管理学院主办、中国共产主义青年团北京大学光华管理学院委员会承办，面向国内知名高校全日制学生的商业案例竞赛。比赛邀请来自全国各地的高校学生参加，规模从原来的两三百余支队伍逐渐扩大到第八届的近四百支、超过千名学生参与其中。从第八届开始，比赛在原有金融分析组和企业管理组两个组别的基础上增设了社会公益组。金融分析组与企业管理组采取平行赛制，赛程分为初赛与决赛两阶段，参加初赛的每支队伍由 3 人组成，根据所选择的组别从组委会提供的案例分析方向中选取一个方向，自行查找具体案例进行分析并提交案例分析报告，通过大赛专家评审对参赛案例分析报告的匿名评审，筛选出两组别各 9 支参赛团队晋级决赛；在决赛阶段，大赛组委将统一发放由北京大学光华管理案例研究中心提供的专业案例，采用“限时分析+公开答辩”的比赛形式对比赛案例进行深入的挖掘与分析。

由北京大学光华管理学院和北京大学管理案例研究中心的教授，以及北京大学光华管理学院的杰出业界校友共同组成案例评审委员会，根据决赛团队的案例分析质量和现场表现打分，对每支参赛队伍的案例分析报告做出公正、专业的评价和指导。除了相应数额的奖金外，在大赛中表现突出的冠亚军团队和最佳表现个人还可以获得北京大学光华管理学院金融硕士项目“滚动申请制”面试资格或 MBA 项目“×计划”面试资格。

3. 中外合作赛事

除了国内本土的案例分析比赛以外，近几年还出现了一批由国内外组织共同主办的中外合作案例大赛，这些比赛由国内外组织共同制定规则和标准。国内外组织合作形式大致可分为两类：一类是国内外高校之间的合作。例如，由中山大学管理学院与加拿大韦仕敦大学毅伟商学院两所国内外顶级商学院共同发起的 SYSBS-IVEY 全国商业案例大赛，其中加拿大毅伟商学院是以案例教学为主，追求实践的世界一流商学院，有着悠久的案例教学与开发历史，其案例教学方法与哈佛商学院齐名，拥有先进的案例教学经验，同时加拿大毅伟商学院还拥有全世界最大的亚洲案例库——毅伟案例库。另一类则是国外管理咨询类企业与国内高校之间的合作，如由全球领先的管理咨询公司贝恩咨询公司与北京大学咨询学会主办的贝恩杯咨询启航案例大赛，其中贝恩咨询公司作为一家为客户企业提供战略、运营、技术、组织及并购方面咨询业务的公司，拥有独到的商业见解和丰富的实战经验。由上可见，不论是哪种形式的中外合作赛事，案例大赛均能通过整合国内外的优质案例教学资源为国内商科学子提供拓宽国际视野的、更高水平的实践平台。

以 SYSBS-IVEY 全国商业案例大赛为例，大赛采用邀请赛制，首届比赛举办于 2017 年。随着赛事的逐年举办，大赛受到了越来越多国内知名高等院校优秀学子的广泛关注和热烈参与，赛事规则亦不断完善和改进。赛程分为第一轮初赛盲审及第二轮总决赛，受邀的高校代表队需要针对毅伟商学院提供的全英文商业案例进行分析并提出解决方案，从初赛中晋级决赛的队伍进入现场展示环节，分别进行 15 分钟的 PPT 展示及 15 分钟的英文答辩。专家评审团由加拿大毅伟商学院、中山大学管理学院的知名学者及具有丰富实践经验的企业界高管组成，为两轮比赛进行点评和打分，并现场评选出一等奖、二等奖、三等奖、优胜奖、最佳人气奖及最佳潜力奖。

与国际知名案例分析比赛相比，我国案例分析比赛在某些方面呈现出不一样的特征，如国际案例分析比赛大多采用邀请制，国内案例分析比赛往往采用报名制，从而为更多学生提供机会；国际案例分析比赛的评审更倾向邀请企业管理者，国内案例分析比赛的评审团队通常由相关行业的管理者和相关领域的学术专家共同组成；随着案例教学在国内商学院的日益发展，国际案例分析比赛越来越多地邀请中国高校参赛，国内案例分析比赛的影响力也呈现出向国际扩散的趋势。

9.2 案例分析比赛过程

案例分析比赛是一项系统工程，从参与者的角度来说，完成案例分析比赛通常包括参赛队伍组建、赛前培训、数据收集与案例分析、案例分析报告撰写、PPT制作、成果现场展示六个环节。

9.2.1 参赛队伍组建

组建参赛队伍时需要首要考虑的问题是队伍规模。主办方通常会给出案例队伍的人数要求，如表 9.1 所示，全国管理案例精英赛要求由少于或等于 11 名在读 MBA（含 1～2 名指导教师）构成，北京大学光华管理学院案例大赛要求由 3 名全日制学生构成。不管规模大小，案例队伍组建的基本目标是形成一支各有所长且富有团队协作精神、高效的案例队伍。

在筛选队员的过程中除了考虑成员是否具备合作的意识，以及能否为案例分析投入足够的时间和精力之外，更重要的是成员是否具备某些特长，是否能够承担特定角色、完成特定任务。因此，分工明确，即角色分明、特长突出，是案例队伍的核心特点。从专业背景的角度来说，对于全国管理案例精英赛这类针对 MBA 学生的案例分析比赛，为了更有效地面对不同类型的案例，成员可以选取来自不同行业或从事不同专业的 MBA 学生，如互联网行业、传统制造行业、零售行业等，或是从事战略分析、营销、财务、运营等不同专业，以便相互形成补充。对于针对全日制学生的比赛，同样也要考虑学生的专业背景，如营销专业、财务专业、人力资源专业等，如此才能在案例分析的过程中各自做出专业性思考。从角色分工的角度来说，至少包括 1 名能够统筹和推进案例分析比赛的团队负责人或队长，因为案例分析比赛往往要经历较长一段时间的高强度工作，可能会面临各种问题，包括意见冲突、资源匮乏、团队溃散等，均需团队负责人或队长出面协调，主导并推进工作；1 名或多名善于分析问题或具备较强分析逻辑、创新性逻辑的成员，能够在案例分析过程提出创新性见解或思路；1 名或多名善于收集和分析数据的成员，从不同渠道获取案例企业和案例故事的相关数据，包括宏观环境、行业环境、企业发展等相关数据，并进行有效整理和分析；1～2 名擅长制作 PPT 的成员，能够将团队想法与思路进行可视化展示；以及多名擅长台上展示或答辩的成员，完成最后一个现场展示环节。当然，考虑到人数的问题，可以一人承担多个角色，也可以一个角色由多人承担，如全国管理案例精英赛要求 4 位队员上台现场展示，所以至少应有 4 名成员具备相应的能力，甚至还需要 1～2

名替补成员。因此，在组建队伍的过程中应充分考虑并明确每一个成员的特点与角色，以提升后续比赛过程的效率。

案例分析比赛的整个过程几乎都需要团队协作完成。比如案例分析过程需要经常组织集体讨论。在背景分析和问题提出阶段，可以先不分工，而是全员参与。讨论过程可以采取先轮流发言再集中讨论的方式，确保每位成员都对案例背景和故事，以及可能存在的问题形成一定的了解。当成员提出具体的问题时，则进行深入讨论，明确该问题是否是企业面临的核心问题以及依据是什么。如果成员提出多个问题，则可以投票或辩论的方式对问题的重要性进行排序，目的在于锁定企业的核心问题。此后，在问题分析和问题解决阶段，则可以在任务分工的基础上进行集体讨论，如不同成员各自负责收集和分析宏观环境、行业环境、竞争对手、企业发展和财务信息等，或分别阅读相关书籍、学术论文，向熟悉案例领域的企业界人士、学者进行请教等，然后在集体讨论中进行汇报和分享。通过头脑风暴、辩论等方式逐步明晰案例分析的主要思路，提出解决方案。此外，在后期的案例分析报告撰写和 PPT 制作过程中，同样需要团队协作，如分工完成案例分析报告中不同部分内容的撰写然后进行整合，以及分别完成各模块内容的 PPT 制作后再进行前后统一和完善，等等。最后现场展示或答辩环节更是体现团队协作核心作用的过程，不仅要求场上成员相互配合完成内容展示，并相互补充完成对手、评审及观众的提问，还需要场上场下成员的配合，把握进度，相互支持。

9.2.2　赛前培训

正式案例分析比赛一般都要求在规定的时间内完成案例分析过程和结果展示，比如 1 个星期，3 天，12 小时，甚至 6 小时。为了磨合队伍，提升成员能力，提高比赛效率，通常在正式比赛之前，参赛队伍都要接受一系列高强度、密集性案例分析训练。赛前培训包括比赛规则和要求培训、案例分析过程培训、现场展示培训等方面。

比赛规则和要求培训主要向成员说明赛事的具体规则、要求、过程及注意事项等。每项比赛在赛制设置上都存在较大的区别，包括队伍人数的限定、参赛报名的时间和形式、比赛流程和时间安排、成果要求、现场展示的形式和要求等。了解和掌握基本规则和要求是案例分析比赛的基础。

案例分析过程培训是对如何开展案例分析进行培训。由于大部分参赛成员都是第一次参赛，因此案例分析到底怎么做需要有专业的指导。除了指导教师提供培训，还可以邀请在案例分析方面经验丰富的教师进行有关案例分析过程、要点、注意事项等方面的培训，邀请不同专业领域如战略、营销、运营等领域的专家对分析该领域案例的要点、工具、思路等进行培训，邀请来自不同行业的管理者对所在行业的现状和趋势进行讲解。在此基础上，还可以进行模拟训练，如找出往届比赛使用的案例进行全过程训练。当同一学校组建了多支队伍参赛时，可采用共同集中训练、共享指导教师的方式。案例分析过程培训可以模拟比赛，对案例分析思路、方案和成果进行相互评价，指出不足，甚至模拟现场对决，由指导教师或邀请其他专家充当评审的角色，相互提问，从而有效地提高训练的效率与质量。在案例分析过程培训中，参赛队伍不仅要秉承共同的目标，围绕案例分析的主线充分表达自己的看法，同时要学会倾听他人观点，与自身的知识技能碰撞、融合，进而实现知识的内化。

现场展示培训即对如何更好地完成案例分析现场展示或答辩进行培训。现场展示环节往往是前期所有工作的凝练，也是比赛中至关重要的环节。现场展示培训一般涉及现场展示流程、现场展示提问和回答问题及现场礼仪和形象等方面。主办方针对现场环节往往会制定具体的规则，包括上场人数、流程、陈述时间、回答问题时间、总时间等。显然，参赛队伍在赛前必须熟悉这些规则与要求。除了反复演练，达成默契，邀请往届参加比赛的队员分享案例分析比赛的经验尤其是现场展示的经验及注意事项（如如何有效控制时间、如何巧妙回答问题等），还可以邀请礼仪和形象方面的专家给出场上表现的相关专业建议。

此外，还需要为案例队伍提供必要的保障。近年来，众多商学院都已经认识到案例分析比赛是难得的学以致用的实践机会，对于提升学生的素质与能力具有切实性的帮助，同时案例分析比赛还是商学院树立品牌、扩大影响力的有利契机，因此学院往往会给予参赛学生一定的支持，如计入学生的实践学分等。为案例分析比赛配备的指导教师团队大多是在案例研究、案例教学方面拥有丰富经验的教师，可以在案例关键问题的把握、案例分析框架的搭建、案例分析方法的选择等方面为比赛团队提供指导性意见。除了指导教师，通常还可再配备 1～2 名行政教师，负责为参赛队伍提供服务。

9.2.3　数据收集与案例分析

当成员拿到案例后，可以按照下文提到的背景分析和关键问题识别、问题分析、解决方案的整体规划及方案的具体落地完成案例分析，但这个过程需要大量数据和资料作为支撑，因此数据收集是案例分析的重要构成。可通过案例阅读提取其中的关键信息与有用信息，辅以其他的阅读资料，全面了解案例企业及其所处行业、环境和各个部分之间的关联。案例分析的魅力在于让学生沉浸在案例情境中进行主动思考，尝试给出解决问题的方案。

案例数据的收集可谓案例分析的基础和先决条件。如果将案例分析过程视作一个项目，那么案例资料收集则是该项目的重要里程碑，资料的缺乏会导致案例分析犹如无源之水、无本之木。仅凭案例中提供的信息无法做出有效的分析，成员需要收集其他决策相关材料，如案例企业、竞争企业及所在行业的相关新闻报道和分析评论等，对行业信息、竞争者信息、竞品信息形成全面和系统的了解，甚至可以根据案例分析的需要开展市场调研活动，或者亲临企业做进一步的调研，如进行人物访谈、现场观察或者浏览企业的内部刊物、商业策划书等，充分体现所收集数据的真实性和充足性，使分析内容详尽，为后续的决策提供充分的信息支持。在分析的过程中，需要用到一系列理论知识，从而帮助分析者形成系统、有逻辑性的分析思路，这些理论知识的获取通常来自课程教材、学术期刊、理论著作、学术网站等，具体如图 9.1 所示。

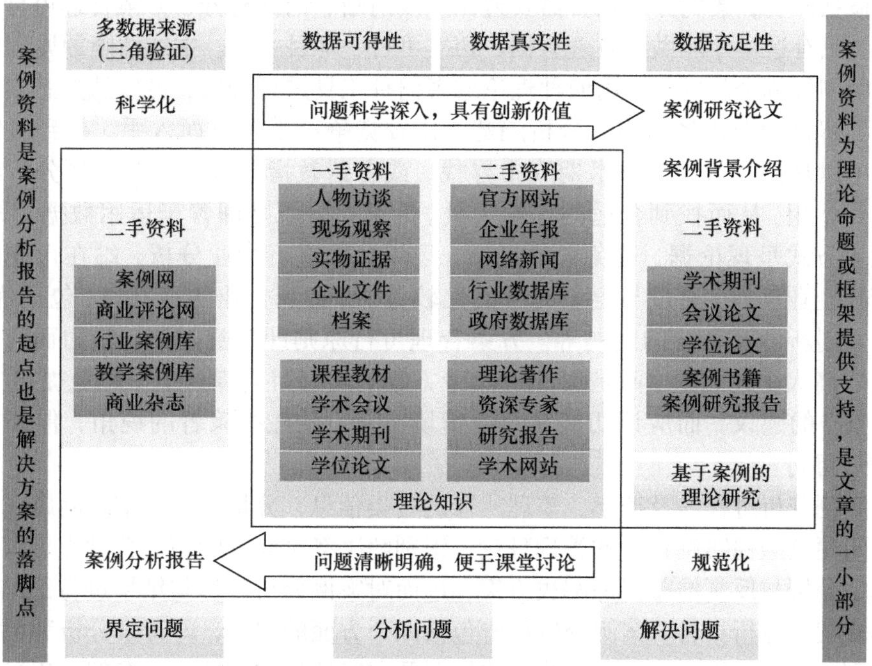

图 9.1　案例分析的数据收集过程

数据收集与案例分析过程既可以同步进行，也可以交错进行。案例分析贯穿于整个比赛过程，是案例分析比赛的关键与核心环节。案例分析比赛中的案例分析，相较于其他情况下的案例分析，最大的困扰是时间的限制。受赛程的影响，开展案例分析的时间较紧。如何高效地利用时间是案例分析比赛中案例分析需要考虑的首要问题，此外根据案例内容选择适配的管理理论也是一大难关，且提出的解决方案应追求创新性，存有为企业管理者提供新视角与新启发的初心，善于观察企业内外部环境的变化，紧密结合当前社会环境与实践，方案与时俱进的同时具备落地性和可操作性。整体而言，案例分析过程需要经历背景分析与问题提出—问题分析—问题解决三个阶段，具体案例分析逻辑与常用工具将在第 10

章结合具体实例详细展开。

9.2.4　案例分析报告撰写

案例分析报告是团队案例分析思路的体现，也是集体智慧的结晶。案例分析报告要以清晰的逻辑思路为主线，以扎实的理论依据为支撑，以充分的数据和实例为佐证，使案例分析过程有理有据，得出的决策方案切实可行。这个过程同样需要每位参赛队员的配合及协作，既要分工明确，又要彼此助力，尽量将每位队员的优势最大化。

概括而言，案例分析报告需要遵循主线清晰、论据充分、方案合理可行三个原则，只有这样才能做到有理有据、切实可行、耳目一新。主线清晰原则即清晰地阐明围绕哪个问题、运用何种理论或者何种工具进行分析，可以从熟悉案例企业、了解行业及市场特点、分析趋势、比较竞争对手等方面入手，找到关键问题；可以从课程教材、学术期刊中寻找，或者请教指导教师、有案例分析经验的学长学姐，从而找到合适的理论工具。论据充分原则即善于运用数据、图标、比较等方式呈现论据，避免自说自话，运用数据进行行业分析，站在行业的高度审视企业问题，通过与竞争对手的比较分析，找到企业的独特性，包括优势、劣势、创新性及存在的问题等。方案合理可行原则即量身定制，量力而行，不必追求高大上的目标，而是要注意决策方案的可行性与落地性，避免提出“假、大、空”的建议，而应该切实从企业情境出发，站在决策者的视角，保证方案的合理可行。

案例分析过程涉及搜集、整理所需的各类信息，分析背景、整理问题、确定核定问题及透视案例背后的管理理论，识别解决案例问题的核心关键点，以及经过缜密分析与反复推敲提炼解决方案，进而对案例分析过程与结果进行总结，最终形成案例分析报告。案例分析报告包括四个方面的内容，即背景分析和关键问题识别、问题分析、解决方案的整体规划及方案的具体落地，与案例分析过程基本一致。虽然每个方面的关注重点不一，但四者之间密不可分，案例团队需要认真探索每一部分的具体含义，学会利用管理学理论或工具来分析并描述各部分的内容。

1. 背景分析和关键问题识别

识别问题是解决问题的第一步，错误的问题识别将对解决问题产生负向结果。识别问题又称发现问题、感知问题、认识问题，是个体、群体或组织意识到自己所处的困境或者不满意状态的过程。问题往往源于案例背景。也就是说，案例背景分析是问题识别的基础。

案例分析比赛中的案例往往为决策型案例。决策型案例侧重管理实践问题的分析与解决，聚焦于实践问题和复杂的决策情境。在比赛时，一般会要求参赛队伍限时提交案例分析报告。由于时间紧迫，参赛团队必须把握好时间。学生不但要消化案例本身的信息，还要利用网络对现有素材进行适当的补充；不但要找准理论问题，更要注重实践方案的可落地性。这就要求参赛学生在短时间内完成对案例本身，以及案例相关背景信息的高效收集，识别关键问题，筛选解决关键问题的信息，基于信息分析得出管理决策。一般来看，案例分析比赛提供的案例正文会明确指出企业目前面临的实践问题，如大连理工大学第八届“卓越杯”案例分析大赛决赛中的决策问题为“大米科技该不该效仿小厨师背靠大树好乘凉，还是凭一己之力突出重围”。但这些明确在案例正文中的问题往往是关键问题的表征，其背后隐藏着复杂的情境和要素，要求参赛成员运用管理理论或工具挖掘背后潜藏的本质性问题，查找成因，为企业寻找有效出路。

当团队成员提出多个不同问题时，可以通过团队集体讨论先确定问题的方向，如战略管理方向、营销管理方向或运营管理方向等，在确定方向的基础上再锁定具体的问题，此时如果存在多个问题，则可以对问题进行重要性排序，选取团队认为该案例企业情境下最核心和关键的问题，或者对多个问题进行系统梳理使其形成一个整体问题。否则，如果在问题提出阶段提出多个不相关的问题，则会影响后续分析的聚焦性。

2. 问题分析

准确识别企业面临的关键问题后，需要进行问题的原因诊断，寻求问题的根源。只有找到问题的根源，才能形成对企业面临问题的正确且清晰的认识。通过对现状、情境等具体分析，了解企业的内外部环境，为制订决策方案提供可靠的支撑。在国内外各类案例分析比赛的评分细则中，问题分析的优劣一直是关键得分要点。问题分析的优劣程度需要从分析的深度、准确性与充足性、逻辑性与严谨性几个方面衡量，好的问题分析可以有效地促进新思想的产生，提供解决问题的新思路。问题分析的质量高低直接决定对案例关键性问题的把握程度。因此，参赛队伍在进行案例分析报告撰写前需要明确分析理论与分析工具、分析过程和结果等。通常需要在全体成员的共同努力下，寻找到一种最适宜的方法，并且根据案例中提供的要素，以及成员所能收集到的信息进行全面、深入的现状分析。在追求案例与理论契合度的同时，灵活把握，避免一味地追求理论模型与实践问题的完美匹配。

需要注意的是，在分析问题原因的过程中，也可能出现一个问题多个原因的现象，此时同样需要通过讨论确定哪些是关键原因，这些原因的重要程度如何，或者逻辑关系是什么，才能确保后续解决思路与方案的聚焦性。

3. 解决方案的整体规划

依据案例分析，运用管理理论与方法及借鉴以往的经验或其他类似案例，就案例中有待解决的问题，提出解决方案。一个组织中的问题，往往是牵一发而动全身。纵观国内外案例分析比赛的评分细则可以发现，评审专家更加看重参赛队伍提出来的方案与分析结果的一致性，以及方案自身的合理性、可行性、创新性、有效性等。在案例分析比赛中，为企业制订下一步行动方案需要适当运用管理理论与管理工具以增加方案的说服力，但分析报告中引用的理论必须是团队成员真正理解的。参赛团队不要急于落笔，明确前期构思和分析亮点后整个报告的撰写过程便会如行云流水般顺畅。

制订方案体现为逻辑思维与创造力的结合过程。逻辑思维能力意味着明确的目标、确定的逻辑，是“做什么”与“怎么做”的问题，创造力则是“如何做好”的问题。具体而言，首先，确定一个清晰的方案目标。行动的基础是目标，没有清晰目标的方案，只能走向混乱和无效。其次，注意理清思路。参赛选手可以事先罗列方案结构，即企业现阶段需要做什么，分为几项内容，工作顺序如何等。最后，有效优先，创意其次。

4. 方案的具体落地

方案的具体落地环节是方案整体思路的展开。决策方案的可行性和创新性是衡量解决方案的重要指标。

可行性要求方案的制订细致化、可操作，从点到面涵盖，且落到实处。以战略领域的案例分析为例，选择战略类型后，根据企业现实情况，从促进企业发展的角度，提出具有前瞻性的具体实施方案，可能会涉猎以下内容：核心竞争力的培养方案、组织结构的调整和扩充计划、产业纵向整合的方案、产品结构的调整和拓展等。除此之外，为了提高战略规划的可操作性，在方案的具体落地部分还需要提供切实可行的保障性措施和管理层注意事项，如广泛宣传发动、注意组织引导、科学分解任务、推进依法治企、支持和谐发展观等，从而最大限度地保证战略方案的实现。学生可以选择“几步走”类型的决策方案或针对每项任务制定具体的落地措施。此外，创新性则能够体现出案例团队的独特性思维和逻辑，可避免解决措施过于平庸或俗气。为此，应结合当前社会、经济、技术和文化等发展现状，对环境未来变化趋势以及企业发展趋势做出适当的判断，将未来要素融入方案中，或将其他行业或其他区域的先进做法借鉴到方案中，以提升创新性。

5. 格式建议

案例分析报告需要考虑行文的规范性。案例大赛为了不限制参赛选手的创新性，一般不会指定案例分析报告的具体格式，但笔者通过对往届案例分析比赛成果的总结与分析发现，案例分析报告作为案例分析结果的书面表现形式，具有一定的学术性，通常包括封面、摘要、目录、正文、参考文献、附录六个部分。

封面一般包括标题、团队成员、团队编号、指导教师等信息。标题可以沿用案例正文的标题，采用中性的写法，用案例企业的名称及案例分析的主要内容进行命名，采用“主标题+副标题”的形式，以此保证评审专家能够从标题中得出报告的主要内容。例如，“‘烹罢还知何处去，清风送我到蓬莱’——黔之冠的全产业链‘互联网+’战略发展之路”。

摘要是案例分析报告的缩影，需要对案例分析的过程、基本分析框架、分析结论及案例分析的意义和作用进行概括性阐述。

目录主要发挥两方面的功能：其一，方便评审专家快速了解案例分析报告的整体结构与章节布局；其二，目录是写作者思想与思维逻辑的缩影，发挥提纲挈领的作用。在撰写目录时，需要注意格式与语言的表达，如统一的词组结构、标题序列等。

正文是案例分析报告的核心与主体部分，包括关键问题的识别、案例企业现状分析、方案整体思路和方案的具体落地四个部分。在案例分析中，各部分的内容绝不是孤立存在的，而是存在紧密的逻辑关系。案例分析要与案例正文部分相互呼应，要对案例正文的基本内容、组织背景和特点、案例的时间及人物关系等信息形成基本的理解和认识；在案例企业现状分析部分，针对案例正文面临的问题进行研究分析，主要分析问题及产生原因；在方案制订部分（包括方案整体思路和方案的具体落地），要根据问题的分析提出对应的解决方法和对策，最后得出结论，各个部分之间相互铺垫、层层递进，相互包含着因果因素。

参考文献需要罗列案例分析报告中引用的文献或者书籍等资料。

附录一般包括重复性数据或者图表等。在正式提交案例分析报告之前，学生需要做好检查工作，避免出现错别字、语病、格式错误等问题。

9.2.5　PPT 制作

参赛队伍除了向大赛提交案例分析报告外，一般还需要利用 PPT 演示文档进行最后的汇报答辩，用来展现团队风貌和分析成果。作为参赛团队主要根据案例分析报告中的内容进行汇报，即 PPT 文档展示的主要内容来源于案例分析报告。但是由于时间及演示文档篇幅的限制，PPT 演示文档相较于案例分析报告更加凝练简洁，案例分析报告的内容相应地更加全面。另外，由于案例分析报告的篇幅一般较长，评审专家在有限的时间内难以抓住所有的重点，那么在汇报环节，PPT 演示文档的作用就得到了凸显，通过对重点内容的提炼帮助评审专家更好地获取有效关键信息。在 PPT 演示文档制作之前，参赛选手首先要完成对案例分析报告重点内容的提炼，列出大纲，建立关键词之间的关联性架构，借助思维导图和数据分析图表等视觉工具进行辅助说明。但也有一些案例分析比赛不要求提交案例分析报告，如全国管理案例精英赛直接以 PPT 盲审作为除了现场评分以外另一个重要的分数来源，此时 PPT 不仅要满足现场展示的美观、凝练等特点，还要让盲审评审充分了解团队的思路、核心内容和关键要点。

整体而言，案例分析比赛的 PPT 演示文档需具备以下特点。

1. 逻辑清晰，标题新颖

案例分析 PPT 演示文档的整体架构和逻辑结构至关重要。在逻辑上应遵循“背景分析和提出问题—问题分析—问题解决”的结构，进一步可细分为案例回顾/背景介绍、问题提出、问题分析、解决思路与方案、方案落地，以及总结分析等部分的内容，从而系统性地展示团队的分析结果。在符合基本逻辑和内容要求的基础上，进一步根据团队案例分析思路和方案特点给出方案的最终标题，以及具体每部分的标题。相对新颖的标题能够吸引评审专家或观众的注意力，从而形成相对优势。例如，在第四届全国管理案例精英赛（2016）总决赛中，大连理工大学代表队针对案例《方糖音箱：国产品牌高端定位之惑》（周志民等，2016）制作 PPT 时，拟订的方案总题目为“方糖音箱：国产品牌高端定位之惑”，并按照“方糖之困—定位之思—内容为王—推广之路”的逻辑和标题进行展示。

2. 重点突出，观点鲜明

在整体符合案例分析逻辑的基础之上，PPT 演示文档还应突出分析思路及方案的特点和重点，强调创新性观点。大部分案例团队经过前期的培训均能够掌握 PPT 演示文档的整体框架和逻辑要求，如何让评审感知方案的差异则应突出重点和创新点。一般来说，应在三个方面体现重点和创新性观点：第一，在问题提出阶段，问题识别是案例分析的关键和基础，也是 PPT 演示文档可能展示的第一个亮点。如果问题非常普通，或者是一个所有人都能直接判断的问题，那么该问题便缺乏创新性。因此案例团队不要吝啬在问题识别上花费足够的时间。第二，问题分析过程有关数据分析的展示上，大部分团队均会用大量的图表展示数据分析的过程和结果，此时应强调每次数据分析得出的结论，强调团队在数据分析中的重要发现。第三，方案展示上，一般情况下案例分析团队均会在 PPT 上展示一个复杂的方案系统，但评审很难在短时间内抓到重点，因此需要强调方案的亮点或重点所在。

3. 视觉美观，对比明显

PPT 的视觉效果决定了评审的第一印象。即便逻辑清晰、方案创新，但如果无法有效地展示出来，其结果也是功亏一篑。前面有关队伍组建的内容提到，在队伍构成上需有擅长做 PPT 的成员，能够更专业有效地实现团队思路和方法的可视化表达，并“聚焦”重点，具体可从“颜色”“文字”“动画”“图表”“逻辑关系图”“装饰物”等方面入手，让重点内容在 PPT 中与其他元素区分开来并形成对比。以获得大连理工大学第九届“卓越杯”案例分析大赛特等奖的参赛团队 PPT 为例，他们参赛的 PPT 中的图表给评审专家提供了一个新的视角看待参赛团队想要表达的内容，其中每一张图表都传达了一个明确的信息，且与标题相辅相成，清晰易读（图 9.2）。

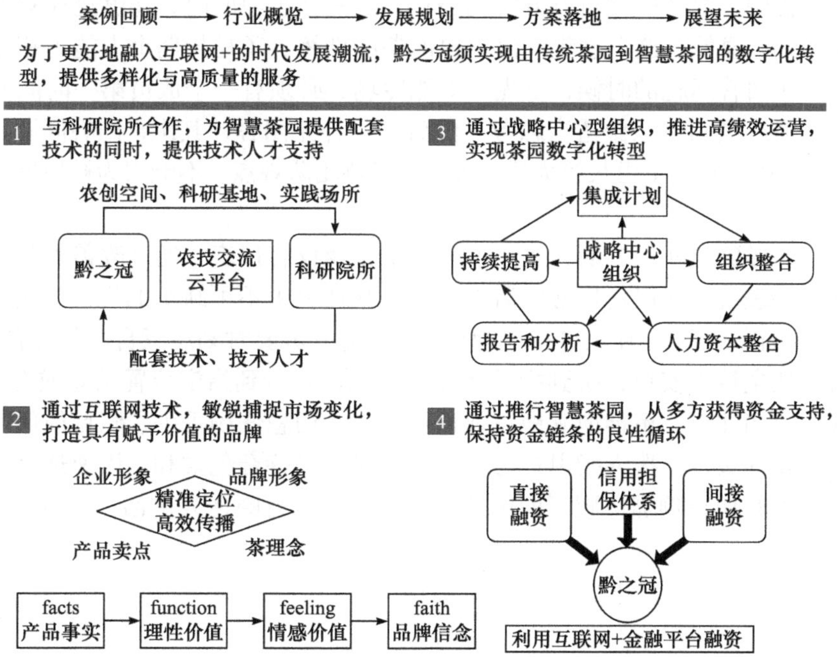

图 9.2　PPT 示例

资料来源：大连理工大学第九届“卓越杯”案例分析大赛特等奖队伍的 PPT 演示文档（案例：“黔之冠的全产业链‘互联网+’战略发展之路”；作者：裘利俊、苏若寒、王世林、孙晓杰；PPT 主题：“烹罢还知何处去，清风送我到蓬莱”）

注：科研院所为黔之冠提供的配套技术包括基于茶园的物联网、人工智能支持、大数据等

9.2.6　成果现场展示

案例分析展示环节中，除了书面材料外，口头答辩也是极其重要的。整理国内外案例分析比赛的评分细则后发现，答辩环节一般占据 20～30 分，包括内容和现场表现、可信度和说服力、时间管理、阐明及维护观点的能力、现场提问的水平及回答的专业性、语言表达的流畅性、方案陈述的时间控制、团队精神面貌、团队分工与合作等要点。

大部分赛制的设计都是采用两个队伍直接对决、评审打分的方式，具体涉及内容陈述、相互提问和回答问题、评审提问等，有时还包括场下观众提问。由于汇报答辩的时长有限，参赛团队必须利用好每一分钟来展示团队成果。整体上，参赛团队要清楚汇报答辩的目的，即展示团队案例分析成果和展现团队成员风貌，包括明晰的语言表达、合适的衣着、有说服力的依据、语调、眼神接触和姿势等。在内容陈述方面，主要是根据事前准备的 PPT 演示文档进行内容的陈述，上场成员应在展示前进行充分的练习，提高流畅性，突出重点，并严格把控时间。向对手提问及回答问题相对难度较大，需要成员具有临场应变能力。比如在对方陈述的过程中，快速抓住对方方案的弱点，或是在被提问时，能够迅速对问题做出有效回答。显然，这个过程不仅需要前期的训练，还是长期个人能力积累的结果。尤其在回答问题的时候，首先，不能冷场，必须有一个成员第一时间站出来作答，其他成员则可以做适当思考，然后进行补充回答；其次，回答问题要突出要点，尽可能简洁，不可长篇大论；最后，坚持团队观点，不能因为被质疑而摇摆不定。

此外，形象与礼仪方面，要注重言谈举止及仪容仪表，通过改善外部形象提升答辩现场表现。礼仪是日常生活中人与人交往之中不可缺少的规范，尤其是在汇报答辩的正式场合，礼仪显得更为重要，参赛成员要时刻注意自己的礼仪问题。上场时听从主持人安排，听到指示后才能进入，步行到指定位置站立或者坐下。上场成员应当注意：精神饱满地正视评审专家，切忌怯场垂手、侧首他望或者抓耳挠腮、卷弄头发、拨弄指甲；与他人交谈时，保持音色柔和、语速适度、语气平和；欣喜时切忌咧嘴捧腹，前俯后仰；不要随意打断他人讲话；等等。

第 10 章　案例分析过程与实例

案例分析是案例分析比赛的关键环节，也是案例行动学习的重心。尽管案例分析比赛和案例行动学习中案例的使用场景不同，但背后案例分析的基本逻辑却是相通的。考虑到目前工商管理案例已经形成了以“战略管理”“市场营销”等为中心的重点领域（吕一博等，2017），且历年的案例分析比赛中战略与营销领域的案例一直是关注的重点，因此本章首先结合案例行动学习过程论述案例分析比赛中案例分析的通用性基本过程与逻辑思路，随后分别选取“战略管理”和“市场营销”领域的案例各一篇，阐述两个领域使用频率较高的分析工具和模型，对前文论述的理论内容加以展示和说明。

10.1　案例分析过程

从学生角度而言，案例分析过程主要经历背景分析与问题提出—问题分析—问题解决三个步骤，这三个步骤也构成了案例分析报告的核心内容。背景分析与问题提出是指在对案例背景、案例企业发展历程、决策环境与企业内部状况进行简要分析的基础上，提出关键决策问题的过程，是案例分析的逻辑基点。通常情况下，案例正文给出的企业实践问题可能只是对案例中核心问题的表面概述，其背后深藏的本质性问题则需要学生加以思索。问题分析环节为承上启下的环节，通过对问题的深度剖析，挖掘问题产生的原因，寻找可能的解决方向。而解决问题环节实则包含提出并选定决策方向、给出实施计划等。

10.1.1　背景分析与问题提出

拿到管理案例后，首先需要明确案例企业和主要案例事实，即这篇案例讲述了一个怎样的故事，故事发生在怎样的背景之下，因为关注案例所处的年代及案例中企业所在的行业十分重要。管理问题具有强烈的时间属性。不同的时代背景下，宏观环境不同，同样的管理问题需要考虑的因素往往也有很大的差异。而不同行业的独特性更是会在某种程度上影响案例分析的逻辑切入点和解决方案的针对性。以案例《波司登羽绒服——如何走出迷局？》为例，这个案例所处行业为服装行业，更具体一些讲为羽绒服行业，案例中提到从事四季服装生产的企业是波司登的竞争对手，因此，在后续的分析中，必须将从事四季服装生产的企业列为重点关注对象，从而找出波司登相比于这类企业的优势所在，如此才能更好地把握竞争机会。而在案例《未来已来：雅迪电动车如何调整新赛道？》中，学生则需要对电动车行业的市场环境有所了解，对形势的准确把握和分析是确认问题并解决问题的关键基础，雅迪腹背受敌，面临着残酷的价格战和竞争对手相继模仿的双重困境，只有明确了这一要点，学生才能够更加准确地找出雅迪面临的核心问题。

背景分析通常包含宏观环境分析、产业环境分析和企业内部环境分析三个层面。要对错综复杂的环境进行分析与识别，从而洞察环境中蕴含的机会、威胁与挑战。宏观环境通常涉及企业所处的宏观经济环境、政治环境、社会环境与技术环境等，对于不同的行业而言，宏观环境中不同层次的因素发挥不同的作用效力，如政策管制严格的行业政治环境的改变可能会给企业的发展带来翻天覆地的影响；产业环境分析往往包括对竞争者、消费者或其他关键利益相关者和产业链、供应链等的分析；企业内部环境分析则包括对企业资源、能力、高层管理者与价值链等的分析。背景分析需要基于充足的信息资源。与决策情境相关的必要信息往往会直观地体现在案例正文之中，而其他的行业信息等需要学生通过查阅加以补充，这既是对学生信息检索与获取能力的考验，也是对其筛选、整合信息资源的考验。面对庞杂混乱的信息，学生是否能够通过梳理划分主次，辨明真伪，合理利用，而将信息资源与理论模型和工具加以结合的过程也是对学生学习效果的检验。

背景分析的目的在于准确识别核心或关键问题。只有锁定问题才能够在接下来的分析与解决环节提出行之有效的决策方案。找出浮于表面的问题是一件很容易的事情，但怎样才能挖掘出深藏于表象背后的本质性问题才是需要认真思考的。同时要注意，管理案例虽然以特定的企业为描述对象，但往往希望通过对某一企业事件的陈述揭示或映射更大范围内同性质或同类型企业的普遍性问题。

问题提出可以遵循寻找差距的逻辑。现状与目标之间的差距即为问题。例如，某公司的年度目标为利润率达到 10%，但年终发现只有 7%。两个数值之间的差距构成了公司的表象问题，而其背后的本质原因则需要通过对营销、生产等多维度的审查获得。这是一个不断抽丝剥茧、拨开迷雾的过程。问题提出也可以在背景分析的过程中得以涌现。

以《波司登羽绒服——如何走出迷局？》为例。从表面上看该案例讲述的是一个著名但老化了的羽绒服品牌应该何去何从的问题。波司登作为曾经的羽绒服王者品牌近些年被消费者视为“爸爸妈妈才会穿的羽绒服”，在品牌老化的表象下，究竟什么才是问题的核心与本质？为解答这一问题，学生需要思考 3 个子问题：①谁是波司登的目标消费者？②谁是波司登的竞争对手？③波司登要向目标消费者传递什么样的价值？这便是找出表象问题背后本质原因的分析框架。而在案例《未来已来：雅迪电动车如何调整新赛道？》中，决策问题似乎变得更加明确，面对与 M 公司的价格战和竞争者的模仿行为，雅迪应该如何突围？要发掘这一问题背后的战略定位理论知识点同样需要通过理论结合案例内容来实现。

10.1.2　问题分析

问题分析需要明确分析的逻辑，采用一定的分析框架以确保全面、准确地思考问题。可以将核心问题划分为几个具体的子问题，随后对每一个子问题进行不断的追问，深挖其产生的原因。以《波司登羽绒服——如何走出迷局？》为例，上文提到，挖掘波司登品牌老化背后的本质性原因需要解答 3 个具体的子问题：①谁是波司登的目标消费者？如果波司登将目标消费群体定位为“父母一辈”的消费者，那么这一认知便是正确的；而如果波司登将目光放在了更具消费潜力的年轻一代，公司便可以从更年轻的消费者入手，以他们的消费诉求对标公司产品及附加，寻找产生认知偏差的原因，是产品的外观设计过于老套，还是营销手段陈旧、广告标语不具新意？等等。②谁是波司登的竞争对手？企业并非孤立地存在于市场之中。所谓知己知彼方可百战不殆。在明确消费群体后，波司登需要确定公司的主要竞争对手是四季服装品牌，还是专业从事羽绒服生产的企业？是定位高端的国际品牌，还是同样位于经济型领域的鸭鸭等品牌？波司登与竞争对手之间在产品、营销、品牌管理、战略定位等诸多方面有何不同之处？等等。③波司登要向目标消费者传递什么样的价值？对这个问题的回答要基于对前两个问题的思考。企业取胜的关键在于建立差异并让消费者感知与认可这一差异。明确波司登要向目标消费者传递的价值也就能够进一步明确问题解决的方向。根据上述三个问题，波司登要做的即分析问题的思路，包括确定目标消费群体、与目标消费者的认知做连接、传递区别于竞争者的价值点。

同样，在案例《未来已来：雅迪电动车如何调整新赛道？》中，雅迪有三种方案可以选择：一是继续在低端电动车市场与 M 公司展开价格血战，陷入恶性循环，直到其中一方胜出，另一方惨败；二是同时兼顾低端市场和高端化转型，一方面布局高端电动车市场，另一方面继续与 M 公司的价格拉扯；三是舍弃低端车市场，集中力量全面转型高端，做更高端的电动车，开拓新的竞争天地。

另外，由于问题分析的角度和切入的视角不同，得出的答案也会不同。对战略层面的关注往往会产生更为全局和长远的答案，而对战术层面的解读则可能会产生短期、明确且更为落地的决策方向。着眼于不同的利益相关者、不同的职能层面等都会对最终的分析结果产生影响。总之，问题分析环节需要在确定逻辑的指导下展开。下面，笔者将介绍几种常用的问题分析工具。

1. 鱼骨图

鱼骨图分析法是进行因果分析时经常采用的一种方法，其特点是简捷实用、比较直观。鱼骨图又称石川图，是一种发现问题“根本原因”的方法。问题的特性总是受到一些因素的影响，可通过头脑风暴法找出这些因素，并将它们与特性一起按照关联性整理成为层次分明、条理清晰且标有重要因素的图形。在使用鱼骨图的过程中，最重要的环节是头脑风暴，参与者需谨记切不可打断别人的发言，不批评不反对，防止重要观点被扼杀。具体步骤依次为分析问题原因/结构；确定问题点的所属层次；运用头脑风暴法找出各层次所有可能的因素；将找出的各要素进行归类整理，明确其从属关系；分析选取重要因素；检查各要素的描述方法，确保语言简明，意思明确。

2. 蒂蒙斯创业过程模型

除一些经典理论外，在案例分析过程中也可以运用一些新颖的管理理论或工具。在运用新颖的理论或工具时，需要在具体分析前，简述该理论的具体内涵及与案例的契合点，使分析更具有合理性和说服力。例如，在大连理工大学第八届“卓越杯”案例分析大赛决赛中，大赛提供了《利用厚生：大米科技的创业拼凑之路》（崔淼等，2018）这一案例。其中一个参赛团队抓住大米科技公司是“创业型企业”这一要点，以蒂蒙斯创业过程模型为分析框架，寻找企业下一阶段如何发展的答案。该团队用一段话阐述了该模型的内涵，以及与大米科技的契合点：“大米科技的逐步发展，是创业者杨健的创业过程。蒂蒙斯创业过程模型可以科学地解释其创业过程。创业有‘机会’‘资源’‘团队’三大要素，其中商业机会是创业过程的核心驱动力，团队中创业者是创业过程的主导者，资源是创业成功的必要保证。只有当商业机会出现时，创业过程才能稳步展开。创业过程开始于机会，而不是资金、团队或是战略。在创业过程中，资源与商机处在‘适应—差距—适应’的动态过程。”

3. 麦肯锡问题解决七步法

麦肯锡问题解决七步法既可以单独用以分析案例，也可以与其他理论或工具相结合，包括界定问题、将问题分解成议题（分析问题）、去掉所有非关键的问题（优先排序）、制订详细的工作计划、进行关键问题分析、综合分析调查结果并建立论据、用故事讲述来龙去脉七个步骤。

第一步是界定问题，指解决问题之前一定要确定问题的边界，可以利用SMART原则①进行问题的界定，即找出到底需要解决什么问题？解决问题的目标

① SMART（S=specific、M=measurable、A=attainable、R=realistic、T=time-based）原则不仅为员工更加明确高效地工作提供了便利，而且为管理者将来对员工实施绩效考核提供了考核目标和考核标准，使考核更加科学化、规范化，更能保证考核的公正、公开与公平。

是什么？如果这个问题牵扯到团队，那么需要团队成员一致讨论并明确解决问题的目标及边界。第二步是将问题分解成议题（分析问题），指对于一个已知需要解决的问题进行因素拆解，将可能解决问题的方案及关键阻碍因素一一列出，可以利用逻辑树的方式进行问题的拆解。第三步是去掉所有非关键的问题（优先排序），指要学会经常推敲过程中的第一步，在假设、理论及数据之间巡回往复。不仅要常问“为什么”，而且还要思考“是否有遗漏”。进行一项较困难的研究分析前淘汰非关键性问题，这是掌握分析问题的关键。第四步是制订详细的工作计划，这一步骤需要提前展开，并且反复仔细修改数据，具体分析，寻找具体来源。第五步是进行关键问题分析，始终以最终目的为导向，不能拘泥于数字，对假设和所得数据反复思考，尽可能地简化分析，不轻言使用线性计划之类的工具，开阔视野的同时要防止钻牛角尖。第六步是综合分析调查结果并建立论据。第七步是用故事讲述来龙去脉，即描述出所持论点的完整结构，形成一个既合乎逻辑又具有说服力的故事。

10.1.3　问题解决

问题分析为可能的决策方案指明了方向，而问题解决实则包含两个具体的环节：一是通过对决策方向的结果做出预测，择优而取；二是确定决策方案后的实施计划。预测结果是一个逻辑推理的过程，将不同方案可能产生的结果一一罗列出来，其可能带来的连锁反应也应考虑在内，进而从正反两方面做出评判。同时要注意方案的可行性，企业拥有的资源与能力是有限的，方案应该尽可能地利用有限的资源实现更大的价值。实际的管理环境更为复杂和多变，虽然教学案例对复杂情境进行了抽象和简化，但在制订决策方案的过程中仍然需要考虑某一结果可能带来的风险与连锁反应。

在案例《未来已来：雅迪电动车如何调整新赛道？》中，雅迪有三种方案可以选择，而每一种方案都有不同的优点与缺点，同时需要考虑雅迪自身的因素影响。具体来看，继续在低端电动车市场与 M 公司展开价格血战只会造成两败俱伤的结局。即使雅迪最后赢得了与 M 公司的价格战，整个行业的利润空间也将被残酷的价格战压榨得所剩无几，这本身就是“伤敌一千，自损八百”的方法，何况雅迪在与 M 公司的价格战之中一直处于劣势地位，一直被 M 公司牵着鼻子走。这也暗示着国内的低端电动车市场已经“杀”成了一片“红海”，再执着于这里已经没有出路可走，也完全不符合企业愿景。因此，这一方向是雅迪必须果断舍弃的。第二种方案，即兼顾低端市场与高端化转型，同样是弊大于利。雅迪虽然已经在电动车行业发展几十年，但其资源与能力是有限的，管理团队的注意力也是有限的。与 M 公司的价格战需要雅迪全身心投入其中，而向更高端布局也需要雅迪将资源与能力倾斜于高端化转型，因此兼顾低端市场与高端化转型相互冲突，也会给消费者带来认知上的混乱，即雅迪到底在销售何种电动车。选择本方案很可能会出现“高不成、低不就”的局面。到时，雅迪既没有在高端电动车市场站稳脚跟，还在低端电动车市场被以 M 公司为首的竞争对手打压，从而失去了市场份额。由上可见，对于雅迪而言，第二种方案也不是智慧的选择。因此，摆在雅迪面前的就只剩“深化布局高端市场”这一方案了。那么，该方案的利弊又如何？首先，不可否认的是深化布局高端电动车市场需要雅迪付出极大的精力与代价，甚至可能在刚开始的阶段就被 M 公司打压，且高端市场也不会即刻为雅迪带来收益，甚至该方案一旦失败，也会出现第二种方案的后果，既没有站稳高端，完成转型，还失去了原有的市场份额，最后惨淡收场。但是，放弃“红海”而开拓新的“蓝海”符合企业愿景，也能够帮助雅迪真正摆脱现在面临的发展困境。转型高端同时意味着产品定价的提高，这对于雅迪争取利润空间，实现后续的持续发展至关重要。挣扎求生并非良策，突破重围而伫立在行业的最前端才是雅迪真正的追求。布局高端需要雅迪建立正确的价值定位，并完成向消费者的价值传递。这一过程以充足的资源和能力为支撑，而经过几十年的发展与积累，雅迪已经拥有成功转型的资源与能力基础。综上所述，第三种方案才是雅迪最正确的选择所在。

解决问题的逻辑与上述分析结果是一脉相承下来的。在案例《未来已来：雅迪电动车如何调整新赛道？》中，我们已经确定对于雅迪来说最明智的选择是第三种方案，那么解决问题的过程就是思考雅迪应当如何布局高端电动车市场的过程。结合战略定位和战略配称的理论知识点可知，雅迪“如何做”的问题可以分为三步走：第一步，确定正确的战略定位和价值定位，即明确雅迪要向目标消费群体传递怎样的价值；第二步，确定关键的战略要务，即要达成这一目标，雅迪需要从哪些方面入手做出调整；第三步，具体的战略配称工作，只有辅之以全面、有效的战略配称，雅迪的“更高端”战略定位才能够平稳落地，由此在消费者心智中建立“雅迪是更高端的电动车品牌”的价值认知。在案例《波司登羽绒服——如何走出迷局？》中也是一样的逻辑，既然转型中高端羽绒服市场是波司登的竞争机会，那么波司登的战略定位就是中高端的羽绒服市场，而为了支撑这一战略定位，向消费者传达新的价值定位，波司登从产品、研发、价格、渠道、广告、公关、终端与运营等诸多方面对业务运营做出了调整。

背景分析与问题提出、问题分析、问题解决是案例分析过程中为了解决问题应该遵守的逻辑分析过程，学生的案例分析工作一般到此为止，但在实际的企业运营中，还需要进行反馈与修正。只有经过实践的检验，让问题浮现，不断修正和完善解决方案，企业在之后的风风雨雨中才能屹立不倒。

10.2　战略领域案例分析

战略管理问题往往是案例分析比赛中最常见的问题。战略管理是企业高层管理人员为了企业长期的生存与发展，在充分分析企业外部环境和内部条件的基础上，确定和选择达到目标的有效战略，并将战略付诸实施和对战略实施过程进行控制和评价的一个动态管理过程。战略管理问题的解决分为三个步骤（战略分析—战略选择—战略实施），且建立在对战略问题的精准识别之上，每个步骤都有一些常用的分析工具以帮助企业更好地解决其所面临的战略问题。为使读者更深入地理解战略领域的案例分析基本逻辑，本节以 2020 年全国百篇优秀管理案例——《从市场驱动到研发拉动：中国飞鹤的战略变革之路》（林海芬和曲廷琛，2020）为例，遵循背景分析与问题提出—问题分析—问题解决的逻辑展示案例分析的全过程。

10.2.1　背景分析与问题提出

案例分析首先需要明确案例企业及案例概要，通过对案例企业的现状和背景分析确定核心问题。

飞鹤的加工厂分布于拜泉县与龙江县等地，同时在北京设有销售中心和研发中心，营销网络辐射全国 26 个地区。50 余年来，飞鹤对奶粉品质的严格把控仍未止步，飞鹤一直专注于中国宝宝的体质和母乳营养研究，承担了国家 863 项目、中华人民共和国科技部“十二五”项目等国家级科研项目，科研实力业内首屈一指。对飞鹤发展的大事件梳理如下。

飞鹤发展历程梳理

飞鹤始建于 1962 年，从丹顶鹤的故乡齐齐哈尔起步，是中国最早的奶粉企业之一。50 余年来，飞鹤一直专注于中国宝宝体质和母乳营养研究，开创了众多引领行业且针对中国宝宝体质适应性的技术、配方与工艺。飞鹤的奶源全部来自具有黄金奶源带之称的北纬 47 度——黑龙江齐齐哈尔市克东县，拥有世界顶级的生产设备，具备高品质奶粉生产的能力。飞鹤是首家年销售额突破百亿元的国产婴幼儿奶粉企业，截止到 2020 年已连续六年荣获世界食品品质评鉴大会金奖，缔造了中国奶粉品牌的传奇。潜心打造“更新鲜、更适合”的高品质奶粉，是飞鹤的不懈追求。飞鹤的发展历程大致如下（表 1）。

表 1　飞鹤发展大事记

年份	关键大事记
1962 年	飞鹤前身黑龙江省农垦总局下属的赵光农场老八连乳品厂成立
2001 年	冷友斌等持“飞鹤”品牌转至齐齐哈尔克东县，成立飞鹤，开启二次创业之路
2006 年	甘南藏族自治州飞鹤奠基；开始打造世界领先的 1000 吨甘南藏族自治州婴幼儿配方奶粉生产线
2007 年	智能工厂一期选址甘南藏族自治州并投产；在甘南藏族自治州和克东县投建的两个大型万头专属牧场项目开建
2008 年	甘南藏族自治州和克东县两个大型万头专属牧场投产；中国奶制品污染事件爆发，而飞鹤奶粉通过相关部门的检验，所有产品全部合格，并不在“毒奶粉”之列
2009 年	成为我国第一家在美国纽约证券交易所主板上市的婴幼儿奶粉企业；在克东县和镇赉县分别建设存栏 2 万头和 3 万头的大型专属牧场
2010 年	成功推出第一支含仿生母乳成分的超高端婴幼儿配方奶粉——星飞帆系列；甘南藏族自治州二期婴幼儿配方奶粉专业生产线调试投产
2011 年	黑龙江顶鹤现代农业股份有限公司成立，与飞鹤形成紧密的战略联盟，为飞鹤的战略合作牧场提供优质牧草，从源头控制鲜牛乳品质；星飞帆系列率先通过国家权威机构的临床喂养试验，开创了国内乳企业完成婴幼儿配方奶粉临床喂养试验的先河
2012 年	可追溯系统正式上线运行；推出飞鹤五十周年华诞献礼之作——高端产品超级飞帆系列
2013 年	荣获“农业产业化国家重点龙头企业”荣誉称号；龙江工厂进入生产阶段，成为继克东县、甘南藏族自治州两大生产基地后又一大型智能工厂
2014 年	率先通过史上最严婴幼儿配方乳粉生产许可证审查；联手哈佛大学医学院 BIDMC（Beth Israel Deaconess Medical Center，贝斯以色列女执事医学中心）成立“飞鹤-哈佛大学医学院 BIDMC 营养实验室”
2015 年	星飞帆系列荣获世界食品品质评鉴大会金奖；入选“中国奶业 20 强（D20）企业联盟”
2016 年	在加拿大金斯顿（Kingston）投资建厂，布局国际市场；星飞帆系列蝉联世界食品品质评鉴大会金奖；成为首家荣获由国家市场监督管理总局颁布的“生态原产地产品保护认证”的乳品企业；“母乳化婴幼儿奶粉研制与产业化”项目荣获黑龙江省“十二五”科技成果产业化突出贡献奖
2017 年	承办 2017 年“中国奶业 20 强（D20）峰会”；星飞帆系列荣获世界食品品质评鉴大会金奖“三连冠”；首批婴幼儿奶粉配方注册名单飞鹤榜上有名，12 个系列 36 个配方全部完成注册
2018 年	星飞帆系列荣获世界食品品质评鉴大会金奖“四连冠”；荣获世界乳制品创新大奖“最佳创新制法奖”提名奖；发布行业内“新鲜乳粉标准”；成为首家年销售额突破百亿元的国产婴幼儿奶粉企业

续表

年份	关键大事记
2019 年	入选 2019 中国制造企业 500 强；星飞帆系列荣获世界食品品质评鉴大会金奖“五连冠”
2020 年	获得全球卓越制造大奖 TPM（total productive maintenance，全员生产维护）奖；星飞帆升级版奶粉于 5 月上市，其中含有新一代 opo①成分，标志飞鹤奶粉品质的再度升级；星飞帆系列荣获世界食品品质评鉴大会金奖“六连冠”

概括来看，1962～2008 年，飞鹤旨在追求品质，而 2009～2020 年，飞鹤转由研发拉动企业成长。

飞鹤看似收益喜人，实则“潜藏隐患”，问题主要表现在以下几个方面：第一，奶源及品质针对性。飞鹤虽然拥有甘南藏族自治州、克东县等欧洲标准牧场，但是产能和奶源质量未能满足产能扩大及消费者高标准的奶质需求。第二，产品研发方向准度。飞鹤虽然已拥有十大系列产品，但仍不能满足未来个性化的需求。第三，销售过于依赖线下渠道。飞鹤虽然营销渠道遍布 26 个地区，但线上渠道依然占比较小。第四，营收过于依赖大单品。飞鹤主营收入中，星飞帆系列占据半壁江山。概括而言，飞鹤面临的主要问题为自身发展增速乏力，如何利用“研发”再次赋能产品做到“更适合中国宝宝体质”成为飞鹤需要思考的关键问题。

10.2.2　问题分析

当面临一个企业战略管理问题时，一般需要首先对企业经营的环境进行详细分析，也就是战略问题分析阶段，主要包括宏观环境分析、行业环境分析和内部环境分析。宏观环境分析最常用到的就是 PEST 分析模型或 PESTEL 分析模型②；行业环境分析包括对竞争对手和行业整体竞争态势的分析，常常使用波特五力模型、竞争者分析等工具；内部环境分析可以运用价值链模型、雷达图等加以分析。

1. 宏观环境分析

以 PEST 分析模型为例。美国学者约翰逊（Johnson）和斯科尔斯（Scholes）于 1999 年首次提出 PEST 分析模型，从政治、经济、社会及技术方面对企业外

---

① opo 结构脂，化学名称为 1，3-二油酸-2-棕榈酸甘油三酯。经先进工艺加工，特有的二位棕榈酸结构，消化时不易形成钙皂，从而不易引起婴儿便秘，更易于脂肪酸和钙的消化吸收。

② PESTEL 分析模型又称大环境分析，是分析宏观环境的有效工具，不仅能够分析外部环境，而且能够识别一切对组织有冲击作用的力量。PESTEL 分析模型是调查组织外部影响因素的方法，其不同字母代表不同因素，具体分为六大因素，即政治因素、经济因素、社会文化因素、技术因素、环境因素和法律因素。

部环境进行分析，得到企业界和学术界的广泛认同，具体包括 P（political）：政治法律环境。主要考虑影响企业战略的政治、法律因素，以及对企业战略存在重要意义的政治和法律变量。E（economic）：经济环境。主要考虑影响企业战略的经济特征、经济联系、经济条件等。S（social）：社会文化及自然环境。主要考虑影响企业战略的民族特征、文化传统等社会因素，以及地区或市场的地理、气候等因素。T（technological）：技术环境。主要考虑影响企业战略的技术水平等因素。

PEST 分析模型主要分析宏观环境对企业的现实和潜在影响，是制定和评估企业战略的基本工具。这一宏观分析框架并不提供分析指标的选择和评估标准，具体的分析指标和评估标准因案例情况不同而有所差异。PESTEL 分析模型是 PEST 分析模型的变形和细化，只是在 PEST 分析模型的基础上增加了环境（environmental）因素和法律（legal）因素两个分析要素，其中环境因素是一个组织的活动、产品或服务中能与环境发生相互作用的要素；法律因素是组织外部的法律、法规、司法状况和公民法律意识所组成的综合系统。

一般来说，当企业运行处于良好状态时，说明企业能够良好地适应外部环境，基本可以达到平衡状态。然而，当内部环境或外部环境发生变化时，意味着市场原本的平衡状态将被打破，企业需要时刻捕捉这些变化，并针对性地做出战略调整或升级，以实现损失最小化，并借机寻求新发展。

《从市场驱动到研发拉动：中国飞鹤的战略变革之路》案例中对外部环境的相关描述包括“集中表现为消费者对外资品牌的绝对信任，以及对国产婴幼儿奶粉不可抗拒的抵触情绪，国内整个婴幼儿奶粉市场被外资品牌盘踞，份额逼近70%，此外随着国家对婴幼儿奶粉管制加强到药品级别，伊利、蒙牛等大品牌相继复出，飞鹤的市场份额开始急剧收缩”。通过对案例内容的梳理与整合，可以提炼相应的宏观背景要素，但由于案例篇幅所限，部分政治、经济等内容需要在明确新冠肺炎疫情为大背景的基础上通过查阅资料加以补充。需要注意的是，必须将理论模型与案例企业的实际结合起来。例如，2021 年，国家鼓励生育三胎，这属于 PEST 分析模型中的政治层面，而这一政策的出台意味着“三胎政策可能会通过扩大市场需求促进奶粉行业的蓬勃发展”。具体分析如下。

飞鹤 PEST 分析模型

政策层面：①2016 年配方奶粉注册制出台，意味着行业准入门槛的提升；②2020 年出台乳制品质量安全提升行动方案，质量安全成为衡量奶粉品质的重要指标；③2021 年婴幼儿配方奶粉新国标出台，国家鼓励生育三胎，行业标准进一步加强，三胎政策可能会通过扩大市场需求促进奶粉行业的蓬勃发展；④根据《中华人民共和国政府和新西兰政府关于升级〈中华人民共和国政府和新西兰政府自由贸易协定〉的议定书》，到 2024 年 1 月 1 日，新西兰出口到中国的所有乳制品都将免征关税，意味着生产成本的降低；⑤2017～2030 年，根据国民营养计划，提升母乳喂养率，表现出国家对母乳的大力提倡，可能会限制奶粉行业的发展。

经济层面：①新冠肺炎疫情期间，我国是全球主要经济体中少有的 GDP 呈正增长的国家，这彰显了我国具有深厚的综合国力。②婴幼儿奶粉市场规模增速减缓可能会对飞鹤的发展带来负面影响。③母婴店和线上渠道不断完善。虽然新冠肺炎疫情给线下门店带来了毁灭性打击，但是以天猫、京东等为代表的电商平台逐渐发展成熟。④随着中国品牌国际地位的提升，中国品牌需以研发驱动来提高产品质量。⑤“宝贝经济”崛起。中国父母普遍能接受以较高的价格在育儿阶段给宝宝较好的营养供给。⑥制造业企业研发费用加计扣除比例提高到 100%，国家鼓励研发。

社会层面：①中国人的传统观念认为“孩子最重要”，因此奶粉产品的安全与质量问题是消费者普遍关注的重要因素；②Z 时代[①]“90 后”“95 后”对国产品牌接受度较高，新冠肺炎疫情加速了国人“国产替代”的思想，这为飞鹤的逆风破局奠定了社会认知基础，也为飞鹤提供了进一步反击外资奶粉的条件；③新生人口下降和生育水平呈现走低的趋势，市场总量也随之走低；④中国女性参加工作的比例在逐渐增高，城市职场压力导致女性会选择更方便的奶粉喂养方式，因此城镇化率的提升可能在一定程度上降低母乳喂养率；⑤我国教育普及程度大幅提升，消费者的购买行为更加理性化、科学化。

技术层面：①国内奶源较国外优质奶源无明显优势，但是位于北纬 47 度的、具有黄金奶源带之称的克东县为飞鹤提供了高品质新鲜奶源，这为飞鹤提供了竞争优势；②国内互联网、物流系统飞速发展，网购成为新风尚，软硬件基础已经完善，对于飞鹤在新冠肺炎疫情期间布局线上渠道提供了坚实的技术基础；③区块链技术助力产品追溯系统，保证产品安全质量；④国内各大领先品牌纷纷投身产业链建设，自建“种植、养殖、加工”为一体的全产业链生态圈；⑤在奶粉生产制作上实现了湿法和干湿法混合工艺；⑥国产奶粉已经从“仿生母乳”阶段发展到“模拟母乳”阶段。

总结来看，政策整体向好，但奶粉行业的监管越加严厉；配方奶粉工艺技术

① “Z 时代”（Generation-Z）一词最早出现于欧美地区，泛指出生于 1995～2009 年的一代。这一代也被称为互联网世代，即受到互联网、即时通信等科技产物影响很深的一代。

成为关键竞争因素，大数据等新兴技术越来越成熟；中国制造成为大势所趋，社会普遍观念虽有利好的一面但仍需培养。虽然受新冠肺炎疫情的影响，线下门店和业务受到波及，但是新冠肺炎疫情对国外奶粉品牌的阻隔也为飞鹤带来了新的发展机遇，技术层面和新的消费习惯的养成也是利好因素，国内品牌将迎来赶超外资的绝佳良机。

2. 行业环境分析

波特五力模型是迈克尔·波特于 20 世纪 80 年代初期提出的，主要用于竞争战略分析，可以有效地分析企业的竞争环境，是最常使用的行业环境分析工具。波特五力模型将竞争者威胁、新进入者威胁、替代品威胁、供方议价能力和买方议价能力五个因素汇集在一个简便的模型之中，并以此分析行业的基本竞争态势。企业可行的战略方向应该包括、确认并评价这五种力量，不同力量的重要性和特性因行业和企业的不同而具有不同的意义。

1）竞争者威胁

提供部分或全部替代性功能产品的企业都可以称为竞争者，而导致竞争程度加剧的原因不外乎竞争对手势均力敌或竞争者数量众多，抑或者是产业增长缓慢、高固定成本或高库存成本、缺乏产品差异及顾客转换成本低等。分析竞争者威胁时，需要理清复杂竞争关系中对于本企业生存和发展最具威胁的竞争企业。

2）新进入者威胁

新进入者在给行业带来新生产能力、新资源的同时，更希望在已被现有企业瓜分完毕的市场中赢得一席之地，这就有可能与现有企业在原材料和市场份额方面产生竞争，最终导致行业中现有企业盈利水平的降低，严重的话还有可能影响这些企业的生存。新进入者的进入壁垒包括规模经济、产品差异、资源要求、进入分销渠道、顾客转换成本、政府管制、与规模无关的成本劣势等。新进入者威胁包括在行业内新建企业或收购兼并行业内企业两种情况。后者虽然没有增加行业内企业数量，但因为有外部企业的加入进而提升了被收购兼并企业的供给能力，从而增加行业内的竞争。

3）替代品威胁

行业内的企业不仅要应对新进入者，还要迎接替代产品的挑战。由于环境激变，以及新产品、多样化服务的层出不穷，能满足消费者需求的产品种类也不断增加。要避免被其他产品所替代的根本方式是不断加大研发力量、提高产品的质量、扩展产品的功能。

4）供方议价能力

供方主要通过提高投入要素价格与降低单位价值质量的能力，来影响行业中现有企业的盈利水平与产品竞争力。供方力量的强弱主要取决于他们提供给买主的投入要素的重要程度，当供方提供的投入要素的价值构成了买主产品总成本的较大比例、对买主产品生产过程非常重要，或者严重影响买主产品的质量时，供方对于买主的潜在讨价还价力量就大大增强。

5）买方议价能力

买方主要通过压价与要求供方提供较高的产品或服务质量的能力，来影响行业中现有企业的盈利能力。买方议价能力的影响主要来自以下原因：第一，买方总数较少，且其购买量较大，购买量占供方销售量的很大比例；第二，供方行业由大量相对来说规模较小的企业组成；第三，买方购买的产品基本上符合标准化特点，且同时从多个供主分别购买产品在经济上也完全可行；第四，买方有能力实现后向一体化，而供主不可能前向一体化。

《从市场驱动到研发拉动：中国飞鹤的战略变革之路》案例中有关行业环境与竞争对手的描写语句包括“外资品牌抢占大量市场，国产品牌价格战激烈。虽然 2008 年国产品牌还占据 65%的市场份额，但 2015 年外资品牌开始进入并主导了南方大多数市场与北方一二线城市，将国产品牌的市场压缩到四五线城市及乡镇农村，导致这一数据降至 39%，而外资企业的份额却一路增长迅猛，从 35%增至 61%。此外，为了和外资品牌竞争，国产奶粉品牌纷纷启动价格战，试图通过‘买二赠一，甚至买一赠一’的方式抢占市场，最终把整个国产婴幼儿奶粉行业逼入绝境”。由于篇幅所限，学生需要查阅相关资料，加以补充。具体分析如下所示。

飞鹤波特五力模型分析

（1）行业竞争激烈。飞鹤的同行竞争者来自国外和国内两个层面，由于我国跨境新政监管严格，因此国外奶粉价格普遍偏高。内资品牌如伊利、雅培等可以从奶源地、生产工艺、特色成分、主要卖点、工厂数量及产品系列等方面进行对比，而在飞鹤提出“更适合中国宝宝体质”后，内资众多品牌也迅速跟进。在资本的推动下，行业内竞争日趋激烈，行业集中度不断上升，新的竞争格局渐趋明朗，飞鹤虽然在高端市场发展向好，但依然面临重重挑战。

（2）新进入者威胁小。乳品行业对于新进入者并不友好，主要是因为在政策方面，国家提高了行业准入门槛，不断加强安全监管，实施婴幼儿乳粉行动计划，而现有企业具有规模化生产成本的优势，拥有固定的消费者群体，且这类群体是典型的风险厌恶型消费者，品牌忠诚度较高，不会轻易接受行业里的新进入品牌。

（3）替代品威胁一般。能够对飞鹤形成替代品威胁的企业并不多，因为配方奶粉是仅次于母乳，且在配方上最靠近母乳的产品，其他的产品如液态奶，由于配方上和母乳有较大差异，基本上不会形成替代性威胁。但也需要注意近年来逐渐兴起的羊奶粉替代威胁，或成为牛奶粉的强大竞争对手。

（4）供应商议价能力低。由于丰富且优质的奶源是取得行业一席之地的重要因素，加之乳制品产业政策严格，拥有自有奶源带来的优势十分明显，因此优质供应商对于乳品行业的重要性不言而喻。飞鹤实行全产业链经营，在具有黄金奶源带之称的克东县自建牧场，形成产–供–销一体化发展，保证了原材料供应的稳定和质量。

（5）顾客议价能力低。消费者大多以家庭为单位购买奶粉，购买数量小，分散的个体购买行为议价能力低。市场中外资品牌、本土品牌众多，消费者在不同奶粉品牌之间的转换成本小，但考虑到婴幼儿很难适应众多奶粉品牌的频繁更换，加之消费者对品牌的重视，其议价能力较低。

飞鹤与竞争对手的区别体现在产品、运营、营销等诸多方面，这里仅从产品与品牌两方面进行简单的比较区分，在实际的案例分析比赛中，往往需要更多的资料加以支撑。飞鹤与竞争品牌的产品比较及消费者对奶粉品牌的品质认知分别如表 2 和图 1 所示。

表 2　飞鹤与竞争品牌的产品比较

品牌	系列	奶源地	工艺	主要乳基原料
飞鹤	星飞帆	黑龙江	湿法工艺	生牛乳
飞鹤	臻爱倍护	黑龙江	干湿法复合工艺	生牛乳
君乐宝	乐铂	石家庄	干湿法复合工艺	生牛乳与脱脂牛乳
合生元	派星	法国	湿法工艺	脱脂牛乳
伊利	金领冠菁护	新西兰	干湿法复合工艺	脱脂奶粉
美素佳儿	美素佳儿	荷兰	干湿法复合工艺	脱脂牛乳
雅培	菁挚纯净	爱尔兰	湿法工艺	脱脂牛乳
爱他美	爱他美	德国	干法工艺	脱脂牛乳
惠氏	启赋	爱尔兰	湿法工艺	脱脂乳粉
美赞臣	蓝臻	荷兰	干湿法复合工艺	脱脂乳粉

资料来源：有关奶源地的数据来自于各品牌奶粉的官方网址，其余数据来自 https://baijiahao.baidu.com/s?id=1649231691009354608&wfr=spider&for=pc

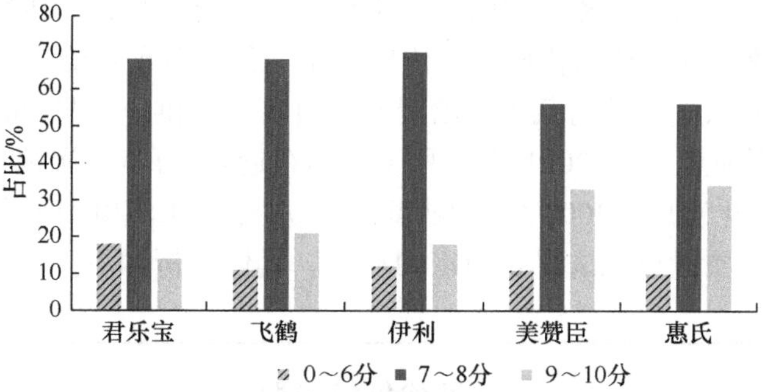

图 1　消费者对奶粉品牌的品质认知

资料来源：产业研究院.【品牌价值】中国婴幼儿配方奶粉品牌市场调研白皮书[EB/OL]. https://www.djyanbao.com/report/detail?id=2966090&from=search_list[2021-12-01]

综合来看，行业内部的现有竞争程度是飞鹤需要重点考虑的，但中国奶制品污染事件发生后，一石激起千层浪，“中国制造都是低端的、品质没有保障的，而国外制造的都是好的”这一认知被消费者不断强化。经过细致的分析，国产奶粉品牌应该更清楚地认识到早在中国奶制品污染事件开始，外资品牌才是压制国产奶粉发展的巨大阻碍。此外，奶粉行业具有利润高、研发投入低的特点，加之国民收入向好，已经具备走向高端的基础条件。基于此，飞鹤应该坚持初心，与国产品牌携手共同为国产奶粉发声，继续通过研发和营销助力，定位高端，谋求自身的成长。

3. 内部环境分析

这里以价值链模型、雷达图为例对飞鹤的内部环境分析进行介绍。

价值链模型最早由美国麦肯锡管理咨询公司提出，后经迈克尔·波特加以整理和系统化，并在《竞争优势》一书中加以阐述。价值链模型的核心在于将企业的所有资源、价值活动与企业的战略目标紧密联结，以价值增值为目的，形成一个简明、清晰的组织框架，帮助企业清晰地认识企业生存中相关链条的重要意义。价值链模型将企业的价值活动分为两类：一类是支持活动，指的是用以支持基本活动并且内部之间互相支持的活动，包括采购管理、技术开发、人力资源和企业基础结构。另一类是基本活动，指生产经营的实质性活动。一般包括原材料供应、生产加工、成品储运、市场营销和售后服务等五种活动。这些活动与商品实体的加工流转直接相关，是企业的基本增值活动。价值链模型用于内部各关键要素的分析，需要确定评价企业价值链的具体标准，并在此基础上实施量化分析。

《从市场驱动到研发拉动：中国飞鹤的战略变革之路》案例中有关飞鹤价值链的直接内容较少，需要学生查阅资料，加以补充。将价值链模型的思路和方法引入案例可以从原生态环境、生态牧场、奶牛饲养、鲜奶采集、样板工厂、全程检验、产品包装、销售服务等方面打造飞鹤的全产业链模式。在牧场方面，处于北纬 47 度的牧场其生长的牧草属于优质牧草，但是草种不能满足高端奶粉扩大规模的需求。克东县、甘南藏族自治州两个自有牧场供应不足 30%，70.3%的奶源来自原生态牧业。截至 2021 年 8 月飞鹤拥有近 40 万亩专属饲料地，8 个自有牧场，9 个智能化工厂，2000 余家经销商，入驻多个主流电商平台，但其定价权受制于人，奶源质量也无法得到稳定的控制。具体分析如下。

飞鹤价值链模型

飞鹤专注于婴幼儿配方奶粉的研发、生产与销售，产品价值主张定位于“更适合中国宝宝的体质的奶粉”，通过不断地研究中国人的母乳成分，使奶粉产品无限接近于母乳成分。飞鹤的产品覆盖普通、高端、超高端三个层次。在原材料及采购方面，飞鹤应从饲草选种、奶牛培育上加大研发投入，从源头上保障奶源的优质；发挥飞鹤现金流充裕的优势，收购国内外优质的饲草料牧场；自建供货渠道，实现供货的闭环，根据渠道进行产品的区隔，从而实现快速精准配货。在生产加工方面，继续扩大产能、加强牧场建设、保障奶源的稳定性、统筹管理奶源基地以降低成本；和世界顶尖的乳品设备供应商合作，实现品质再升级；利用现代科技，保持物质流和信息流在生产中的同步，把销售情况实时反馈到生产端，生产出质量适宜的产品，从而缩短工时，尽量做到零库存，降本增效（图 2）。

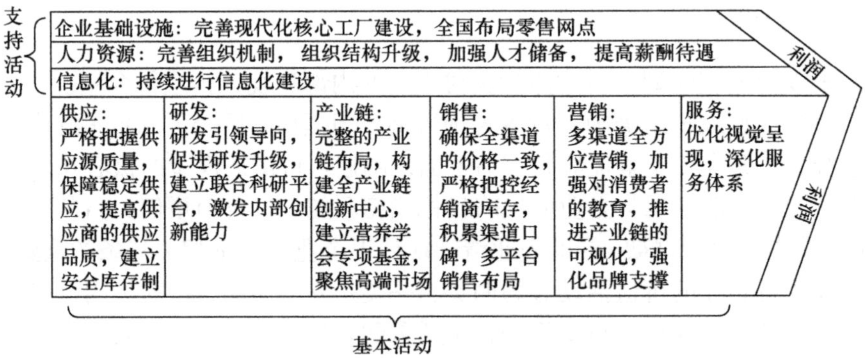

图 2　飞鹤的价值链模型

雷达图可以从动态和静态两个方面分析企业的财务状况，是对企业进行财务分析的重要工具。动态分析是将企业现时的各种财务比率与以往的做纵向比较，以此了解财务与经营状况的发展变化方向。静态分析是将企业的各种财务比率与其他相似企业或整个行业的做比较，以此了解财务与经营状况的优劣情况。雷达图的分析指标可分为收益性指标、成长性指标、生产性指标、安全性指标和流动性指标。雷达图可以根据实际情况建立不同的指标线，用以分析企业的具体财务情况，进而看出企业目前在行业中所处的位置。雷达图一般确定三个同心圆：中心小圆代表行业平均值的半数或最小值；位于中间位置的圆代表行业平均水平，称为标准线；最大圆代表行业先进水平或平均水平的 1.5 倍。雷达图需要使用者分别设置指标区、指标线和比例尺，并标出企业当期指标点，然后将这些点连接起来。飞鹤的雷达图具体分析如下。

飞鹤雷达图分析

从下面几张图中可以看出飞鹤的营销措施能够助力相关产品的推广，为飞鹤带来良好的现金流，因此，飞鹤拥有充足的资金可以投入研发。飞鹤在市场占有率方面居于行业前列，属于国内奶粉企业的领军品牌，其品牌推荐度较高，说明消费者对飞鹤品牌的认可；产品品类数方面，飞鹤处于行业中等水平；营销资金投入比和研发投入资金占比之间有一定的差距，这表明，对飞鹤而言研发投入方面处于弱势维度（图 3、图 4、图 5）。

图 3　飞鹤 2015～2020 年营销投入

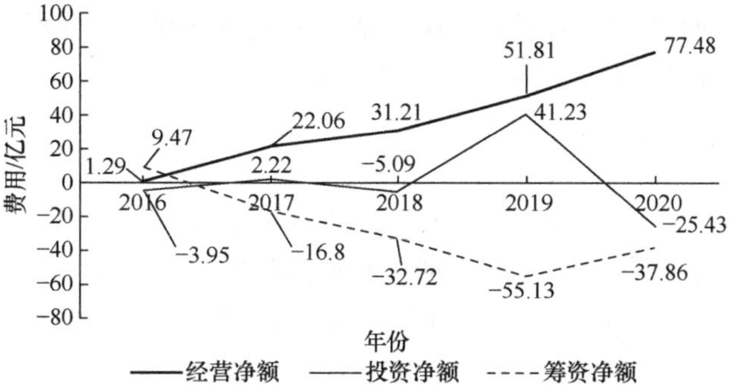

图 4　飞鹤 2016～2020 年部分财务指标变化

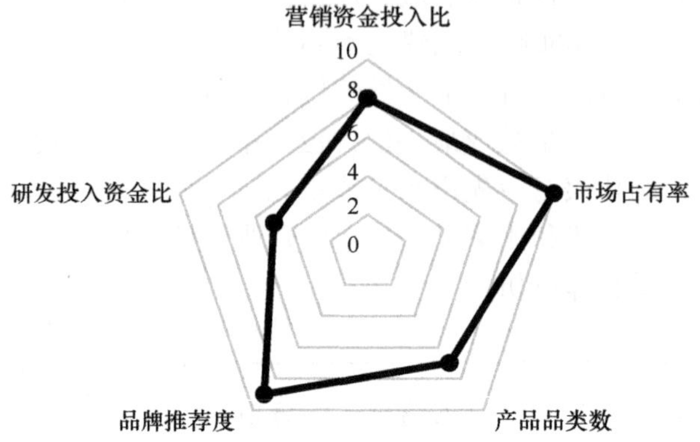

图 5　飞鹤 2021 年雷达图分析

除此之外，利益相关者分析、SCP 分析模型①等也是十分实用的战略分析工具。利益相关者层面通常需要考虑几种典型的利益相关者，根据案例分析中涉及的案例问题略有差异，但所有者和股东、供应商、竞争对手、管制者、购买者等常常是必须加以考虑的对象。SCP 分析模型由美国哈佛大学产业经济学权威贝恩、谢勒等于 20 世纪 30 年代创立。该模型提供了一个既能深入具体环节，又有系统逻辑体系“市场结构（structure）—企业行为（conduct）—经营绩效（performance）”的产业分析框架。SCP 分析模型的基本含义是，市场结构决定企业在市场中的行为，而企业行为又决定市场运行在各个方面的经济绩效。这一模型从特定行业结构、企业行为和经营绩效三个角度来分析外部冲击的影响。总之，战略分析工具多种多样，每种工具都有其适用性，学生可根据案例实际加以选择。

10.2.3　问题解决

通过上文对战略问题的分析，我们已经对企业的外部环境和企业自身的发展状况有了较为全面且深入的了解，接下来将进入战略问题解决阶段，该阶段包括做出战略选择和进行战略配称两个具体环节。

1. 做出战略选择

战略选择是案例分析的重要步骤。经过前期的分析，本书已经对社会政治环境、行业环境、企业自身优劣势特别是面临的问题进行了深入的剖析。常用的战略选择工具包括 SWOT 分析、波士顿矩阵、通用矩阵、战略地位和行动评估矩

① SCP 分析模型，即 SCP（structure-conduct-performance，结构–行为–绩效）模型。

阵（strategic position and action evaluation matrix，SPACE）、V 矩阵、EVA 管理[①]、定向政策矩阵、产品—市场多元化矩阵等。这里以 SWOT 分析为例加以说明。

SWOT 分析，即基于内外部竞争环境和竞争条件下的态势分析，是将与研究对象密切相关的各种主要内部优势、内部劣势和外部机会和威胁等，通过调查列举出来，并依照矩阵形式排列，然后用系统分析的思想，把各种因素相互匹配起来加以分析，从中得出一系列相应的结论，而结论通常带有一定的决策性。运用这种方法，可以对研究对象所处的情境进行全面、系统、准确的研究，从而根据研究结果制定相应的发展战略、计划及对策等。

按照企业竞争战略的完整概念，战略应是一个企业"能够做的"（即组织的强项和弱项）和"可能做的"（即环境的机会和威胁）之间的有机组合。SWOT 分析可以分解为四种具体的战略：SO—优势与机会、WO—劣势与机会、ST—优势与威胁、WT—劣势与威胁。在进行 SWOT 分析时，要确保同时考虑企业内部各个方面和外部环境。根据战略分析环节对飞鹤外内部环境的分析，构建飞鹤的 SWOT 分析。

飞鹤 SWOT 分析

借助 SWOT 分析，首先分析飞鹤目前的优势有七点：一是拥有处于黄金奶源带上的牧场；二是奶源供应链完善，奶源质量有保障；三是拥有成功的营销系统；四是产品拥有自主研发特色；五是拥有母乳数据库和市场份额用户数据；六是产品毛利率高；七是有高学历的研发团队。

其次，企业的劣势也不容忽视，可以用"一少三高"来概括：产品研发投入总体占比少、营销投入占比高、湿法工艺成本较高和奶粉单价高。

再次，在分析企业面临的机遇时，可以提到国家政策，如我国开放三胎政策，以及由于新冠肺炎疫情和贸易战，进口奶粉体量下降，等等。

最后，分析飞鹤面临的威胁。从市场调研数据来看，外资奶粉仍处于国内市场头部，并且中国奶制品污染事件后国产奶粉遭遇信任危机导致需求量下滑，加上我国 0～4 岁人口数量预测进入下降通道，而且国家提倡母乳喂养、出台标准禁止进行"替代母乳"类宣传，这些都对飞鹤奶粉的发展造成影响。

结合前文战略分析部分的内容，对飞鹤面临的威胁和机遇和自身优劣势梳理分别如表 3、表 4 所示。

① EVA 管理（economic value added），又称经济增加值，是美国思腾思特咨询公司（Stern Stewart&Co.）于 1982 年提出并实施的一套以经济增加值理念为基础的财务管理系统、决策机制及激励报酬制度。

表 3　飞鹤 SWOT 分析梳理

优势	劣势
1. 产业协作上，耗时十余年打造完整的创新产业集群，实现了从源头牧草种植、规模化奶牛饲养，到生产加工、地推、售后服务各个环节的全程可控，与上下游合作伙伴一起完成价值共创； 2. 飞鹤近年来盈利一直处于增长的趋势，有较强的财务能力支撑公司加大对研发的投入； 3. 飞鹤始终坚守对消费者的承诺，坚持品质至上，实现 50 余年“零安全事故”； 4. 飞鹤成立中国乳品行业首家院士工作站，构建起以企业为主体、产–学–研深度融合的技术创新体系。	1. “更适合中国宝宝体质”的战略纷纷被其他品牌效仿且产品质量上没有亮点； 2. 没有享誉的国际认证； 3. 研发团队人数较少，资金投入占比低，团队的研发能力在行业中并不具备领先的优势地位； 4. 盈收过于依赖星飞帆系列，较为单一化。
机遇	**威胁**
1. 2021 年 5 月 31 日推行的三胎政策促进奶粉行业市场容量增加； 2. 城市化水平不断提高，可支配收入提升，对基因测序等高端技术可接受程度逐渐增加； 3. 受新冠肺炎疫情的影响，国产奶粉有了发展空间； 4. “90 后”“00 后”收入水平有所提高，成为消费主力，更注重品牌、品质及服务。	1. 有其他全产业链，并已有知名产品的品牌进入婴幼儿奶粉市场； 2. 市场对国内品牌信心不足； 3. 许多竞争品牌也在做基因测序方向的研发准备，飞鹤能否快速抢占市场不可知； 4. 外资奶粉依旧占据较大市场份额。

表 4　飞鹤 SWOT 分析矩阵

SO 战略	WO 战略
1. 打造确保高品质的全产业链； 2. 利用大数据研发高端定制化； 3. 打造高端定制化的产品体系； 4. 打造精准化的营销模式。	1. 加大对其他产品的广告宣传力度； 2. 线上只做适合“90 后”“00 后”的产品。
ST 战略	**WT 战略**
1. 寻找名人代言，进行实验和宣讲，提高消费者信心； 2. 加大对横向企业的收购，拓宽产品宽度； 3. 通过收购，突破进入壁垒。	1. 减少其他系列产品，只做星飞帆系列； 2. 减少线下母婴店； 3. 停止研发投入，维持主营市场产品规模。

结合上述分析，将飞鹤自身具有的优势与新冠肺炎疫情背景下的发展机遇相结合，以品质为本，加大技术研发，开拓高端市场。从“中国销量遥遥领先”到“高端销量遥遥领先”这背后不仅是品牌诉求的改变，也是飞鹤在战略上的一次重要调整。

SWOT 分析是战略管理领域十分经典的分析工具，具有操作简单、清晰明了的优点，但是在案例分析比赛的过程中很可能因为过于经典而失去创新性。SPACE 矩阵在 SWOT 分析的基础上，通过确定两组具体反映企业内外部的量化指标，克服了 SWOT 分析较为单一化的不足，能够更加准确地进行战略选择和定位。波士顿矩阵是多元化公司战略制定的有效工具，通过系统地分析企业的全部产品或业务组合，能够较好地解决企业经营的相关业务之间现金流量的平衡问题。此外，定向政策矩阵是由荷兰皇家壳牌集团开发的一个业务组合计划工具，用于多业务公司的总体战略制定。与麦肯锡矩阵相比，采用不同的量化指标，定向政策矩阵更直接地细化了业务组合，并以星级评定的方式确定可能量化的指标，以达到业务分区的真实性。学生可以根据与案例企业的适配性，以及工具的可操作性等综合选择分析工具。

2. 进行战略配称

战略配称是企业创造竞争优势的核心因素，通过对企业内部各项运营活动的整合，围绕战略定位建立一个环环相扣、紧密连接、持续改进的整体系统，而不是各个部分的简单集合。如果说定位是瞄准顾客心智的钉子，那么战略配称就是充满势能的锤子。战略配称主要包括以下三个层面。

（1）各项运营活动与战略定位相匹配。这种匹配不仅能够确保各项活动的竞争优势不断累积，还能使企业战略获得客户、员工和股东的理解和认可，并且通过企业内部的一致行动来促进执行。

（2）各项活动之间存在相互促进关系，即企业开展的运营活动要具有叠加效益，各项活动之间的配合不断优化，从而发挥协同效应，产生 1+1＞2 的运营效果。实现认知优势，并最大限度地加以利用，形成对手无法模仿的竞争优势。

（3）运营活动投入最优化，即企业要对影响其战略定位的关键因素投入进行优化。任何企业的资源都是有限的，企业必须将有限的资源聚焦于能产生最大回报的事情上，以最小的投入获得最大的回报。当然，为了实现运营活动投入最优化的整体运营效果，还需要加强各项运营活动之间的协调和信息交流，以消除不必要的消耗并将投入浪费降低到最低程度。

《从市场驱动到研发拉动：中国飞鹤的战略变革之路》案例中“研发牵引，最适合才最好”对飞鹤的战略配称进行了精简的描述。对应原文内容“为了适应新的战略定位，成功转型为高端婴幼儿奶粉品牌，飞鹤于 2015 年主动‘砍掉’了当时销售近 5 亿元的低端产品‘飞慧’。出于两方面考虑：首先，目前飞鹤的聚焦点在于让消费者认识到自家奶粉的高科技含量，保留低端品牌容易让消费者造成误解；其次，在夺回外资品牌占据的大量市场后，飞鹤的主要竞争对手是本土品牌，主动让出低端市场空缺给其他本土企业生存空间，能够在一定程度上避免市场乱象以及潜在威胁”等。飞鹤在 2015 年提出“更适合中国宝宝体质”的战略定位，并将战略升级为“研发拉动”后，调动了企业所有资源来支撑研发，以研发活动为主导（整合全球研发资源不断升级配方），以其他企业运营活动（核心渠道、营销活动、产品布局）做支撑，共同构成了一个有机的系统。具体分析如下。

飞鹤战略配称

1）2015 年战略升级“研发拉动”的战略配称

研发方面。飞鹤加大了研发资金投入，并将研发活动从原来的支持性地位提升至主要拉动地位，此外加大了预算投入并组建了豪华的科学家队伍来不断完善奶粉配方，时刻走在“更适合中国宝宝体质”这一标准的最前端。为了让飞鹤的高端品质更容易被消费者认同，冷友斌开始关注品质认证，从 2015 年开始，飞鹤连续六年获得世界食品品鉴大会金奖，旗下“臻稚”有机奶粉等 20 个品类产品更是加冕国际荣誉。这些品质认证更直观地将飞鹤高品质、高科技含量的特质呈现给消费者，一方面向消费者阐释了战略定位的实至名归；另一方面也为飞鹤顺利实施新战略奠定了基础。

产品方面。为了适应“更适合中国宝宝体质”的战略定位，飞鹤的形象也需要向高科技含量、高品质产品及高端品牌发展。为此，飞鹤主动“砍掉了”当时销售近 5 亿元的低端品牌“飞慧”，并将主推产品聚焦于星飞帆系列高端品牌，该类产品结构调整看似令人费解，但却实实在在地让更多消费者对飞鹤有了更多的了解，认识到飞鹤奶粉是适合中国宝宝身体发育的不二之选。

渠道方面。在战略定位后的第二年飞鹤便采取了多渠道发展的策略，打通了线上和线下销售，并与许多现代消费者重点聚集的终端（微信、抖音、快手、京东、天猫等）合作。飞鹤主要通过这些渠道为消费者提供育儿知识、产品，在为顾客提供更多价值的同时，加强其对飞鹤奶粉的信任和技术优势的认同。事实证明这种多渠道发展模式的效果十分明显，飞鹤在新冠肺炎疫情期间效益不降反升的一部分原因就在于，多渠道发展模式的应用不仅为消费者送去了温暖，同时增加了顾客价值，增强了客户黏性。

营销模式方面。飞鹤不仅加大了广告投入，并对原有的营销模式做了配套式升级，更偏向于内容营销。飞鹤推出的亲子嘉年华、营养教育、MINI 秀、妈妈的爱等地推活动，不仅能够销售产品，同时活动中对飞鹤奶粉的宣传能够更容易被消费者接受，从而有效地巩固飞鹤奶粉在消费者心中高品质、高科技含量、更适合宝宝食用的地位。新冠肺炎疫情暴发后，为了保证企业战略重整的顺利落实，飞鹤不仅协调整合了资源，还在此基础上进一步转变了重构企业的经营模式。

2）2020 年新冠肺炎疫情期间飞鹤的战略配称

在充分协调整合企业内外部资源的基础上，飞鹤通过转变重构企业的经营模式、制定防疫机制及更新技术等措施，实现了战略重整的有效实施。

由于线下节奏被扰乱，飞鹤开始积极转变企业的经营模式，采取多项举措从线下转战线上。飞鹤不仅邀请营养专家、心理专家给妈妈们在微博、微信、抖音等平台分享奶粉相关知识、科学的防疫及喂养知识，同时通过多方面细节的把握，在线上树立品牌高端形象。另外，飞鹤还充分利用线上经营模式，以直播的方式向消费者介绍其专属牧场和智能化工厂。

为了保证员工的健康安全并保持产品的一贯高品质，飞鹤在多个环节制定了相应的防疫机制。例如，飞鹤加强了原材料的质量管控，在原材料到达工厂后立即安排取样检测，并结合新冠肺炎疫情状态制定了更为严格的加工过程管控评估标准。又如，飞鹤对员工实行每 4 小时实时体温测量制度，全方位保障奶粉的安全有序生产。

飞鹤通过技术更新，在新冠肺炎疫情期间（2021 年 3 月份）通过了核心产品星飞帆系列的配方升级，新产品采用了新的专利，其中的 opo 更接近中国的母乳结构，满足宝宝全方位的营养需求，并在 4 月底或 5 月初正式推向市场，另外，飞鹤还积极布局并推出了高端儿童奶粉及成人奶粉。

3）飞鹤为落实 SO 战略应采取的战略配称

打造高品质奶粉的全产业链。自建供货渠道，实现快速精准配货和供货的闭环。保持物质流和信息流在生产中同步，把销售情况实时反馈到生产端，生产出恰当质量的产品，以此减少库存，缩短工时，降低成本。仍饲草选种，奶牛培育上加大研发投入，仍源头上保证奶源的优质。利用充裕的现金流，试探性地收购国内外优质的饲草料牧场。继续扩大产能，加大牧场建设，保证奶源稳定性，统筹奶源降低成本。同世界顶尖乳品原料以及设备供应商合作，品质再升级。

定向化精准销售服务再升级。搭建云端平台，构建消费者画像。与阿里巴巴开展合作，根据需求及时调整产品和促销策略。分析数据并形成精准化模型；产品服务再升级。在奶粉罐上添加二维码，通过短视频介绍奶粉的成分、食用方法及注意事项；入驻线上的高毛利电商平台；利用视频营销，做线上直播、公益讲座等线上活动，拓展多平台电商销售；升级终端用户服务平台；通过大数据平台邀请妇幼医生在线答疑；通过与专家顾问的线上咨询，提升线上活动的品质及附加值。

提高品质，促进研发。与全国各大婴幼儿医院合作，以母子体检的方法收集母乳和对应孩子的生长数据；建立母乳与儿童发育研究中心，与相关高校及研发团队合作，通过大数据对母乳和对应孩子的生长数据进行分析和研究；根据不同区域、不同月龄、不同孩子体质推出定制化奶粉。

打造多样化产品体系，形成“1+N+X”的产品金字塔。通过调整人力资源、财务、生产、质量的资源配置，保证高端定制化的实现。

除此之外，学生也可选用平衡记分卡等工具加以分析。平衡记分卡以组织的共同愿景和战略为内核，运用综合与平衡的哲学思想，依据组织结构，将公司的愿景与战略转化为各下属部门在财务、顾客、内部流程和创新与学习四个方面的系列具体指标（即成功要素），并设置和考核四张记分卡。在战略实施的实际操作过程中，可以考虑将 SWOT 分析与平衡记分卡相结合，将每个战术在平衡记分卡四个方向中的任意一个进行归类。

10.3　营销领域案例分析

市场营销问题往往需要在战略分析的基础上进行营销策略的制定，因此没有单一的市场营销问题，它通常伴随战略问题一起出现。相对而言，市场营销问题比战略管理问题范围小。用来进行案例分析的案例不会只针对市场营销这一个问题展开，而是战略与市场等问题的综合体。本节将展示对案例《敢问路在何方？沈阳皇家贵夫人的定位之困》（林海芬等，2019a）的分析过程。

10.3.1　背景分析与问题提出

营销案例背景分析与问题提出和战略问题的基本逻辑相通。在案例的引言部分即指出了企业面临的主要问题与相关背景。

皇家贵夫人营销问题描述

“这个月公司的销售业绩又要下滑了。”李总经理非常疑惑，公司成立运营近 20 年，营业额在 2011～2015 年发展势头非常好，销售业绩年年攀升，利润增长犹如指数趋势，为什么近几年突然停滞不前甚至大幅回落了呢？李总经理一开始猜想或许是互联网渠道给公司带来了冲击，然而近几年公司已经制作了公司官网和微信公众号，还积极与天猫、大众点评等线上平台合作，推出线上销售渠道，可是这并没有给公司的销售业绩带来有益的影响。在皮草行业不景气的情况下，皇家贵夫人要如何才能保持甚至扩大经营规模呢？皇家贵夫人到底该何去何从？

从这段描述中可以看出，皇家贵夫人存在的问题直观地表现为销售业绩的下滑，其背后隐含的是营销定位的问题。学生需要明确这一问题产生的背景环境为“营业额在 2011～2015 年发展势头非常好，销售业绩年年攀升，利润增长犹如指数趋势，为什么近几年突然停滞不前甚至大幅回落”。由此可见，与这一时间节点相关的宏观与行业背景十分重要。对上述问题的分析可以分为两个步骤：一是讨论行业背景问题。在正式分析与讨论案例的核心问题之前，思考如下问题，皇家贵夫人所处的皮草行业的黄金发展期是什么时候？皮草行业不景气的原因是什么？皮草行业的特点如何？对这些问题的思考有助于快速代入案例情境，对案例所述公司所处的行业、公司产品形成初步了解。二是讨论皇家贵夫人的公司概况及发展经营情况。皇家贵夫人何时在何地创立？公司规模和经营规模如何？公司经营特点为何？皇家贵夫人的市场定位如何？皇家贵夫人的目标客户群体和细分市场分别是什么？通过对上述问题的讨论和总结，可以进一步了解皇家贵夫人的发展经营情况，随后讨论皇家贵夫人面临的问题，进而找出公司的定位困境。具体如下。

皇家贵夫人营销问题提出

目前公司将目标客户群体定位于中低端客户群体，因此销售采取了低价定价策略，皮草定价在 10 000 元左右。同时，销售卖场采取超市型卖场布局，营造平价氛围。公司采取传统式广告营销手段，通过投放电视时段广告、冠名电视比赛、公交车体广告、电台广播等传统方式进行宣传。每年广告投放费用约为 2000 万元。沈阳皇家贵夫人每年的 8、9 月会对销售进行活动热身，每年 10 月到第二年的 2 月份为销售旺季。公司在沈阳地区皮草年销售量为 2 万件左右，占领沈阳地区皮草市场 57%左右的份额；客户数量为 7 万人左右，基本覆盖沈阳及周边地区皮草目标客户群体。沈阳皇家贵夫人的平价销售模式颇具成效，2011～2015 年利润不断上升，但自 2015 年以后，其利润开始明显下滑。这反映出公司原有的低端定位策略已经不能适应环境的变化。

10.3.2　问题分析

对营销问题的分析包括外部分析与内部分析两部分。外部分析类似于战略管理领域的分析，包括对企业所处宏观环境分析、经营环境分析、顾客分析和竞争能力分析，其中宏观环境分析需要运用战略管理的相关分析理论和工具，本书上文已有论述，这里不再赘述，外部分析主要以顾客分析和竞争者分析为主；内部分析包括对企业营销能力与内部优劣势的分析。

市场营销学将对某种产品有现实需求和潜在需求的顾客群称为市场，把供给这些产品的企业群称为行业，把行业中对企业自身发展存在威胁的其他企业称为竞争者。竞争者分析中，不仅包括对竞争者的分析，还包括对企业自身的分析，因此要将企业自身和竞争者置于同样的竞争环境中进行客观的分析和评价。

从行业的角度来看，企业的竞争者包括三类：一是现有厂商。指本行业内现有的与企业生产同样产品的其他厂家，这些厂家是企业的直接竞争者。二是潜在加入者。当某一行业前景乐观、有利可图时，会引来新的竞争企业，使该行业增加新的生产能力，并要求重新瓜分市场份额和主要资源。三是替代品厂商。与某一产品具有相同功能、能满足同一需求的不同性质的其他产品被称为替代品。随着科学技术的发展，替代品数量和种类会越来越多，某一行业的所有企业都将与生产替代品的其他行业的企业进行竞争。

从市场方面看，企业的竞争者包括四类：一是品牌竞争者。指同一行业中以相似的价格向相同的顾客提供类似产品或服务的其他企业。二是行业竞争者。企业把提供同种或同类产品，但规格、型号、款式不同的企业称为行业竞争者。三是需要竞争者。提供不同种类的产品，但满足和实现消费者同种需要的企业被称为需要竞争者。四是消费竞争者。提供不同产品，满足消费者的不同愿望，但目标消费者相同的企业被称为消费竞争者。

从企业所处的竞争地位来看，竞争者主要包括四类：一是市场领导者。指在某一行业的产品市场上占有最大市场份额的企业。二是市场挑战者。指在行业中处于次要地位但又具备向市场领导者发动全面或局部攻击的企业。三是市场追随者。指在行业中居于次要地位，并安于次要地位，在战略上追随市场领导者的企业。四是市场补缺者。多是行业中相对弱小的一些中、小企业，它们专注于市场上被大企业忽略的某些细小部分，在这些小市场上通过专业化经营来获取最大限度的收益，在大企业的夹缝中求得生存和发展，对满足顾客需求起到拾遗补阙、填补空白的作用。

对消费者的分析有三方面：第一，消费者的总体消费态势。包括现有的、与本产品有关的消费时尚、消费者消费本产品所属的产品类型的特性。第二，现有消费者分析。包括分析现有消费群体的构成、消费行为、现有消费者的态度等。第三，潜在消费者。包括潜在消费者的特性、购买行为、潜在消费者被本品牌吸引的可能性。

下面从竞争对手分析、消费者需求分析与营销能力分析展开论述。

1. 竞争对手分析

由于案例的篇幅限制，其正文中并没有对皇家贵夫人的竞争对手给予过多笔墨的描写，因此这部分内容需要学生查阅资料加以补充。具体如下。

皇家贵夫人竞争对手分析

1）束兰皮草

束兰皮草成立于 1986 年，1992 年正式成立集团公司。公司自成立以来，始终将诚实与守信作为经营理念。束兰皮草作为中国唯一一个拥有中国名牌和中国皮革之王荣誉称号的皮草品牌，是国家皮草服装行业标准的起草和制定单位。强大的设计和工艺团队以及顶级时装设计师的参与指导，使束兰皮草始终站在时尚的前沿。

2）第一夫人皮草

1991 年，第一夫人皮草在香港成立，且在中国的皮草行业崭露头角。公司的店铺遍布中国各大城市，销售网点有 100 多个。同时还对外出口至一些发达国家，如俄罗斯、日本、美国等。为了提升皮草的质量，公司邀请了国际知名设计师参与设计，公司的皮草造型在国际流行界处于前端位置，受到了广大皮草爱好者的追捧，此外公司还在北京专门开设了“FIRST LADY”旗舰店。

3）KC 皮草

KC 皮草是香港 KC 集团旗下的服装品牌，是一家以时尚皮草为主营业务的国际公司。香港 KC 集团是全球最大的皮草生产和加工贸易商之一。在 KC 皮草的品牌逻辑中，不断超越自我，不断呈现完美的国际作品是一种永恒的追求。KC 皮草受到高端人士的青睐，其足迹遍布美国、意大利、法国、韩国等地区。

皇家贵夫人与竞争对手的具体情况分析如表 1 所示。

表 1　皇家贵夫人与竞争对手对比

项目	皇家贵夫人	束兰皮草	第一夫人皮草	KC 皮草
位置分布	沈阳中街、佟二堡	沈阳中街、佟二堡	沈阳中街、佟二堡	沈阳新世界百货
主营产品	貂皮、皮衣、羊绒大衣、风衣	貂皮、皮衣	貂皮、皮衣、夏季连衣裙	貂皮
广告宣传	电视、广播、公共交通、辽宁男篮冠名商	广播、互联网、服装类期刊	电视、广播、互联网	电视、明星代言
营销渠道	第三方渠道商	厂家自营	厂家直营	进口

2. 消费者需求分析

满足消费者需求是企业赢得市场竞争优势的基础，具体分析如下。

皇家贵夫人消费者需求分析

就皮草消费群体的年龄而言，年龄在 25～35 岁的群体的整体经济实力较好，而且该人群大部分较为时尚，愿意购买一些潮流的皮草产品；而年龄在 45 岁以上的女性消费群体，由于身体体质的下降，尤其在我国北方，她们购买皮草主要用以抵御寒冷，这类消费群体更注重产品的功能性。

从职业构成来看，皇家贵夫人消费群体中，私营企业业主占绝大多数，居于首位，家庭主妇居于第二位，这两部分是皇家贵夫人的主要消费群体。近年来，随着消费者消费能力的提高和社会竞争的加剧，越来越多的公司白领希望通过购买高端的皮草产品来满足其虚荣心，成为次要的消费群体。

从皮草消费来看，我国当前的消费行为反映出各阶层、各群体之间具有不同的观念和追求，由此也产生了以下几个较为鲜明的特点：①炫耀性消费。某些新贵阶层需要借助皮草这种昂贵的产品来体现自身价值，获得面子和地位，更需要借助炫耀式的消费方式来营造自身赖以存活与保持向上的空间。②盲目性消费。经济体制变革下暴富现象正在逐渐减少，皮草产品的消费大旗慢慢移交到中产者手中，他们更加注重品味、潮流、享受，不再是只遵循唯价格论。③个性消费。皮草消费群体之所以愿意高消费，不单单为了保暖，还因为这就是其自身性格的显露方式。

3. 营销能力分析

案例中有关公司营销能力的描述包括“现有沈阳中街和佟二堡两家分店，位于沈阳中街的皇家贵夫人皮草旗舰店经营面积达到 2 万余平方米，集皮草销售、售后于一体……是辽沈地区规模较大的一家专注于貂皮、皮衣、羊绒大衣的销售企业……从事皮草行业 30 余年，最初从皮草批发做起……目前公司拥有员工 200 人左右，其中 180 人为销售人员……皇家贵夫人受生产制造、运输库存的限制较少……皇家贵夫人拥有良好的客户口碑，在沈阳及周边地区颇具影响力……皇家贵夫人将全部资金投入集中在营销方面，成本易控，扁平化管理大大提高了管理效率”。具体分析如下。

皇家贵夫人营销能力分析

皇家贵夫人的营销能力主要体现在三方面：①团队建设和产品推广能力。公司在成立之初就对营销团队的建立与发展极其重视，经过优胜劣汰，已然成为一支数量合理、素质优良的销售队伍，并拥有完善的销售经理培训系统。此外，广告宣传方面，通过广告策划推广公司“让老百姓都穿得起貂”的战略方针。②控制库存能力。要想采用“薄利多销”的盈利模式，就必须拥有巨大的库存作支撑，所以，公司对于库存的控制尤为看重。③品牌建设能力。皇家贵夫人建立至今始终实施一种品牌战略，即奋力打造全球一流的皮草公司，立足诚信经营，坚持做到从生产到服务一条线，让消费者能够足不出户地享受并体验到名牌服装服务。

10.3.3　问题解决

营销问题解决主要涉及营销领域中两个十分经典的模型：STP 模型与 4P 营销模型。下面，笔者将简要介绍这两种模型的基本内涵，结合皇家贵夫人案例展示应用过程。

1. STP 模型

STP 模型是指企业在一定市场细分的基础上，确定自己的目标市场，最后把产品或服务定位在目标市场中的确定位置上。STP 模型中的 S、T、P 分别是 segmenting、targeting 和 positioning 三个英文单词的缩写，即市场细分、目标市场和市场定位。

1）市场细分

市场细分是指企业在对市场进行充分调研的基础之上，根据不同消费者之间的购买习惯和购买行为及欲望和需求，将市场整体划分成不同的消费群体。根据地理因素、消费行为、人文因素、利益因素等相关因素可将整体市场划分为几个具有某种相似特征的细分市场或子市场，且细分市场应具有显著的差别特征，并能够进行有效区分。具体可分为以下几个步骤：一是依据自身的产品需求来选择市场范围；二是全面客观地研究市场中客户的需求，如人口结构和特点、购买心理等方面对客户购买行为的影响；三是通过科学合理的分类方法对每个市场目标客户的需求进行精准分析研究。

2）目标市场

针对目标市场进行合理选择是现代企业市场营销活动中十分关键的一项营销策略选择，对企业市场营销的成败起到基础性作用，企业应结合自身生产经营能力和产品特点确定目标市场。企业目标市场的策略选择概括起来有三类：一类是无差异性目标市场策略；一类是差异性目标市场策略；一类是集中性目标市场策略。

企业应当以自身产品的目标客户需求为根本导向，依据企业自身的竞争优势，选择合适的目标市场及相应的市场营销策略，具体如下：第一，无差异性目标市场策略。该策略指的是将整个市场作为整体来制定营销策略，不需要考虑各个细分市场之间的不同。采取这种营销策略的企业仅仅需要一个营销战略组合来面对整个市场的目标客户。第二，差异性目标市场策略。该策略指的是企业根据一定的标准将整个市场划分成不同的细分市场，在对各个细分市场进行分析和评价的基础上，选择适合自己的一个或者几个细分市场，然后根据每个细分市场的特点和需求状况研发产品并制定相应的营销策略。第三，集中性目标市场策略。采用该策略的企业在对市场进行细分之后，通常会选择一个或者几个细分市场作为目标市场，并整合自身资源进入目标市场，企业的营销目的是占据少数市场的市场份额。

3）市场定位

市场定位指的是企业及企业所生产的产品在市场上的位置。企业在充分了解客户需求的基础上，针对客户比较重视的产品属性或产品特征为本企业生产的产品塑造形象（所塑造的形象应该让人印象深刻，突出与众不同之处），然后将这一形象传递给客户，从而确定该产品在目标市场上的位置。

市场定位的关键问题是企业将自己的产品和竞争者的产品进行比较，从而发掘自己产品的竞争优势，如偏好竞争优势和价格竞争优势。市场定位主要包括三个步骤：一是找出产品的竞争优势。同时，分析目标市场上目标客户的需求和潜在需求被满足的情况，并在此基础上决定自身需要做什么。二是确定核心竞争优势。在此基础上选择企业和竞争对手相比的优势项目作为核心竞争优势，并将其初步定位。三是制定市场定位策略。企业的主要任务是制定合适的营销策略和活动，并通过这些活动将自身的核心竞争优势传递给目标客户，从而使客户接受并认同该产品。

依据 STP 模型的具体内涵，对案例中的相关描述加以解析。案例中“将目标客户定位为中低端的客户群体，采取低价的定价策略，占领和抢夺中低端市场”，表明公司目前的营销定位。基于这一定位，公司的诸多营销策略受到了影响，如案例所描述的：“虽然上游生产商的产品品类有很多，高端定制的皮草款式较多样化，但是由于沈阳皇家贵夫人设立的低价策略，其进购的绝大多数皮草产品都属于低价、接地气的产品，而中高档产品不进购或仅进购几件。”同时，为了营造低价、接地气的氛围，公司“采取的主要是超市型卖场的销售手段，公司主要依靠中街和佟二堡现有的两个比较大的超市型卖场”。基于上述内容，案例分析者可以了解和掌握公司之前运用 STP 模型制定的战略，即 STP 战略，但随着商业环境和消费者诉求的不断变化，皇家贵夫人需要不断创新其 STP 战略以实现突破发展。具体分析如下。

皇家贵夫人 STP 模型分析

第一步，市场细分。以消费者经济水平作为群体划分标准是一种最基本的细分方式，也可根据不同消费者的购买习惯、购买行为，以及购买欲望和需求进行市场细分，从而产生不同的子市场。由于皇家贵夫人之前就是以经济水平作为划分依据，因此还沿用此标准，将客户划分为高端消费者、中端消费者和低端消费者。皇家贵夫人本身拥有广泛的客户基础，因此可对自己现有的客户群体进行重新划分，按照新的评价标准将市场细分为高端市场、中端市场和低端市场。

第二步，选择目标市场。过去皇家贵夫人将目标市场定位为中低端市场，对高端市场几乎没有涉足。随着中国经济水平的增长，新中产阶级群体范围不断扩大，其中也不乏被皇家贵夫人划分为“中低端消费者”的群体。在新中产阶级客户群体中，很大一部分人倾向于高端市场，这反映出高端市场具有广阔的市场前景。因此，皇家贵夫人应该将高端市场作为新的目标市场从而采取新的策略以进入这一市场。皇家贵夫人以现有的广泛客户群体为基础，为现有不同层次的客户提供差异化的产品和服务，此外可逐渐培养中低端消费者的消费观念，从而使其慢慢过渡为高端消费者。

第三步，重新进行市场定位。皇家贵夫人通过对不同层次的自有消费者进行调研来挖掘其需求和偏好等，并与竞争对手进行比较分析，明确自身的竞争优势。皇家贵夫人在沈阳地区深耕多年，最大的优势就在于广大的客户基础和高性价比的口碑。在明确了自身核心优势的基础上，皇家贵夫人可针对客户的需求推出不同的产品线和差异化的服务。对于已有客户中的低端客户，可以保持原有产品定位，继续提供原有的产品品类，走低价、质朴的产品路线，维持原有的产品线和经济实用的公司形象，继续采用卖场促销、网店打折的方式吸引此类客户。对于已有客户中的中端客户，要根据其需求进行高一层次的产品定位，购进一些较为流行、时尚的皮草商品来提高产品的档次。此外，企业要注重自身品牌形象的塑造，不论是在宣传手段还是服务手段上都要进行提升和拓展，比如在服务上可以适当提供相应的会员服务模式，如会员日、折扣券、售后服务等，在中端客户心目中逐渐树立可靠、有品位的品牌形象。而对于已有客户中的高端客户，公司可以开辟新的高端产品线，推出新的高端品牌，提供定制化产品和差异化服务；在宣传手段方面，通过网络渠道加大对新品牌线的宣传力度，借助公益、商业合作等活动树立有品位、有内涵的时尚风格；通过会员管理手段提供优质客户服务，如为高端客户分配专门的经营人员、提供私人化定制服务、售后定期保养维护提醒等，建立良好的品牌形象，开拓高端市场。

2. 4P 营销模型

4P 营销模型是麦卡锡在 1960 年左右提出的，包括企业产品的价格（price）、销售渠道（place）、促销方式（promotion）和产品本身（product）四个方面。

产品组合主要描述产品的实体、服务、品牌、包装，其是指企业提供给目标市场的货物、服务的集合，包括产品的效用、质量、外观、式样、规格、服务和保证等因素；价格组合主要包括基本价格、折扣价格、付款时间、借贷条件等，其是指企业出售产品所追求的经济回报；渠道组合主要涉及分销渠道、储存设施、运输设施、存货控制，它代表企业为使其产品进入和达到目标市场所组织、实施的各种活动，包括途径、环节、场所、仓储和运输等；促销组合指企业利用各种信息载体与目标市场进行沟通的传播活动，包括广告、人员推销、营业推广与公共关系等。

4P 营销模型中最重要的因素是产品本身。因为产品是销售的主体，也是吸引消费者购买的关键因素。对于皮草销售而言，做好产品是第一位的。产品特征和营销策略直接影响消费者的决策，构成了皮草行业的营销亮点。消费者将更加关注皮草产品带给自己的价值。

销售渠道包含的就是仓储运输、渠道分销等，而皮草行业的渠道策略需要更加关注消费者的需求，即消费者希望购买皮草的地点或者购买时想要获得何种服务体验。对于皮草行业而言，只有不断提升自身的品牌形象，才能使客户群体变得更加忠诚，而品牌的提升和传播与销售渠道息息相关。从我国的市场状况来看，皮草行业的主要营销渠道有国内公司代理和品牌直营两种。

皮草的价格策略不仅要关注价格如何与消费者产生共鸣，从而通过价格的优势吸引消费者购买，还要关注产品价格会给消费者带来怎样的感受。在皮草行业中，公司制定低价格、低利润的价格策略，能够最大限度地给消费者带来满意度。追随型消费群体通常追求潮流，如婚服、皮草等，但由于消费者购买水平有限，因此商家可以考虑主打价位较低、质量中等的商品；核心型消费群体大体上追求华服或高端皮草，因为他们更看重商品带来的体验感，而且他们的经济收入属于中上等水平，对价格的敏感度低，因此商家可以考虑主打高价位、高质量的商品。

服装类企业尤其是皮草销售企业在促销方面的最终任务是将自己的品牌概念准确有效地传递给消费者，使消费者对产品产生认同感，进而购买自己喜欢的皮草产品。与普通商品一样，皮草产品的促销策略包含其他因素的配合，但只要能够和皮草品牌的推广保持步调一致，并能够强化其品牌形象，促进品牌的成长，提升产品附加价值，那就是皮草企业应该提倡的促销策略。

皇家贵夫人的 4P 营销模型具体分析如下。

皇家贵夫人的 4P 营销模型分析

1）产品策略

产品策略可进一步划分为品牌策略、拓展高端产品、店铺升级和品牌标志设计三方面。

品牌策略：皇家贵夫人与其主要竞争对手的目标客户群体基本是相同的，由于这些品牌产品之间的差异性不大，所以消费者在选择产品时，除考虑价格和款式外，往往看重的是不同品牌的文化和形象。皇家贵夫人若要最大限度地吸引消费者，就要形成一种与众不同的品牌文化。皇家贵夫人可以树立“格调”这一品牌文化，其理念为公司设计和生产出有格调的产品，以满足消费者的消费心理。

拓展高端产品：与国内知名设计师合作，根据客户自选的皮草款式及全衣面料为客户定制专属产品。皇家贵夫人在国际上的知名度较低，所以公司可以首先选择与国内知名企业合作，如国内的一线女装品牌，并将这些品牌的经典产品做成皮草的样式，或者联合推出皮衣、羊绒大衣等这类共通的产品。在不断拓展知名度的同时，随后考虑与国外一线品牌合作。此外，在产品制作方面，可以采用全手工制作的模式，保证每一件皮衣都是整皮加工。

店铺升级和品牌标志设计：皇家贵夫人在走向高端的过程中，店铺升级是非常重要的环节，它可能决定着是否能够吸引新客户的来访。将店铺进行升级，不是在店铺中贴满自家的广告，而是将公司最优秀、最高端的产品摆放在店铺橱窗内，吸引消费者前来购买。此外，皇家贵夫人可以在原有形态的基础上设计出更加时尚、高贵的品牌标志，新的品牌标志需要给消费者带来焕然一新的感觉，为公司将来主推的高端产品铺路。

2）价格策略

价格策略可进一步划分为差别定价策略、尾数定价策略、撇脂定价策略三方面。

差别定价策略：皇家贵夫人在推出高端产品、成立高端店铺时，可以将市场细分成不同的类别，并针对不同的目标市场，推出不同的产品，制定相应的价格，采取差别定价策略。对于私人定制和限量款产品，皇家贵夫人在定价方面比较自由，可以在客户购买前，通过客户调查工作，制定出一个既昂贵又让消费者满意的价格。同时可以参考国际皮草品牌的定价特点，结合竞争对手和实时市场情况进行定价，以此提高公司的市场渗透率。

尾数定价策略：大部分人在进行消费时，对奢侈品的具体售价并不十分在意，但他们对数字本身，又有着特别的印象。例如，售价 1002 元与 998 元的商品，虽价格相差不大，却会给消费者带来不同的消费感受。因此，皇家贵夫人在制定商品价格时，应该考虑这样的价格制定策略。此外，国内的众多消费者对一些吉利的数字十分敏感，比如 6 和 8，所以公司在对即将推出的商品进行价格制定时，可适当选用这些吉利数字，以迎合消费者的喜好。

撇脂定价策略：皇家贵夫人在高端产品新上市时，可以采用撇脂定价的方法，即在顾客可承受的范围内，将新产品定价于明显较高的价格，与原有产品的定价形成较大差距，这样不仅能够突出高端产品的特殊性，还可以迅速回收成本并增强品牌的影响力。在中国的皮草市场中，推出此类高端产品的企业寥寥无几，竞争对手较少，因此公司采用撇脂定价的方法是可行的，后续如果有竞争对手进入，公司再选择转换其他的定价方法。

3）渠道策略

渠道策略可进一步划分为公司网站建设、微信营销、建立 App 客户端三方面。

公司网站建设：皇家贵夫人应该聘请专业的网络公司或者外包构建自身的网站，主要介绍公司历史、服装种类、售后服务等内容。在设计网站的封面时，由于考虑到皇家贵夫人的消费群体中女性占大多数，因此要侧重女性的视觉色彩布局设计，以展示女性之美及其端庄大气的风格为方向。在网站设计的文字风格上，要遵从以消费者为中心的理念，尽量做到方便、简约。

微信营销：现今网络时代，微信成为手机必备的软件，微信营销具有成本低、传播速度快等优势。皇家贵夫人应当建立起官方微信平台，这样既可以及时地向消费者宣传品牌动态，又可以通过建立消费者活动群的方式增加与消费者的互动。此外，皇家贵夫人可推广更多的线上活动，挖掘一些不曾了解品牌的新用户，吸引更多的新消费者。

建立 App 客户端：App 客户端体现了一个品牌的整体形象，在消费者心中建立起一个高端的形象是皇家贵夫人当前需要解决的重要问题。App 客户端的内容应包括企业官网的所有信息，方便客户实时跟进最新的产品资讯。此外，App 客户端应可实现客户咨询、建议、反馈等操作，还可增添一些只有 App 客户端才能享有的会员优惠与活动，增加消费者对 App 的使用量。

4）促销策略

促销策略可进一步划分为广告推广、促销推广、公关推广三方面。

广告推广：首先，皇家贵夫人应当以电视、广播电台及公共交通为主，进行有效、有形的推广，但是在推广的同时，应当做好回访工作，对消费客户进行调查，以此了解何种广告推广方式的效果更明显。其次，皇家贵夫人可以通过微信途径推广。例如，以推送软文的形式吸引潜在客户的眼球等，由此方便后续的产品发行及进行售后管理等。

促销推广：特价促销是现代生活中普遍出现的促销方式之一，是指在一段时间内，将产品以低于市场的平均价格进行销售。由于购买皮草的消费者以女性为主，所以皇家贵夫人可以在每年的三八妇女节、母亲节为广大女性消费者提供适当的折扣，如给出 8.5 折、9.5 折这样的折扣，但不要大幅度降价，以避免给公司的品牌形象带来损失。皇家贵夫人还可以利用赠予优惠券的方法进行促销，这既可以刺激老客户的二次消费，同时有利于开发潜在消费者。

公关推广：其一，借助热点公关，提升公司在社会的影响力，如关注社会的热点事件，从企业的角度关爱社会弱势人群，并为其提供必要的帮助与支持，切实地改善这些弱势人群的处境。其二，把企业的利益与政府形象和工作绑定在一起。让企业在实现销售业绩的同时，促进地方就业，增加企业税收收入，从而增加地方财政收入。其三，皇家贵夫人可适当聘请当地影视演员或者社会知名人士作为企业形象代言人，利用明星效应提升品牌的影响力。

除此之外，4C[①]理论等也是成熟的市场营销理论。为了实现向客户提供低成本、高质量的个性化定制产品和服务的目标，必须迅速发现和准确捕捉细分市场中个性化的客户需求信息，与客户进行直接交流。传统的以推销为中心的市场营销方式已经不再适应大规模定制生产模式的要求。学生可根据案例具体情况，灵活地选择分析工具。

① 4C 分别指 customer（顾客）、cost（成本）、convenience（便利）和 communication（沟通）。

参 考 文 献

奥尼尔，马席克，2012. 破解行动学习：行动学习的四大实施路径[M]. 唐长军，郝君帅，曹慧青，译，南京：江苏人民出版社.

成思危，2001. 认真开展案例研究，促进管理科学及管理教育发展[J]. 管理科学学报，（5）：1-6.

崔淼，肖咪咪，杨钰莹，等，2018. 利用厚生：大米科技的创业拼凑之路[EB/OL]. http://cmcc.dlaky.cn/Cases/Detail/3245[2018-07-18].

傅永刚，王淑娟，2008. 管理教育中的案例教学法[M]. 大连：大连理工大学出版社.

顾明远，1999. 教育大辞典：简编本[M]. 上海：上海教育出版社.

郭文臣，王楠楠，李婷婷，2014. 描述型案例和决策型案例的采编[J]. 管理案例研究与评论，7（5）：427-435.

何志毅，2002. 中国管理案例教学现状调查与分析[J]. 经济与管理研究，（6）：26-31.

何志毅，2008. 北大案例经典[M]. 北京：中信出版社.

黄海昕，高翰，马晓蕾，2019. 温暖全世界：梦想如何照亮波司登战略创业之路[EB/OL]. http://cmcc.dlaky.cn/Cases/Detail/3880[2019-09-10].

黄江明，李亮，王伟，2011. 案例研究：从好的故事到好的理论——中国企业管理案例与理论构建研究论坛（2010）综述[J]. 管理世界，（2）：118-126.

黄明，郭大伟，2006. 案例教学中的案例选取与设计[J]. 教育探索，（3）：90.

李远慧，2019. “羽”众不同：波司登的价值创造之路[EB/OL]. http://cmcc.dlaky.cn/Cases/Detail/4186[2019-11-24].

林德斯 M R，2011. 毅伟商学院案例写作[M]. 4 版. 赵向阳，黄磊，译. 北京：北京师范大学出版社.

林海芬，陈梦雅，岳明，2019a. 敢问路在何方？沈阳皇家贵夫人的定位之困[EB/OL]. http://cmcc.dlaky.cn/Cases/Detail/3738[2019-04-28].

林海芬，郭珊杉，胡严方，2021a. 复杂物流系统内稳定与动态的悖论关系案例研究[J]. 管理学报，18（9）：1265-1275.

林海芬，海淼，2021. 山从平地起：小仙炖的战略创新之路[EB/OL]. http://cmcc.dlaky.cn/Cases/Detail/5677[2021-11-16].

林海芬，胡严方，胡芬，2021b. 竹叶青：“中国高端绿茶领导者”的战略认知和战略定位决策[EB/OL]. http://cmcc.dlaky.cn/Cases/Detail/5200[2021-02-07].

林海芬，刘宏双，胡芬，2019b. 从“青铜”到“王者”——雷士电商的敏捷性段位升级[EB/OL]. http://cmcc.dlaky.cn/Cases/Detail/4260[2019-12-05].

林海芬，刘宏双，胡芬，2019c. 渠道之网如何织出波司登新装[EB/OL]. http://cmcc.dlaky.cn/Cases/Detail/3857[2019-09-06].

林海芬，刘相彤，2021. 林家铺子：数字化转型铸造防疫护盾[EB/OL]. http://cmcc.dlaky.cn/Cases/Detail/5728[2021-12-01].

林海芬，刘相彤，邓王凡易，等，2020a. SocialWiki：一个线上知识谱系项目的共建历程[EB/OL]. http://cmcc.dlaky.cn/Cases/Detail/4661[2020-10-07].

林海芬，马云晴，胡芬，2020b. 审时度“市”——今日食品如何选择战略“最优解”[EB/OL]. http://cmcc.dlaky.cn/Cases/Detail/4883[2020-11-10].

林海芬，马云晴，轩向丽，2020c. 战略重整，看飞鹤如何逆势破局[EB/OL]. http://cmcc.dlaky.cn/Cases/Detail/4840[2020-11-02].

林海芬，曲廷琛，2020. 从市场驱动到研发拉动：中国飞鹤的战略变革之路[EB/OL]. http://cmcc.dlaky.cn/Cases/Detail/4759[2020-10-15].

林海芬，尚任，2020. 组织惯例对组织创新的悖论性作用机理研究[J]. 南开管理评论，23（1）：62-74.

林海芬，尚任，胡芬，2017. 易木科技的商业模式创新：从“产品”到“客户”的转移[EB/OL]. http://cmcc.dlaky.cn/Cases/Detail/2923[2017-09-19].

林海芬，孙周. 陈一妮，2020d. 新冠疫情危机下大连信和的战略转型之路[EB/OL]. http://cmcc.dlaky.cn/Cases/Detail/4841[2020-11-02].

林海芬，王涛，2017. 惯例演化视角组织创新的实施机理研究——以天地华宇定日达创新为例[J]. 管理评论，29（1）：250-264.

林海芬，王涛，于泽川，等，2016. “定日达”开启天地华宇新天地[EB/OL]. http://cmcc.dlaky.cn/Cases/Detail/2527[2016-10-21].

吕一博，刘泉山，马晓蕾，等，2017. 工商管理案例开发现状及撰写规范性研究[J]. 管理案例研究与评论，10（2）：209-224.

欧阳桃花，2004. 试论工商管理学科的案例研究方法[J]. 南开管理评论，（2）：100-105.

秦伟平，秦雨雁，林海芬，2019. 战略牵引、“羽”众不同：波司登如何乘势而上？[EB/OL]. http://cmcc.dlaky.cn/Cases/Detail/4090[2019-10-28].

沈波，2003. 论管理案例与管理案例教学法[J]. 南京广播电视大学学报，（1）：69-71.

圣吉，2009. 第五项修炼：学习型组织的艺术与实践[M]. 张成林，译. 北京：中信出版社.

史美兰，2005. 体会哈佛案例教学[J]. 国家行政学院学报，（2）：84-86.

苏敬勤，崔淼，王淑娟，2012. 工商管理情境教育体系的内涵、架构与协同效应[J]. 管理案例研究与评论，5（3）：222-230.

苏敬勤，高昕，2020. 案例行动学习法——效率与效果的兼顾[J]. 管理世界，36（3）：228-236.

苏敬勤，贾依帛，2020. 案例行动学习法：案例教学与行动学习的结合[J]. 管理案例研究与评论，13（3）：345-355.

苏敬勤，孙源远，2010. 商业案例、教学案例和案例研究的关系[J]. 管理案例研究与评论，3（3）：255-259.

苏敬勤，王娜，高昕，等，2021. 案例学的构建——学理基础与现实可行性[J]. 管理世界，37（9）：207-214.

谭庆美，耿佩璇，2019. “羽”众不同波司登：演一场不落幕的戏[EB/OL]. http://cmcc.dlaky.cn/Cases/Detail/3740[2019-04-28].

谢雅萍，梁素蓉，2016. 行动学习：研究现状与未来展望[J]. 技术经济，35（1）：61-70.

徐东华，赵冬，李艳，2017. 案例教学模式优化探索与实践[J]. 北京电子科技学院学报，25（3）：70-80.

颜卉，安梦鑫，2019. “逆流而上，顺风而行”——波司登的品牌传播[EB/OL]. http://cmcc.dlaky.cn/Cases/Detail/4008[2019-10-12].

杨朦晰，陈万思，周卿钰，等，2019. 20年中国管理案例研究回顾与展望[J]. 管理案例研究与评论，12（5）：449-463.

于洪卫，2012. 论案例分析比赛的由来、发展与作用——近年来国内外案例分析比赛回顾与启示[J]. 现代教育科学，（7）：87-91，94.

张伟，2013. 质的研究——访谈法探析[J]. 南昌教育学院学报，28（5）：123，132.

张心悦，李长浩，胡鹤汀，2019. “传承”还是“重塑”？——波司登品牌活化之道[EB/OL]. http://cmcc.dlaky.cn/Cases/Detail/4293[2019-12-19].

周春柳，胡芬，刘晓冰，2017. 管理案例资料及其收集方法研究[J]. 管理案例研究与评论，10（3）：327-338.

周英男，陈芳，2008. 建构主义理论在MBA案例教学中的应用研究[J]. 管理案例研究与评论，（1）：68-72.

周志民，史娟娟，宋爱玲，等，2016. 方糖音箱：国产品牌高端定位之惑[EB/OL]. http://cmcc.dlaky.cn/Cases/Detail/2350[2016-08-05].

朱方伟，孙秀霞，宋昊阳，2014. 管理案例采编[M]. 北京：科学出版社.

Berger K, Stratton W E, Thomas J G, et al, 2012. Critical incidents: Demand for short cases elicits a new genre[J]. Business Case Journal,19(1): 6-20.

Brown J S, Collins A, Duguid P, 1989. Situated cognition and the culture of learning[J]. Educational Researcher, 18(1): 32-42.

Cellucci L W, Kerrigan D, Peters C, 2012. Case writing matters[J]. Journal of Case Studies, 30(1): 1-7.

Eisenhardt K M, 1989. Building theories from case study research[J]. Academy of Management Review, 14(4): 532-550.

Gragg C I, 1940. Because wisdom can't be told[J]. Harvard Alumni Bulletin, (10): 78-84.

Gummesson E, 2000. Qualitative Methods in Management Research[M]. Thousand Oaks, Calif.: Sage Publications.

Hansen A J, 1997. Writing cases for teaching: Observations of a practitioner[J]. The Phi Delta Kappan, 78(5): 398-403.

Hinkle M S, Dean L S M, 2017. Creativity in teaching case conceptualization skills: Role-play to show the interconnectedness of domains[J]. Journal of Creativity in Mental Health, 12(3): 388-401.

Igou A, Coe M, 2016. Vistabeans coffee shop data analytics teaching case[J]. Journal of Accounting Education, 36: 75-86.

Johns G, 2006. The essential impact of context on organizational behavior[J]. Academy of Management Review, 31 (2): 385-408.

Lin H F, Hai M, 2021. Xiaoxiandun E-Commerce CO., LTD: Strategic innovation[EB/OL]. https://www.iveypublishing.ca/s/product/xiaoxiandun-ecommerce-co-ltd-strategic-innovation/01t5c00000D4soSAAR[2021-09-28].

Lin H F, Li L, 2020. Suning logistics: Transformation of retail logistics[EB/OL]. https://www.iveypublishing.ca/s/product/suning-logistics-transformation-of-retail-logistics/01t5c00000CwqpqAAB[2020-10-19].

Lin H F, Liu H S, Hu Y F, et al, 2020a. Bosideng: How to revitalize the brand?[EB/OL]. https://www.

iveypublishing.ca/s/product/bosideng-how-to-revitalize-the-brand/01t5c00000CwqpCAAR[2020-07-21].

Lin H F, Liu X T, 2021. Leasun: Digital transformation of a traditional canned food company [EB/OL]. https://www.iveypublishing.ca/s/product/leasundigital-transformation-of-a-traditional-canned-food- company/01t5c00000D53BRAAZ[2021-12-01].

Lin H F, Qu T C, Han S J, 2020b. Top cloud-Agri Technology Co., Ltd. : Digital Business Model [EB/OL]. https://www.iveypublishing.ca/s/product/top-cloudagri-technology-co-ltd-digital-business-model/01t5c00000CwqofAAB[2020-03-30].

Lin H F, Sun Z, Liu X T, 2021a. Dalian Xinhe leather clothing: Strategic transformation in response to COVID-19[EB/OL]. https://www.iveypublishing.ca/s/product/dalian-xinhe-leather-clothing-strategic-transformation-in-response-to-covid19/01t5c00000CwqYKAAZ[2021-03-26].

Lin H F, Xuan X L, Ma Y Q, et al, 2021b. Feihe: Strategic adjustment under the epidemic crisis [EB/OL]. https://www.iveypublishing.ca/s/product/feihe-strategic-adjustment-under-a-pandemic-crisis/01t5c00000CwqflAAB[2021-06-23].